オプション評価と企業金融の理論

池田昌幸

東京大学出版会

Theory of Option Valuation and Corporate Finance

Masayuki IKEDA

University of Tokyo Press, 2000
ISBN4-13-046065-X

はしがき

本書は，私がこれまで国内および海外の研究雑誌に発表してきた論文のなかから，オプション評価と企業金融にかんする論文を選び，修正をほどこしまとめたものである．本書の構成と目的は第1章で述べてあるのでここでは繰り返さないが，本書の特徴をひとことだけ述べておくと，オプション評価理論の未解決問題にたいして私自身の解答を理論と実証の両面から明らかにしようと努めたことである．

1973年にBlack-Scholes公式が提示されて以来，オプションに代表される派生証券の評価理論はすさまじい速度で進展している．本書でもとりあげたエキゾチック・オプションと呼ばれる複雑なペイオフをもつ契約については，本書の基礎論文を発表した1990年代初頭に評価式が明らかになっていたものは，ダウン・アンド・アウト・コールオプションとアップ・アンド・アウト・コールオプションと呼ばれる契約くらいしかなかった．代表的な教科書であるIngersoll (1987) には，価格が幾何ブラウン運動に従う対象資産にたいするアジア型オプションのプレミアムは解析解で導出できると書かれており，当時大学院生であった私は，今では誤りであることが明らかなこの文章を信じて，何日もその解を導出しようと試みたものである．フィナンシャル・エンジニアリングおよび数理ファイナンスという研究分野が確立し，確率過程論やオペレーションズ・リサーチの研究者が雪崩を打って派生証券の研究へ参入してくるのは1990年代半ばにはいってからである．

当時まだ評価式が知られていなかったオプション契約について解析解を導いた筆者のワーキング・ペーパーは，筆者の知らぬ間に大手都市銀行に渡り，ひとことの断りもなく金融商品として販売されたうえ，一面識もない為替ディーラーからオプション・デルタを計算してほしいという電話が研究室に直接かかってきたことがあった．また，ある米国の投資銀行では，雑誌に掲載される前のミスプリに溢れたワーキング・ペーパーの評価式をそのままプログラム化して金融商品として売り出しており，評価式の値が収束しないのでプログラムのどこに間違いがあるのかチェックしてほしいと送りつけてきたところもあった．1990年代のわが国の外国為替市場では，米国よりも多くの種類のバリアー型オプションと呼ばれるエキゾチック・オプションが開発，売買されているが，当時の私の研究成果も予期せぬかたちでその一翼を担っていたわけである．

このように，現実の市場では厳密な解析解が存在するかどうかにかかわらず，企業のリスク管理のニーズに応えるかたちでつぎつぎと新たな派生証券が登場してきている．そこでは金融理論を駆使して裁定機会を獲物のように探し求める人々の存在によって理論と現実は強く結びつけられており，彼らの貪欲ともいえるエネルギーの一端を垣間みた思いであった．このような理論と現実の緊張関係に支えられて派生証券理論は高度に発展したのであるが，本書はその成果と未解決の問題を明らかにするとともに，派生証券理論を応用して利子率変動リスクを明示的に考慮した企業金融理論を構築する試みでもある．

本書が出版されるまで多くの方々にお世話になった．まず第一にお礼を申しあげなければならないのは，東京大学大学院でファイナンスという研究分野の手ほどきをしてくださった小林孝雄先生である．小林先生のセミナーでは，大学院の同級生である森田洋先生（現横浜国立大学）と私のどちらかが報告することが多かったが，私の要領を得ない報告にたいする先生のご指導はどんな学会報告におけるコメントより手厳しく，どれほど私を鍛えてくださったかわからない．当時の小林先生のセミナーには統計学専攻の國友直人先生も参加なさっておられ，ファイナンスに必要な数理統計や確率過程論の知識を指導してくださった．本書の第4章は國友先生との共同論文の一部であるが，その掲載を快く許していただいたご厚意に感謝したい．また，大学院では若杉敬明先生のセミナーにも参加させていただいたが，セミナーには斎藤進先生（上智大学），および当時大学院生であった金﨑芳輔先生（現東北大学），安達智彦先生（現武蔵大学）も参加されており，これらの諸先生との議論は研究上の多くの刺激を与えてくれた．斎藤先生は大学院生であった私が書いた稚拙な論文にたいしていつも丁寧にコメントしてくださったばかりでなく，論文にもし救える点があればそれを引きだしてくださり，研究の方向をさし示してくださった．本書はオプション理論を扱ったものであるが，ファイナンスにおけるこの分野の未解決問題については，やはり大学院時代よりさまざまな研究会をつうじて久保田敬一先生（武蔵大学），沢木勝茂先生（南山大学），三浦良造先生（一橋大学），森平爽一郎先生（慶應義塾大学），中村信広先生（MTEC 研究所）にご教示いただいたものである．

本書に収められた論文のいくつかは，私が東北大学経済学部に勤務しているときに発表したものであり，当時の同僚であった金﨑先生はじめ，佃良彦先生，鴨池治先生，大西匡光先生（現大阪大学），古川一郎先生（現一橋大学），山本昌弘先生（現明治大学）との議論から多くの論文のヒントを頂戴している．また私が現在勤務している青山学院大学の研究会では，高森寛，中里宗敬，芹田敏夫，清水康司，蜂谷豊彦（現東京工業大学）のファイナンスを専攻する諸先生はもちろん，山口不二夫，薄井彰，および姉川知史（慶應義塾大学）の諸先生にも日頃からご指導いただいている．そして東京大学および青山学院大学名誉教授の諸井勝之助先生は，私が大学院生のときから現在にいたるまで，研究者として成長することを忍耐強く暖かく励ましてくださっている．

本書の基礎になっているのは，1997 年 10 月に東京工業大学に提出した博士学位論文である．同大学大学院の社会理工学研究科発足にあたって学位論文の提出をすすめてくださり，原稿に多くの建設的なコメントを寄せてくださった古川浩一先生（現岩手県立大学）はじめ，審査にあたられ貴重なご教示を賜った今野浩，森雅夫，宮川雅巳，白川浩の諸先生にこの場を借りてお礼申し述べたい．

なお本書の刊行にあたっては，平成 11 年度文部省科学研究費補助金の「研究成果公開促進費」の交付を受けている．また，東京大学出版会編集部の黒田拓也氏はこの本を周到に制作してくださりたいへんお世話になった．心からの謝意をあらわすしだいである．

最後になるが，青山学院大学大学院生でもある妻早苗は，いつも私の健康を気遣いつつ本書の原稿を丹念に読んで校正を手伝ってくれた．そして，私が大学院生のときに病で他界した両親，池田庄三郎，冨美子のふたりに，感謝の気持ちとともにこの本を捧げたいと思う．

2000年2月

池田昌幸

目 次

第 1 章
オプション評価の意義と役割

本章の目的は，ファイナンス理論におけるオプション評価の意義と役割を明らかにするとともに，近年の理論的展開と主要な研究を概観して未解決な問題を整理し，本書の意義を理論的背景のうえに位置づけることである．1973年のBlack and Scholes論文以来おびただしい数の研究論文がこの分野において発表されており，それらを包括的にとりあげることは不可能であるので，第1節では新しい流れを切り開いた代表的な研究に焦点を絞り，現在までのオプション理論研究の展開をたどる．第2節は本書の目的と構成を述べる．

1. 本書の背景

1.1 オプション契約の意義とBlack-Scholes公式

証券市場は基本的には家計から企業への資金供給の場である．そこでは消費者は所得を消費した残余を運用する投資家として現れ，企業が発行する証券をポートフォリオとして保有し，効率的に貯蓄を運用することによって期待効用を最大化しようとする．一方，企業は証券発行により調達した資金を実物投資に投下し，生産活動によって富を創造する．その成果は利子，配当などの形で出資者としての家計に証券市場を介して還元される．

証券市場では株式，社債といった基本的な証券に加え，これらの証券にたいするなんらかの請求権を表わす派生証券も売買されている．オプションに代表されるこれらの証券が存在する理由は，企業，家計の将来のキャッシュフローのパターンを変更することにより，売買する当事者双方の富を増加させる可能性をもつことにあると考えられている．企業は営業利益の確率分布を変更することによって企業収益の変動幅を縮小し，倒産確率の減少，平均的な法人税水準の減少をつうじて企業価値を増加させることが期待できる．投資家は派生証券の利用により将来収益の変動を除去できるだけでなく，リスク許容度に応じて派生証券を基本的な証券のポートフォリオに組み込み，より高い期待効用を得ることも可能である．後述するが現実の市場は不完全であり，多くの制度的な制約や取引を阻害する費用が存在し，情報も偏在している可能性が大きい．また，さまざまな将来の不確実性にたいして保険市場が十分に発達しているとはいえず，そのような不完備な状況におけるオプションなどの派生証券の導入は，資源配分上の効率を改善することも理論的に明らかになっている．

派生証券評価理論の発展をみると，1900年にはLouis Bachelierによってワラントの評価が試みられている．ワラントは企業が資金調達のために発行する証券の1つであり，将来，定められた価格で株式を購入する権利でコール・オプションと呼ばれるものである．その評価は多くの経済学者の関心を集め，Samuelson (1965) も評価式の導出に挑戦しているが，投資家の効用関数の形状によって決定されるリスク・プレミアムを含んだ評価式に終わり，リスク・プレミアムに依存しない評価式の導出はBlack and Scholes (1973)（以下ではBSと略す）まで待たねばならなかった．彼らが導出したBS公式として知られる評価式は現実の価格をよく説明するだけでなく，市場価格が理論価格と乖離している場合に裁定利益獲得の戦略を具体的に提示するものとして，実務界でも驚きをもって迎えられた．理論が実務に直接的な形で結びついた数少ない経済学の業績でもあった．そこで，以下ではもっとも重要な派生証券である，オプション契約を中心に研究の展開をみていくことにする．

まずオプション契約の基本的な仕組みについて述べておく．コール・オプションとは，株式や債券などの対象資産の権利行使時における価格があらかじめ定めておいた権利行使価格を上回ったとき，その差額が収入となる契約である．この契約は保有者に権利を付与するものであって，権利行使は義務ではないからそのペイオフすなわち損益はつねにゼロ以上となる．したがって，コール・オプションは有限責任をもつあらゆる請求権に類似している．一方，プット・オプションは，将来定められた価格で対象資産を売ることができる契約である．したがって，権利行使時の対象資産価格が権利行使価格以下であるときにその差額がペイオフとなる．対象資産と同時に保有すれば当該資産価格の下落を埋め合わせることができるので，保険に類似している．なお，満期日まで権利行使することが許されない契約をヨーロッパ型，満期日以前にも権利行使が許される契約はアメリカ型と呼ばれている．

オプション契約は権利であって義務ではないからその現在価値は必ず正であり，購入者は発行者へ対価として現金を支払わねばならない．その対価のことをオプション価値，あるいはオプション・プレミアムと呼ぶのである．BS 公式は，つぎに述べるいくつかの仮定のもとでオプション・プレミアムを対象資産の価格や契約に特有のパラメターの関数として評価するものである．すなわち，①契約の対象資産の市場，債券市場，およびオプション市場は摩擦のない市場であり，取引費用や税金が存在せず，空売りにたいする制限がなく証券は無限に分割可能であり，貸付，借入が同一の利子率で無制限に可能であるとする．また市場における取引はつねに可能であり，連続的な取引も実行できると仮定する．②国債のような安全資産の利回りをあらわす安全利子率はオプションの契約期間中は一定であり，すべての種類の安全資産，およびすべての満期にかんする利子率も同じ正の値で与えられる．③対象資産はオプションの契約期間中，配当を支払わない．④対象資産の価格は幾何ブラウン運動（対数正規拡散過程）に従う．現実にはいずれの仮定も厳密には満たされていないが，彼らが導出した評価式が実用にも十分に貢献していることは，特筆すべき事実である．また現実の状況が上の仮定と大きく相違するオプション契約については，これらの諸仮定を緩和ないし現実に近づけることによって，新たな評価理論が構築されることになった．この意味で，この公式は後の派生証券の研究において計り知れない重要性をもつのである．

BS 公式導出の基本的なロジックは，オプション契約と同一のペイオフをもつポートフォリオを，対象資産と安全資産への投資比率をダイナミックに変更することによって複製する方法を提示することであった．経済が均衡にあるとき元手なしで正の利益を確実にあげることは不可能であり，同一の確実な収益をもたらす資産は同じ価格で売買されねばならないことは，静学的な分析ではよく知られた結果である．BS は動学的な分析枠組みにおいて，オプションと同じペイオフをもつポートフォリオの価値を評価することによって，オプション価値を評価したのである．ダイナミックにオプションの価値を複製する方法は，実務においてはデルタ・ヘッジングなどの名称で知られているが，この方法はたんに特定の資産のペイオフを複製するのみならず，企業のニーズに合わせたリスク管理の手段を提供するものであり，ポートフォリオのダイナミックな戦略的投資の理論として理論と実務の両面においてめざましい発展を遂げている．

BSはオプション価格の導出過程において，対象資産が拡散過程に従う場合にすべての派生証券価格が満たす偏微分方程式を導いている．これは派生証券分析において基本方程式（fundamental equation）とも呼ばれる重要な結果であり，さまざまな派生証券はこの2階の放物型偏微分方程式の境界条件の記述のみが異なるにすぎず，解析解が得られないものであっても数値解法が可能である．現代の企業活動が直面する不確実性がますます多様化することに対応して，資本市場には非常に複雑なペイオフのパターンをもたらすオプションが登場してくるが，これらの理論価格の導出方法として数値解析方法の研究が著しく進展し，後述するコンピューテーショナル・ファイナンスと呼ばれる独立した研究領域を生み出す契機となった．

BS公式は，偏微分方程式をコール・オプションの満期のペイオフを表現した境界条件のもとで解き，解析解を導いたものである．その解は5つのパラメター，すなわち対象資産の価格，対象資産のボラティリティー，安全利子率，満期までの残存期間，および権利行使価格によって記述される特徴をもつ．前述したように，裁定の論理によって偏微分方程式が導出されているためBS公式には対象資産やオプション契約の期待収益率は現われず，市場を構成する投資家の選好を知る必要がない．5つのパラメターのうちボラティリティー以外はいつでも新聞紙面上に掲載されており，容易に観測可能な変数であるため評価式の利用は非常に簡単である．したがって，理論価格を推定するためにもっとも重要な作業は，唯一直接には観測できないボラティリティーの推定ということになる．このような実務上の要請もあり，オプションの対象資産のボラティリティーの推定・予測の研究が，確率論，統計学，計量経済学の研究者も巻き込んで精力的に進められることになるのである．

1.2 オプション理論研究の展開と未解決問題

オプション理論の研究は，BS公式がおいた仮定を緩和，変更することによって進展してきたといってよい．この公式は株式を対象とした評価式であるが，多種多様な金融資産や商品を対象としたオプション契約が可能である．これらのBSとは異なる対象資産にたいする契約を評価するには，株式とは異なる価格プロセスや対象資産特有の性質を考慮した評価方法の修正が必要となるが，この評価理論の進展と競合するかのように，つぎつぎと新たな資産を対象とするオプションが登場している．たとえば株価指数，債券（国債，社債），外国為替，貴金属や大豆といった商品，不動産，先物契約，先渡契約，スワップ契約，国債のイールド・カーブなどにたいするオプションが開発されており，これらの評価式が導出されその特性が研究されてきた．最近では企業の信用リスクを反映するイールド・スプレッドにたいする派生証券が，クレジット・デリバティブズの名でめざましい発展を遂げている．ここでは個々の評価式を導出した研究には立ち入らないが，Cox and Rubinstein (1985)，Hull (1997) などの代表的な教科書はこれらの評価式で溢れている感がある．生産技術の発展と経済システムの変化，および消費者の生活水準の向上は，企業や消費者をとりまく不確実性の質を不断に変化させていく．新たなリスクの登場は新たな金融技術を生み出し，今後も多くの資産が派生証券の対象として採用され，新たな派生証券が登場することが予想される．

BS公式は対象資産の確率過程として幾何ブラウン運動を前提したが，対象資産の特性によっては，そのような確率過程が妥当とはかぎらないことは明らかである．また多くの実証研究によれば，株式価格が従う確率分布は幾何ブラウン運動における条件付き確率分布よりも分布の裾が太いことが報告されており，非連続的なジャンプが発生していると考える研究者も多い．Cox and Ross (1976) は対象資産価格の確率過程としてジャンプ拡散過程を，Merton (1976) は拡散過程とジャンプ過程を組み合わせたジャンプ拡散過程を想定したオプション契約の価値を研究している．一般に解析的な分析は確率過程を少し複雑にするだけで急速に困難になるが，Boyle (1977) はこれらの複雑な確率過程にたいしてモンテカルロ法を導入し，数値計算による評価の有効性を立証した．これは先にも述べた，コンピューテーショナル・ファイナンスという新たな研究領域が生まれる契機となった．

幾何ブラウン運動の仮定の重要な修正には，Cox (1975) を挙げねばならない．彼は拡散過程のボラティリティーが対象資産価格の水準とともに変化すると考え，CEV (constant elasticity of variance) モデルを考案したが，この発想は対象資産のボラティリティー自身が拡散過程に従って変動するという Scott (1987) のモデルに受け継がれることになる．現在ではボラティリティーの変動は主要なリスクとして共通に認識されており，その構造にかんする研究が精力的に進められている．Duan (1995) の時系列解析にもとづく方法は新たな研究方向を示すものである．

BS 公式は連続的取引を前提するが，現実の証券売買は離散時間でしか行えないことは明らかである．この前提の修正として，離散時間取引を想定した評価方法が Cox, Ross, and Rubinstein (1979) により示されている．彼らは対象資産価格の確率過程として離散時間で株価が変化する 2 項過程を前提し，そのうえで裁定のロジックによるオプション評価を行っている．2 項過程は Sharpe (1978) のアイデアといわれるが，価格変動の構造をツリーによって表示できるため直感的にも理解しやすく，対象資産の配当支払いも分析に組み込めるうえ多項過程への拡張も容易である．計算機の性能の向上とあいまって，この手法はツリー・アプローチあるいはラティス (格子)・アプローチと呼ばれ，実務上のニーズを吸いあげながら大きな発展を遂げている．

BS 公式は対象資産の配当支払いがないと仮定するが，アメリカ型オプションの研究はこの仮定を変更することから出発している．前述したようにアメリカ型とは満期以前に権利行使が可能な契約であるが，対象資産が配当を支払わないときには，簡単な裁定の議論によってコール・オプションは満期まで権利行使されないことを証明できる．したがってその評価式はヨーロッパ型と同じである．ところが配当支払いがある場合にはオプション保有者は満期以前に権利行使を行い，配当を受けとる可能性が発生する．またプット・オプションは，対象資産が配当を支払わない場合であっても満期以前に権利行使が生ずることが知られている．アメリカ型オプションの本格的な研究は Roll (1977) によって開始されたが，オプション保有者の権利行使の意思決定をモデルに内生的にとりいれる必要があるため，一般的な状況では解析的な評価式の導出はいまだ成功していない．先に述べたラティス・アプローチでは配当支払いを容易に扱うことができるため，数値計算手法の発展とともに現在も理論と計算技術の両面から研究が進んでいる．

BS で捨象されている取引費用が存在する場合のオプション理論の研究は Leland (1985) によって開始され，El Karoui and Quenez (1995) はこの問題に確率制御の手法が有望であることを示している．税金の存在を明示的にとりいれたオプション評価式は Scholes (1979) が最初に導いている．この他にも，空売りの制限や貸付と借入利子率が相違するなどの市場の摩擦的要因を考慮した分析が進展している．これらの研究は実務上の要請が基本にあるが，取引費用という市場の不完全性をより現実的に定式化することによって，実践的なオプション取引戦略の構築を理論から実務サイドへもうながす役割を果たしている．BS が用いた連続的取引によるダイナミックなヘッジング・ポートフォリオの考え方は，取引費用が存在する不完全な市場，あるいは動学的に完備とはいえない市場では理論的な修正が必要であり，より現実的なヘッジングの方法の分析が Duffie and Richardson (1991)，Follmer and Sondermann (1986) によって開始されている．

近年の派生証券市場では，イールド・カーブ・オプション，国債オプション，スワップ，キャプ，フロアー，カラー，スワップションといった利子率変動のリスク管理のためのオプション契約が活発に取引されている．これらの派生証券の評価には，利子率が一定という仮定は適当ではないことは明らかである．利子率が変動する場合の派生証券の評価はすでに Merton (1974) の脚注に登場しており，Cox, Ingersoll, and Ross (1985) によって一般的な金利派生証券の分析枠組みが完成されている．さらに Heath，Jarrow，and Morton (1992) は，現実に観測される金利の期間別構造をデータとして利用する金利派生証券の評価方法を提示している．このように BS の利子率一定の仮定を緩和することによって，金利派生証券の分析が進展したのみならず，利子率の期間別構造の研究は格段に進展している．本書の第 2 章は利子率が一定の場合，第 3 章は利子率が確率的に変動する場合について派生証券評価の一般理論を述べ，既存の複数の方法を統一的な視点から整理する．

以上，オプション研究の展開を BS 公式が仮定した前提の変更，緩和という側面から概観してきたが，現実の市場は多くの制度的制約・摩擦が存在しており連続的取引も不可能である．したがって現実は完全市場でも完備市場でもないので，オプション契約は対象資産や国債によって完全には複製可能ではないことになる．そのような状況ではオプションは余分な (redundant) 資産ではなく，その導入は資本市場の完備化に有益であり，市場の資源配分効率を高めることが Ross (1988) により指摘されている．どのような派生証券を設計することがリスクの効率的な配分をもたらすのか，不完備市場における派生証券の設計の理論は Allen and Gale (1994) などにより研究が開始されたばかりである．

1973年4月にシカゴ・オプション取引所において，はじめて組織化された市場でオプション取引が開始されて以来，相対取引も含め世界中にオプションの取引市場は拡大している．ファイナンスの研究論文が評価式を導出できるかどうかにかかわらず，企業のリスク管理の手段として多くの対象資産について非常に複雑なペイオフをもつ派生証券が登場してきている．複雑なペイオフをもつオプションは一般にエキゾチック・オプションと呼ばれるが，その評価においていくつかの先行研究がある．Stulz (1982) は，2資産にたいするオプション，すなわち満期における2資産の大きい方あるいは小さい方の価格を選択できるオプションの評価式を示し，Johnson (1987) はそれを n 資産の場合に拡張した．1資産を他の資産に交換する権利の評価は Margrabe (1978) によって行われ，資産価格が特定水準に達した場合にオプション契約が無効になるダウン・アンド・アウト・オプションはすでに Merton (1973) に登場している．Geske (1979) はオプションにたいするオプションの評価式を導出している．

エキゾチック・オプションとして，わが国でも東京外国為替市場を中心にさまざまな派生証券が開発されている．多くのエキゾチック・オプションのペイオフは満期あるいは権利行使時点の対象資産価格だけでなく，それまでの価格経路にも依存する特徴があるため，経路依存型オプションと呼ばれることが多い．通常のアメリカ型オプションも，保有者にとって権利行使が有利な価格水準に対象資産価格が到達した時点で権利行使がおきるという意味では経路依存性をもつが，実務上ではペイオフが経路に依存することが明示的に契約されているオプションを経路依存型と呼んでいるようである．これらの契約はつぎの3つに分類できる．まずバリアー型オプションと呼ばれる契約は，対象資産価格がバリアーと呼ばれる特定の値に初めて到達した時点で契約が消滅，あるいは発効するオプション契約である．したがって，対象資産価格がどのような経路をとるかによってペイオフが発生する時点が変化する．既存の研究では，前述した Merton (1973) と Cox and Rubinstein (1985) のアップ・アンド・アウト・プット・オプションの評価式が提示されている．第2のタイプはアジア型オプションと呼ばれる契約であり，ペイオフが対象資産価格の特定期間における平均値に依存して決定されるものである．Bergman (1985), Kemna and Vorst (1990) が権利行使価格が過去の対象資産価格の平均に設定されたオプションを評価している．第3はルックバック・オプションと呼ばれる契約で，対象資産価格の特定期間における最大値あるいは最小値に依存してペイオフが決定される．Goldman, Sosin, and Gatto (1979) は過去の最小値（最大値）で対象資産を買う（売る）オプションの評価を行っている．Nelken (1996) はこれらのエキゾチック・オプションの包括的なリストを与えている．

経路に依存したペイオフはその確率的な評価が難しい場合が多い．いまだ評価式が求まっていないものがあるうえヘッジの方法など未解決な問題が多いため，現在も活発に研究が進展している分野である．本書の第4章と第5章はこの問題をとりあげ，新たな結果が報告される．

最近のオプション理論研究における1つの重要な分野は，対象資産確率過程のボラティリティーの推定・予測問題である．前述したように，オプション価格を決定するパラメターのうち唯一現実のデータとして観測できないものがボラティリティーであり，このパラメターをどれほど正確に推定できるかが実務上は重要な課題となる．また現実のオプション市場では，オプション契約の期間中におけるボラティリティーが予測，反映されて市場価格が形成されているはずであるから，ボラティリティーの値には対象資産にかかわる将来の情報も反映されている可能性がある．

ボラティリティーの推定・予測の方法は大きく分類して2つの方法が存在する．第1の方法は過去の対象資産価格のデータを利用して推計する方法であり，ヒストリカル法と呼ばれている．BS 公式は対象資産価格が幾何ブラウン運動に従うと仮定しているので，過去の対象資産価格のデータを対数変換してその標準偏差を計算するのがもっとも簡単な方法である．実証分析の結果によれば，この方法で推定されたボラティリティーはボラティリティーが将来変化する場合には，その変化を予測することがほとんどできない問題が指摘されており，この問題を克服するため時系列解析の手法を適用して予測力を改善する研究も行われている．第2の方法は Latane and Rendleman (1976) が提案した推定方法であり，オプション価格とオプション公式からボラティリティーを逆算する方法である．オプション価格はボラティリティーを含め5個のパラメターによって決定されるのであるから，逆にオプション価格を所与として現実の市場価格を与え，ボラティリティーを未知パラメターとして解いてやれば，市場が予測するボラティリティー変化の情報も捉えることができると考えるのである．逆算されたボラティリティー推定量はインプライド・ボラティリティー（implied volatility）と呼ばれ，Mayhew (1995) のサーベイにはこの推定量の性質にかんする先行研究が紹介されている．

BS公式から算出した同一の対象資産にかんするインプライド・ボラティリティーを縦軸にとり，当該オプションの権利行使価格を横軸にとって打点すると，理論上は水平に並ぶはずであるが多くの場合U字型になることが経験上知られている．この曲線はボラティリティー・スマイルと呼ばれている．この現象は，対象資産のボラティリティー構造が幾何ブラウン運動で想定されるほど単純ではなく，対象資産の確率分布は対数正規分布に従っていないことを示唆している．そこでこの現象を呈示しているオプションの市場価格から資産価格のリスク中立化確率分布を逆に推定し，このインプライド確率分布を用いて他の派生証券を直接に評価しようとする研究が Rubinstein (1994) によって開始されている．

本書の第6章はこのボラティリティーの推定・予測問題を扱い，対象資産価格の経路の最大値，最小値からボラティリティーを推定する方法をとりあげる．これは資産価格の過去の値を利用する点で上述のヒストリカル法に分類されるが，本書ではいくつかの新しい理論的結果と実証分析の結果を報告する．

オプション研究の展開は，オプションなどの派生証券市場やその対象資産の市場の分析を越えて，他の隣接する研究領域へ及んでいる．コールおよびプット・オプションのペイオフは，有限責任あるいは保険の性格をもつあらゆる契約のペイオフと同一の形状をしているうえ，複数のオプション契約や対象資産および国債を組み合わせることによってさまざまな形のペイオフを表現でき，その現在価値も厳密に評価することができる．将来の価値が不確実な資産があれば，それから派生する収益あるいはサービスは，すべてオプション理論によって評価ができるといっても過言ではない．他の研究領域におけるいくつかの応用例をあげると，教育学において Dothan and Williams (1981) は，教育は特定の職業につくことを延期し卒業によってより多くの職業の機会を生むオプション契約であると考え，教育投資の価値を評価している．また Stultz (1982) は管理会計の話題として，従業員のインセンティブを考慮した固定給と歩合給の折衷的給与の評価にオプション理論を援用している．Kester (1984) は，マーケティングの分野で製品開発における先行商品のブランドネームの確立と，後続商品の開発とを複合オプション価値として評価している．

企業の実物資産への投資はさまざまなオプション的性格をもっており，経営者は事業環境の変化に応じて新たな投資を延期したり，既存の事業を継続するか終了するか，あるいは生産規模を変更するなど複数の意思決定の選択肢を持つことが多い．このような実物資産にたいするオプションは実物オプションと呼ばれ，Mason and Merton (1985) および Trigeorgis (1996) に詳細な文献レビューがある．これらのいわば意思決定上の柔軟性は経営戦略論では定性的に論じられてきた話題であるが，オプション理論によって初めて精密な議論が展開できるようになり，企業経済学においても企業行動を分析する有力な手法として多くの研究が進展している．また会計学の資本予算論は，これまで意思決定上の柔軟性や将来の企業成長の機会をもたらすために必須な投資や，相互に関連しながら将来の成長をもたらすような実物投資を評価する手法がなかったが，実物オプション理論の導入によってその学問的体系じたいを大幅に変えつつある．

オプション理論が最も精力的に応用され，定性的な議論が精緻化されたのは企業金融論であろう．企業が発行する各種の証券や契約条項を，企業価値を対象資産とするオプション契約とみなして評価するアイデアはすでに1973年のBS論文において述べられている．オプション理論によって企業の倒産可能性を内生的に証券評価に反映することが可能であるため，企業の信用リスクの有力な分析ツールになっている．各種の証券および金融契約を最初にオプション理論によって評価した代表的な論文を表1.1にまとめてある．

企業が発行する証券価値の厳密な評価が可能となったため，企業の最適資本構成にかんする議論がより精密に行えるようになった．やはり表1.1に代表的な成果を掲げてあるが，まずMerton (1977a) によってモディリアーニ＝ミラー定理が企業倒産の可能性が存在する状況でも成立することがオプション理論によって厳密に証明された．すなわち，摩擦がなく税金も存在しない経済では，企業が倒産する可能性が存在しても企業価値は資本構成から独立であることが明らかになった．Brennan and Schwartz (1978) はそのモデルを拡張し，税金，倒産費用などの摩擦的要因を明示的にモデルにとりいれこれらが最適資本構成に及ぼす影響をオプション理論によって調べている．

表にはオプション理論にもとづくその他の資本構成にかんする研究も挙げてあるが，いずれも利子率が一定という仮定がおかれている．これは利子率が変動する状況でのオプション評価理論が，他の研究領域に応用可能な水準まで成熟していなかったことに大きな原因がある．現実の企業は固定金利の負債だけではなく，変動利付社債のような利子率変動を前提とした変動金利の負債を発行しているが，これらの証券の分析は利子率変動リスクと企業の信用リスクの両方を同時に扱わねばならない．利子率が変動する経済において社債の倒産リスク・プレミアムがどのような構造を持ち，企業の資金調達決定，とくに最適な資本構成はどう決定されるのか，いまだ明らかにされていない．本書の第7章と第8章は，オプション理論を応用して利子率が変動する状況における企業の倒産リスクと最適資本構成問題を分析する．

2. 本書の目的と構成

前節ではオプション評価理論研究の展開を跡づけ，未解決な問題を整理し

表 1.1　オプション理論の企業金融理論への応用

A. 企業が発行する各種証券，契約条項の評価（信用リスクの分析）	
・社債と信用リスク	Merton（1974）
・劣後社債	Black and Cox（1976）
・優先株	Schwartz（1983）
・ワラント，新株引受権	Smith（1977）
・転換社債	Ingersoll（1976） Brennan and Schwartz（1977, 1982）
・転換社債の任意償還条項	Ingersoll（1976）
・社債の信託契約，各種財務制限条項	Black and Cox（1976） Ho and Singer（1982）
・社債の減債基金	Jones, Mason, and Rosenfeld（1983）
・社債の担保価値	Stulz and Johnson（1985）
・資産担保証券	Dunn and McConnell（1981）
B. その他金融契約の評価	
・債務保証契約	Merton（1977b）, Jones and Mason（1980）
・担保付き貸付契約	Merton（1974）
・変動利率貸付契約	Cox, Ingersoll, and Ross（1980）
・リボルビング・クレジット契約	Hawkins（1982）
・証券会社の証券引受契約	Smith（1977）
・預金保険と保険料率	Merton（1977b）
・損害保険者保護基金と保険料率	Cummins（1988）
・生命保険契約の価値	Brennan and Schwarz（1976, 1979）
・損害保険契約と保険料率	Kraus and Ross（1982）
・長期と短期投資の両目的をもつ投資信託	Ingersoll（1976）
・年金請求権	Treynor, Regan, and Priest（1976）
・リース契約	McConell and Schalleim（1983）
・保険デリバティブズ	Harrington, Mann, and Niehaus（1995）
C. 資本構成問題研究の精緻化	
・倒産が発生する状況での MM 理論	Merton（1977a）
・税金と倒産費用を考慮した資本構成	Brennan and Schwartz（1978）
・減債基金と任意償還条項付き社債を発行する企業の資本構成	Jones, Mason, and Rosenfeld（1984）
・倒産費用の推計	Kalava, Langetieg, Rasakhoo, and Weinstein（1984）
・企業の経営政策（合併・買収，生産規模の拡張，部門の売却）と，株主債権者間の富移転	Galai and Masulis（1976）
・スワップ契約と利害関係者の富移転	Cooper and Mello（1991）

た．これを受けて，本書は主要なテーマとしてつぎの問題をとりあげる．

(1) エキゾチック・オプション，とくに経路依存型証券の評価問題
(2) 派生証券評価における対象資産のボラティリティーの推定問題
(3) 利子率変動下の社債の倒産リスク・プレミアムおよび最適資本構成問題

各章の概要はつぎのとおりである．まず第2章と第3章ではオプション評価の一般理論を述べる．第2章では利子率が一定の場合，第3章では利子率が確率的に変動する場合について派生証券評価の一般理論を展開する．この2つの章は第4章以降の分析の理論的基礎となる部分であるが，第2章では状態変数が多次元拡散過程に従うという一般的な状況で代表的な複数の評価方法を統一的に説明し，理論的な同一性を明らかにする．また第3章は利子率が変動する状況における派生証券の評価方法の例示として，フォワード・カーブ（先渡利子率の期間別構造）にたいするオプション契約の価値や，非心 χ^2 分布の条件付き期待値にかんする新しい結果を含んでいる．

第4章は，第2章の利子率が一定の場合における評価理論にもとづきテーマ (1) を扱う．まずエキゾチック・オプションとして知られるバリアー型オプションについて，2つの非線形境界壁で制約されたオプション契約の評価式を導出し，数値実験によってオプション契約の性質を検討する．第5章では，既存のすべてのバリアー・オプションの評価式が第4章の評価式の特殊ケースとして導出できることが示される．さらに第4章で提示した評価方法と若干の確率過程の知識を援用することによって，さまざまなエキゾチック・オプションの評価式が導出されるが，ここで示されるほとんどの評価式は本書の基礎論文において初めて明らかにされたものである．

第6章はテーマ (2) を扱い，対象資産の確率過程の最大・最小値を用いたボラティリティー推定方法をとりあげ，その推定量を確率的に厳密に導出する．既存の研究論文で報告されている推定効率が数学的に誤りであることを指摘し，正しい推定効率を提示する．またわが国の株式市場の現実のデータを利用して実際にボラティリティーを推定し，この推定量の性質と実務上の

問題点を実証的に明らかにする．

第 7 章はテーマ (3) のうち社債の倒産リスクの分析にあてられる．分析枠組として，第 3 章の利子率が変動する状況下のオプション評価理論を利用する．企業は利子率が変化する現実のなかで，伝統的な固定利付社債だけではなく変動利付社債も発行することができる．企業が同一金額を固定利付社債と変動利付社債で調達する場合とでは，社債市場が要求する倒産リスク・プレミアムが異なり，通常は固定のほうが変動利付社債より大きいプレミアムが観察される．金利スワップにかんする論文や派生証券の教科書は，この非対称性の原因を説明せずに市場の非効率性として論ずるものがほとんどである．本書は両タイプの社債の倒産リスク・プレミアムを解析的に導出，分析することにより，完全市場において倒産リスクが正しく社債価値に反映される結果として上述のプレミアムの非対称性が観察されることを示す．また金利スワップ市場で信用スプレッド格差（quality spread differential）と呼ばれ，スワップ契約の存在理由として論じられる社債市場間の信用力格差の差違は，効率的市場においても存在することを証明する．したがって金利スワップ契約の意義にかんする代表的な仮説である比較優位の議論が正しくないことが結論される．

第 8 章はテーマ (3) の最適資本構成問題をとりあげる．第 7 章と同一の分析枠組みを用いるが，資本構成を内生的に決定するために，完全市場の仮定を緩和し，法人税と倒産費用をモデルに導入する．既存の理論では，企業の総資産収益率のボラティリティーが上昇した場合になぜ負債利用を増加させる企業が存在するのか説明することができなかったが，本章は利子率と総資産収益率の相関係数をパラメターとして導入することによりこの問題に 1 つの解答を与える．また企業価値最大化を目的とする企業が，固定金利もしくは変動金利の資金調達の選択を内生的に決定するモデルが提示され，利子率が変動する状況における企業のヘッジ行動について複数の理論的予測が示される．さらにこれらの理論的予測の実証分析への含意が検討され，今後の課題が述べられる．

第 9 章は本書の最終章であり，全体の総括と残された問題，および今後の研究の方向について述べられる．

第2章

利子率が一定の場合の派生証券評価

1. はじめに

本章の目的は，オプションなどの派生証券の評価方法についてまず利子率が一定の場合において検討し，本書の分析の理論的基礎を与えることである．オプションに代表される派生証券の評価方法には，複数のアプローチが目的に応じて並立している感がある．本章は利子率が一定な場合についてオプション評価理論の展開をたどりながら，6通りの評価方法を概観しこれらの理論的な整合性を検討することをねらいとしている．具体的な派生証券の一例としてわが国でもっとも活発に取引されている指数先物をとりあげ，同一の先物価格が複数の評価方法を用いて導かれることを示す．

また派生証券の評価手法を理論的に整理する過程ではつぎの新たな3つの論点も示される．(1)連続時間でのリスクレス・ヘッジを想定して先物の均衡価格を導出する作業は，すでにOldfield and Messina (1977)，田畑 (1988) により行われているが，本章はこれらの論文で幾何ブラウン運動と仮定された対象資産価格の確率過程を，一般的な多次元拡散過程へ拡張して先物価格を導出する．(2)資産市場の均衡モデルとしてCAPM，およびAPTの成立を仮定したうえで，最終的には均衡モデルの選択とは独立な先物価格評価式を導出する．Black (1976) は，直物価格が幾何ブラウン運動に従い，CAPMが成立すると仮定して先物均衡価格を導出しているが，本章はその結果を一般化するものである．(3)リスク中立化法で先物契約を評価するうえで，対象資産価格の拡散過程のタイプを具体的に指定せずに，常微分方程式の解として評価式を導出している．

1987年に大阪証券取引所が「株先50」と呼ばれる株価指数取引を開始して以来，日経225，東証株価指数などを対象とした先物取引も登場し，株価指数にたいする先物取引はリスク管理の新しい手法を提供する商品として利用されている．本章ではこれらの算術平均指数 (arithmetic average index) を対象とする先物をとりあげ，派生証券としての性格に注目してその均衡価格

---

* 本章は池田 (1989 b) を加筆・修正したものである．

を分析する．対象資産価格の確率過程が一般的な多次元拡散過程で記述されると仮定して，連続時間のフレームワークで先物の均衡価格を複数の方法で導出するとともに，一般的な派生証券の均衡価格の導出についての理論的な整理を試みる[1)]．

本章の構成は，第2節で派生証券についてもその対象資産と同様に特定の均衡モデルが成立すると仮定して，派生証券の価値が満たす偏微分方程式を導出する．第3節では，市場均衡のもとでは一物一価法則に反する裁定機会は存在しないという命題を資産市場に適用して，派生証券市場の部分均衡分析によって指数先物契約を評価する．まず，Black and Scholes (1973) を嚆矢とする連続的リスクレス・ヘッジの考え方にたって均衡価格を求める．つぎに複製取引戦略による派生証券の評価をとりあげ，これを先物価格の評価に応用する．さらにCox and Ross (1976) のリスク中立化法で派生証券を評価する方法を述べるとともにその数学的根拠を検討し，Harrison and Kreps (1979) の同値マルチンゲール測度による評価方法との同一性を明らかにする．第4節では本章の結論が述べられる．

2. 均衡モデルを利用した評価

本書では，資産市場でどのようにさまざまな資産のリスク・プレミアムが決定されるのか明示的に検討し，期待効用最大化をはかる投資家の主体的均衡と資産市場全体での需給が一致する市場均衡が同時に満たされるような経済モデルを均衡モデルと呼ぶことにする．資産市場が均衡にあるならば，派生証券の対象資産のみならず，すべての派生証券の期待収益率の決定においてリスク・プレミアムは投資家のリスク選好を反映して合理的に決定されているはずである．

1)　米国の指数先物のなかには，等株ポートフォリオのような算術平均指数にたいする先物だけでなく，Value Line Index のような幾何平均指数にたいする先物も売買されている．その対象資産（幾何平均指数）は市場で売買されていないので，先物のキャッシュ・フローを既存の証券によって複製することができない．したがって，リスク・プレミアムを推定する手続きを経て均衡価格を求めることが必要となる．くわしくは，Eytan and Harpaz (1986), Cornell and French (1983) を参照されたい．

本節では，オプションに代表される派生証券の価格が，その対象資産と同様に特定の均衡モデルに従って形成されると考え，派生証券価格が満たすべき基本方程式を導出する．派生証券として主に先物契約をとりあげ，その契約価値がゼロとみて先物理論価格を導出した既存の研究を一般化する．本節の構成は，2.1項で先物契約の制度的な仕組みと対象資産の確率過程にかんする諸仮定を述べ，2.2項で先物契約の投資価値とその対象資産価格が，収益生成過程にマルチファクター・モデルを用いた連続時間資本資産価格モデル（capital asset pricing model: CAPM）で決定されると仮定して先物価格を導出する．2.3項では，均衡モデルとして裁定価格理論（arbitrage pricing theory: APT）を用いた導出を行い，これらのすべての方法が同一の評価式をもたらすことを確認する．

2.1 先物取引と対象資産価格の確率過程

先物価格を論ずるまえに，先物（futures）取引と先渡（forward）取引との差異について明らかにしておこう．先渡契約では，契約の売り手は買い手にたいして将来の特定の日（受渡し日）に，対象となる資産を契約締結時に定めた金額（先渡価格）を対価として受け渡す．受け渡し時の対象資産の市場価格がいくらであろうとも，先渡価格で売買されることが義務づけられる．先渡取引の特徴は，受渡し日以前には売り手と買い手との間にはまったく資金の移動が生じないことである．新しく結ばれる契約の先渡価格は対象資産の市場価格の変動に応じて改定されるが，受渡し日が近くなるほど，先渡価格は対象資産価格（直物価格）に接近していく．一物一価法則のもとで，先渡契約日が受渡し日と一致する極限では先渡価格は直物価格に等しくなる．

先物契約も，限月と呼ばれる将来の特定時点であらかじめ取り決めておいた価格で対象資産を売買する契約であり，契約締結時には一切資金の移動が生じないこと，そして限月に先物価格と直物価格が一致する点では先渡契約と同じである．先物契約が先渡契約と決定的に異なる仕組は「値洗い」と呼ばれる制度である．これは，限月以前であっても対象資産の市場価格の変動に応じて，市場価格とあらかじめとり決めた約定価格，すなわち先物価格との差額が先物契約の売り手から買い手の証拠金勘定へ毎日支払われあるいは引き落される制度である．

値洗いの制度によって，先物契約は限月にいたるまでの間，契約期間が一日ずつ短くなる先渡契約を繰り返し結び直すことができる契約とみなすことができる．先渡価格は毎日改定されていくが，その前日との差額が証拠金勘定に累積していくので，投資家はこの勘定から資金をおろして他の投資機会に充てることができる．また証拠金勘定がマイナスになるときには，他の投資機会を犠牲にするか，あるいは借金をして補填することが義務づけられている．したがって，先物取引から生ずる収益と他の投資機会をあらわす利子率とが相関をもって変動する場合には，先渡取引と異なる経済的機能が発生する．また，先渡取引では対象資産の受渡しは必ず実行しなければならないが，先物契約ではたとえ限月以前でも反対売買を行った時点で決済は終了し，対象資産を受け渡す必要はない．先物の買い契約を結んでいた投資家を考えれば，契約を転売したときには約定価格と転売時点の先物価格との差額を受払いすることで契約はすべて終了するのである．

先物，先渡取引がいずれも契約締結時点で資金の移動が発生しない特徴をもつ理由は，これらの契約の投資価値がゼロになるように先物価格，先渡価格が設定されるからにほかならない．しかし，派生証券の市場価値がゼロである必然性はなく，もし正あるいは負の価値をもつのであれば，資金の移動が契約当事者間に発生する．たとえばオプション契約は保有者に非負の収益をもたらすので，契約締結時点にその市場価値にみあう資金の移動が当事者間に発生するのである．契約価値がゼロとなるように先物，先渡価格が設定される理由は，ひとえに取引の簡便さに起因すると解釈することもできよう．

以上のように，先物取引と先渡取引は同一の経済取引ではない．しかしながら，Cox, Ingersoll, and Ross (1981)，Jarrow and Oldfield (1981)，Richard and Sundaresan (1981) などにより，安全利子率が確率的でない場合，簡単な裁定の議論により両者の均衡価格は同一になること，すなわち先物取引における値洗いの影響を捨象できることが証明されている．さらに実証研究の結果をみると，Cornell and Reinganum (1981)，Rendleman and Carabini (1979) など両者の乖離は有意ではないとする報告が多い．そこで以下では議論を簡単にするため，先物取引の差金決済は投資期間の期末にのみ行われると仮定し，先物取引と先渡取引を区別せずに分析を進めることとする．また本章では，とくに断らないかぎりは完全市場を仮定し，税金，取引費用および空売りにたいする制度的な規制は存在せず，借入・貸付は同一の正の定数であらわされる安全利子率で可能であり，取引の対象となる資産は投資期間中は配当を支払わないものと仮定しておく．

つぎに資産価格の確率過程についての仮定を述べておく．市場で売買される資産で正の供給量をもつものが全部で K 種類存在し，それらの確率過程は拡散過程で与えられるとしよう．各資産1単位あたりの価格プロセスを $\boldsymbol{p}=[p_1 \cdots p_K]^\top$，そのドリフトを $\boldsymbol{\mu}=[\mu_1 \cdots \mu_K]^\top$ とする．$^\top$ は転置を示す．資産価格の確率的変動をあらわす変数として K 個の標準ブラウン運動 $\boldsymbol{W}=[W_1 \cdots W_K]^\top$ を選び，これらの線形結合で資産価格の挙動，すなわち収益生成過程が表現されるとする．第 k 資産（$k \in \{1, \cdots, K\}$）の価格の確率的な挙動は $\boldsymbol{W}$ の各要素の線形結合で記述することができるが，そのウェイトを要素とする K 次元行ベクトルを $\boldsymbol{\sigma}_{k\cdot}$ と表現すれば，$\boldsymbol{p}$ のダイナミクスはつぎの確率微分方程式の解過程で与えられる．

$$
\begin{aligned}
d\boldsymbol{p}(t) &= \boldsymbol{\mu}(\boldsymbol{p}, t)\,dt + \begin{bmatrix} \boldsymbol{\sigma}_{1\cdot}(\boldsymbol{p}, t) \\ \boldsymbol{\sigma}_{2\cdot}(\boldsymbol{p}, t) \\ \vdots \\ \boldsymbol{\sigma}_{K\cdot}(\boldsymbol{p}, t) \end{bmatrix} d\boldsymbol{W}(t) \\
&= \boldsymbol{\mu}(\boldsymbol{p}, t)\,dt + \boldsymbol{S}(\boldsymbol{p}, t)\,d\boldsymbol{W}(t), \quad t \in [0, T] \qquad (1)
\end{aligned}
$$

$\boldsymbol{S}$ は K 次の正則行列であることを仮定する．$\boldsymbol{\mu}$，$\boldsymbol{S}$ は $\boldsymbol{p}$ と t の関数であるが，解過程が存在し一意に定まるための技術的な制約を満たす範囲であれば，任意の関数形が許される[2)]．また，$p_1, \cdots, p_K$ のそれぞれの確率過程は，他の資産を組み合わせることにより複製することができないものとしておく[3)]．

2) 確率微分方程式の解過程 $\boldsymbol{p}(t)$ が存在し一意に定まる強い解が存在するためには，連続性にかんするリプシッツ条件と解が爆発しないための増大制約条件が要請される．Lipster and Shiryayev (1977), pp. 126-137 などを参照されたい．

3) (1) 式では，CAPM の実証で前提されることが多いマーケット・モデルのように，個々の危険資産固有の分散可能リスクに対応する攪乱項をとりいれていない．収益生成過程をどう記述するかは，市場均衡においてリスク・プレミアムが決定されるメカニズムを明らかにする CAPM とは次元が異なる問題であり，本章は仮定として(1) 式を与えている．

(1) 式より $d\boldsymbol{p}$ の分散共分散行列を求めると,

$$E[d\boldsymbol{p}d\boldsymbol{p}^\top]-E[d\boldsymbol{p}]E[d\boldsymbol{p}^\top]=\boldsymbol{S}\boldsymbol{S}^\top dt \tag{2}$$

であることがわかる.

2.2 CAPM を利用した評価

資産市場では投資家のリスク選好を反映して，各資産の投資収益率の期待値が，資産がもつリスクの大きさに対応する水準へ資産価格が調整される．このリスクをどのように理解し，記述するかによって資産価格の均衡モデルに多くのバリエーションがでてくるが，本節ではCAPM (資本資産評価モデル) を採用する．したがって，派生証券も含めすべての資産のリスク・プレミアムは市場ポートフォリオ収益率との共分散によって決定され，投資家は市場ポートフォリオと安全資産をリスク許容度に応じた比率で保有することにより主体的均衡を達成する．同時に経済全体でみた資産の需給が一致して市場が清算される経済を想定するのである．なお，安全資産は投資家間の貸借によって発生し，ネットの供給量はゼロとする．その収益率は先に述べたとおり正の定数で与えられると仮定する．CAPM の仮定は連続時間モデルを非常に特殊なものに限定してしまうようにみえるが，最終的に導かれる派生証券の関数形は特定の均衡モデルの特徴から独立となることが後に示される．

さて，各資産の供給量が $\boldsymbol{n}=[n_1\ n_2 \cdots n_K]^\top$ 単位ずつであるとしよう．市場ポートフォリオは各資産の市場価値の比率に応じたウエートで構成されるので，その投資比率ベクトルは対角行列 $\boldsymbol{D}_n$ を用いて

$$\boldsymbol{m}\equiv\frac{1}{\boldsymbol{n}^\top\boldsymbol{p}}\boldsymbol{D}_n\boldsymbol{p},\quad \boldsymbol{D}_n\equiv\mathrm{diag}\{n_1, n_2, \cdots, n_K\} \tag{3}$$

と表現できる．安全資産および先物を含む任意の派生証券の供給量はネットではゼロであるから，投資家の安全資産および派生証券への総需要は市場均衡において当然ゼロである．したがって市場ポートフォリオのなかには派生証券は含まれず，派生証券の存在はその対象資産の均衡価格にはなんら影響を及ぼし得ないことがわかる．いま市場ポートフォリオの投資収益率を dp_m/p_m とおけば,

$$\frac{dp_m}{p_m} = \boldsymbol{m}^\top \boldsymbol{D}_p{}^{-1} d\boldsymbol{p} = \mu_m dt + \boldsymbol{\sigma}_m d\boldsymbol{W} \tag{4}$$

ただし $\mu_m \equiv \boldsymbol{m}^\top \boldsymbol{D}_p{}^{-1}\boldsymbol{\mu}$, $\boldsymbol{\sigma}_m \equiv \boldsymbol{m}^\top \boldsymbol{D}_p{}^{-1}\boldsymbol{S}$, $\boldsymbol{D}_p \equiv \mathrm{diag}\{p_1, p_2, \cdots, p_K\}$ と表現されるので，その分散 $\sigma_m{}^2$ を求めると,

$$\begin{aligned}\sigma_m{}^2 dt &\equiv \mathrm{Var}\left(\frac{dp_m}{p_m}\right) = \boldsymbol{\sigma}_m d\boldsymbol{W}(\boldsymbol{\sigma}_m d\boldsymbol{W})^\top \\ &= \boldsymbol{m}^\top \boldsymbol{D}_p{}^{-1} \boldsymbol{S}\boldsymbol{S}^\top \boldsymbol{D}_p{}^{-1} \boldsymbol{m} dt\end{aligned} \tag{5}$$

である．安全資産の投資収益率を r，要素がすべて 1 であるような K 次元列ベクトルを $\mathbf{1}$ とするとき，各資産の期待超過収益率のベクトルを

$$\boldsymbol{\lambda} dt \equiv E[\boldsymbol{D}_p{}^{-1} d\boldsymbol{p}] - r\mathbf{1} dt = \left[\frac{\mu_1}{p_1} - r \ \ \frac{\mu_2}{p_2} - r \cdots \frac{\mu_K}{p_K} - r\right]^\top dt$$

とあらわすならば，CAPM は各資産のリスク・プレミアムが $\mu_m - r$ の大きさに比例して決定されることを主張する理論であるから，ベータ係数行列として

$$\begin{aligned}\boldsymbol{\beta} dt &\equiv \begin{bmatrix} \mathrm{Cov}\left(\dfrac{dp_1}{p_1}, \dfrac{dp_m}{p_m}\right) \\ \vdots \\ \mathrm{Cov}\left(\dfrac{dp_K}{p_K}, \dfrac{dp_m}{p_m}\right) \end{bmatrix} = \mathrm{Cov}\left(\boldsymbol{D}_p{}^{-1} d\boldsymbol{p}, \frac{dp_m}{p_m}\right) \\ &= \mathrm{Cov}(\boldsymbol{D}_p{}^{-1}\boldsymbol{\mu} dt + \boldsymbol{D}_p{}^{-1}\boldsymbol{S} d\boldsymbol{W}, \mu_m dt + \boldsymbol{m}^\top \boldsymbol{D}_p{}^{-1} \boldsymbol{S} d\boldsymbol{W}) \\ &= \boldsymbol{D}_p{}^{-1} \boldsymbol{S}\boldsymbol{S}^\top \boldsymbol{D}_p{}^{-1} \boldsymbol{m} dt\end{aligned} \tag{6}$$

と定義すれば，均衡では

$$\boldsymbol{\lambda} = \boldsymbol{\beta}(\mu_m - r) \tag{7}$$

が成立する．

本節では先物契約の価値も CAPM により決定されると考えるので，上式のような収益率ベースでの表現より，収益ベースで表わしておいたほうが都合がよい．初期投資額ゼロで契約する先物取引では収益率を定義できないからである．収益率形式の CAPM の評価式は

$$E[\boldsymbol{D}_p{}^{-1} d\boldsymbol{p}] - r\mathbf{1} dt = \boldsymbol{\beta}(\mu_m - r) dt \tag{8}$$

で与えられるので，両辺に左から $\boldsymbol{D}_p$ を掛けると

$$E[d\boldsymbol{p}] - r\boldsymbol{p} dt = \boldsymbol{\beta}^*(\mu_m - r) dt$$

$$\Leftrightarrow \boldsymbol{\mu} dt = r\boldsymbol{p}dt + \boldsymbol{\beta}^* (\mu_m - r)\, dt \tag{9}$$

$$\text{ただし}\quad \boldsymbol{\beta}^* dt \equiv \mathrm{Cov}\left(d\boldsymbol{p}, \frac{dp_m}{p_m}\right) = \frac{\boldsymbol{S}\boldsymbol{S}^\top \boldsymbol{D}_{\boldsymbol{p}}^{-1}\boldsymbol{m}}{{\sigma_m}^2}\, dt$$

が得られる．この評価式を以下では利用する．

いま先物契約も含め，任意の派生証券の価値 f のダイナミクスが，

$$df = \mu_f(\boldsymbol{p}, t)\, dt + \boldsymbol{\sigma}_f(\boldsymbol{p}, t)\, d\boldsymbol{W} \tag{10}$$

で表現されるとしよう．$\boldsymbol{\sigma}_f$ は K 次元行ベクトルであり，

$$\boldsymbol{\sigma}_f \equiv [\sigma_{f1}(p_1, \cdots, p_K, t)\ \sigma_{f2}(p_1, \cdots, p_K, t) \cdots \sigma_{fK}(p_1, \cdots, p_K, t)]$$

と定義する．CAPM が成立しているので，この派生証券の期待収益は (9) 式より，

$$\mu_f dt = rfdt + \beta_f^* (\mu_m - r)\, dt \tag{11}$$

$$\text{ただし}\ \beta_f^* dt = \frac{1}{{\sigma_m}^2}\mathrm{Cov}(df, \frac{dp_m}{p_m}) = \frac{\boldsymbol{\sigma}_f \boldsymbol{S}^\top \boldsymbol{D}_{\boldsymbol{p}}^{-1}\boldsymbol{m}}{{\sigma_m}^2}\, dt$$

となる．さらに派生証券の均衡価格は対象資産の価格と時間との関数であり，$\boldsymbol{p}$ については 2 回，t については 1 回微分可能と仮定すると，$f=f(\boldsymbol{p}, t)$ へ伊藤の補題を適用することができるから，

$$\begin{aligned} df &= d\boldsymbol{p}^\top \nabla f(\boldsymbol{p}) + \frac{\partial f}{\partial t} dt + \frac{1}{2} d\boldsymbol{p}^\top \nabla^2 f(\boldsymbol{p})\, d\boldsymbol{p} \\ &= \boldsymbol{\mu}^\top \nabla f(\boldsymbol{p})\, dt + \nabla f(\boldsymbol{p})^\top \boldsymbol{S} d\boldsymbol{W} + \frac{\partial f}{\partial t} dt + \frac{1}{2} d\boldsymbol{W}^\top \boldsymbol{S}^\top \nabla^2 f(\boldsymbol{p}) \boldsymbol{S} d\boldsymbol{W} \\ &= \mathscr{L} f(\boldsymbol{p}, t)\, dt + \nabla f(\boldsymbol{p})^\top \boldsymbol{S} d\boldsymbol{W} \end{aligned} \tag{12}$$

$$\text{ただし}\ \mathscr{L} f(\boldsymbol{p}, t) \equiv \boldsymbol{\mu}^\top \nabla f(\boldsymbol{p}) + \frac{1}{2}\mathrm{tr}\{\boldsymbol{S}\boldsymbol{S}^\top \nabla^2 f(\boldsymbol{p})\} + \frac{\partial f}{\partial t}$$

が得られる．$\mathscr{L}$ は無限小生成作用素と呼ばれ，時刻 t において $f(\boldsymbol{p}, t)$ が瞬時的にどの程度変化するか，その平均を表す局所的期待値である．また ∇f，$\nabla^2 f$ はそれぞれ勾配ベクトル，ヘッセ行列を示し，

$$\nabla f(\boldsymbol{p}) \equiv \frac{\partial f}{\partial \boldsymbol{p}} = \left[\frac{\partial f}{\partial p_1}\ \frac{\partial f}{\partial p_2} \cdots \frac{\partial f}{\partial p_K}\right]^\top,$$

$$\nabla^2 f(\boldsymbol{p}) \equiv \frac{\partial^2 f}{\partial \boldsymbol{p} \partial \boldsymbol{p}^\top} = \begin{bmatrix} \dfrac{\partial^2 f}{\partial {p_1}^2} & \dfrac{\partial^2 f}{\partial p_1 \partial p_2} & \cdots & \dfrac{\partial^2 f}{\partial p_1 \partial p_K} \\ \vdots & \vdots & & \vdots \\ \dfrac{\partial^2 f}{\partial p_K \partial p_1} & \dfrac{\partial^2 f}{\partial p_K \partial p_2} & \cdots & \dfrac{\partial^2 f}{\partial {p_K}^2} \end{bmatrix}$$

である．$\mathrm{tr}\{\cdot\}$ は行列の対角要素の和をあらわす．(10)，(12) 両式は同一の確率微分方程式であるから，

$$\mu_f(\boldsymbol{p}, t) = \mathscr{L} f(\boldsymbol{p}, t) \tag{13}$$

$$\boldsymbol{\sigma}_f(\boldsymbol{p}, t) = \nabla f(\boldsymbol{p})^\top \boldsymbol{S} \tag{14}$$

が成立する．(13) 式へ (12) 式より $\mathscr{L} f(\boldsymbol{p}, t)$ を代入すると，

$$\mu_f(\boldsymbol{p}, t) = \boldsymbol{\mu}^\top \nabla f(\boldsymbol{p}) + \frac{1}{2}\mathrm{tr}\{\boldsymbol{S}\boldsymbol{S}^\top \nabla^2 f(\boldsymbol{p})\} + \frac{\partial f}{\partial t} \tag{15}$$

となるが，さらに (9)，(11) 式を用いてドリフト $\boldsymbol{\mu}$，μ_f を消去し，(14) 式を代入すると，

$$rf + \frac{\boldsymbol{\sigma}_f \boldsymbol{S}^\top \boldsymbol{D}_{\boldsymbol{p}}{}^{-1}\boldsymbol{m}}{\sigma_m{}^2}(\mu_m - r)$$

$$= \left\{ r\boldsymbol{p} + \frac{\boldsymbol{S}\boldsymbol{S}^\top \boldsymbol{D}_{\boldsymbol{p}}{}^{-1}\boldsymbol{m}}{\sigma_m{}^2}(\mu_m - r) \right\}^\top \nabla f(\boldsymbol{p}) + \frac{1}{2}\mathrm{tr}\{\boldsymbol{S}\boldsymbol{S}^\top \nabla^2 f(\boldsymbol{p})\} + \frac{\partial f}{\partial t}$$

$$\Leftrightarrow \frac{\partial f}{\partial t} = rf - r\nabla f(\boldsymbol{p})^\top \boldsymbol{p} - \frac{1}{2}\mathrm{tr}\{\boldsymbol{S}\boldsymbol{S}^\top \nabla^2 f(\boldsymbol{p})\} \tag{16}$$

を導くことができる．上式をみると，CAPM を特徴づける市場ポートフォリオにかんするパラメターが消失していることがわかる．

偏微分方程式が得られたので，あとは評価しようとする派生証券の特徴を記述する境界条件を定めて，$f(\boldsymbol{p}, t)$ について解けば当該派生証券の価値を導出できる．われわれの目的は，K 種類の資産を $\boldsymbol{w}^\top = [w_1\ w_2 \cdots w_K]$ の保有ベクトルで構成した算術平均指数を対象資産とする先物の均衡価格を求めることであった．ここで $\boldsymbol{w}^\top \boldsymbol{1} = 1$ と基準化しておけば，この保有ベクトルは投資比率を意味しており，$\boldsymbol{w}$ の要素がすべて $1/K$ のときを等株インデクス，企業価値等の基準でウエートづけしたものは加重インデクスと呼ばれている．前者には日経 225，後者には東証株価指数などがある．指数にたいする先物契約の特徴は，限月 T には指数先物の市場価格 $f(\boldsymbol{p}(T), T)$ が対象資産価格 $\boldsymbol{w}^\top \boldsymbol{p}(T)$ に一致することだから

$$f(\boldsymbol{p}(T), T) = \boldsymbol{w}^\top \boldsymbol{p}(T) - F \tag{17}$$

を端末条件として課せばよい．ここで F は時刻 t における約定価格であり，時刻を明示的に示さない変数は現在時点での価格をあらわすものとする．指数先物契約の投資価値が満たすべき偏微分方程式 (16) 式と端末条件 (17)

式が明らかになったが，じつはこの解は非常に簡単な形をしており，

$$f(\boldsymbol{p},t)=\boldsymbol{w}^{\top}\boldsymbol{p}-Fe^{-r(T-t)} \tag{18}$$

で与えられる．上式が (16)，(17) 式を満たしていることは，$\nabla f(\boldsymbol{p})=\boldsymbol{w}$, $\nabla^2 f(\boldsymbol{p})=\boldsymbol{O}_{K,K}$ に注意すれば容易に確認できる．

先物の約定価格 F は，前述したように契約の投資価値がゼロとなるように設定される．$f(\boldsymbol{p},t)=0$ として上式を F について解くと，

$$F=\boldsymbol{w}^{\top}\boldsymbol{p}e^{r(T-t)} \tag{19}$$

が導出できるのである．

CAPM を利用した評価では，CAPM が成立することはもちろん，先物契約の価値 f が $\boldsymbol{p}$ と t という変数に依存し，それぞれ2回および1回微分可能であることが前提されている．次節で示す Black and Scholes (1973) による有名な導出方法では資産市場において連続的取引が可能であり，派生証券と同じペイオフをもたらす資産をその対象資産と安全資産のポートフォリオによって複製できることを仮定するが，本節の導出方法ではこれらの仮定はまったく必要ないことに注意したい．

2.3 APT を利用した評価

いま経済のさまざまな不確実性をもたらす変数，すなわち状態変数を q 次元列ベクトル $\boldsymbol{x}$ であらわすことにする．$\boldsymbol{x}$ の要素には国民総生産，貿易収支，貨幣供給量，期待インフレ率などのマクロ変数が含まれるが，これらの変数は市場で取引できるとはかぎらないと考えるのが自然であろう．$\boldsymbol{x}$ は拡散過程

$$d\boldsymbol{x}=\boldsymbol{\alpha}(\boldsymbol{x},t)\,dt+\boldsymbol{\Sigma}(\boldsymbol{x},t)\,d\boldsymbol{\omega} \tag{20}$$

に従い，$\boldsymbol{\alpha}$ は q 次元列ベクトル，$\boldsymbol{\Sigma}$ は q 次の正方行列であると仮定する．$d\boldsymbol{\omega}$ は各要素がたがいに独立な q 次元標準ブラウン運動とすれば，状態変数間の瞬間的な分散共分散行列は $\boldsymbol{\Sigma}\boldsymbol{\Sigma}^{\top}$ で与えられる．

派生証券を含む任意の資産価格を f とあらわすことにすれば，その価値は状態変数に依存して定まると考えられる．そこで f は状態変数と時間のみに依存して価値が決定され，$f=f(\boldsymbol{x},t)$ と表現できると仮定する．関数 f にたいして伊藤の補題を適用できるならば，

$$df = \mathscr{L}f(\boldsymbol{x}, t)dt + \nabla f(\boldsymbol{x})^{\top}\boldsymbol{\Sigma}d\boldsymbol{\omega} \tag{21}$$

ただし　$\mathscr{L}f(\boldsymbol{x}, t) \equiv \boldsymbol{\alpha}^{\top}\nabla f(\boldsymbol{x}) + \dfrac{1}{2}\mathrm{tr}\{\boldsymbol{\Sigma}\boldsymbol{\Sigma}^{\top}\nabla^2 f(\boldsymbol{x})\} + \dfrac{\partial f}{\partial t}$

である．この資産価格の確率過程もまた拡散過程に従い，瞬間的な期待収益率が $\alpha_f(\boldsymbol{x}, t)$ で与えられるならば，$f \neq 0$ として

$$df/f = \alpha_f(\boldsymbol{x}, t)dt + \boldsymbol{\sigma}_f(\boldsymbol{x}, t)d\boldsymbol{\omega} \tag{22}$$

ただし，$\boldsymbol{\sigma}_f(\boldsymbol{x}, t) = [\sigma_{f1}(\boldsymbol{x}, t)\ \sigma_{f2}(\boldsymbol{x}, t)\ \cdots\ \sigma_{fq}(\boldsymbol{x}, t)]$

である．$\alpha_f(\boldsymbol{x}, t)$ はなんらかの均衡分析によって決定されねばならないが，(21)，(22) 式の係数を比較すると

$$\alpha_f(\boldsymbol{x}, t)f = \mathscr{L}f(\boldsymbol{x}, t)$$

$$\Leftrightarrow \frac{1}{2}\mathrm{tr}\{\boldsymbol{\Sigma}\boldsymbol{\Sigma}^{\top}\nabla^2 f(\boldsymbol{x})\} + \boldsymbol{\alpha}^{\top}\nabla f(\boldsymbol{x}) - \alpha_f(\boldsymbol{x}, t)f + \frac{\partial f}{\partial t} = 0 \tag{23}$$

$$\boldsymbol{\sigma}_f(\boldsymbol{x}, t) = \nabla f(\boldsymbol{x})^{\top}\boldsymbol{\Sigma}/f \tag{24}$$

がわかる．(23) 式を用いると (21) 式は，

$$df/f = \alpha_f(\boldsymbol{x}, t)dt + (\nabla f(\boldsymbol{x})^{\top}\boldsymbol{\Sigma}/f)d\boldsymbol{\omega}$$

となる．

この資産の瞬間的な超過収益率，すなわち安全利子率を超過する投資収益率の期待値は $(\mathscr{L}f/f) - r = \alpha_f(\boldsymbol{x}, t) - r$ とあらわされるが，期待超過収益率は市場が各状態変数の変動にたいして要求するリスク・プレミアムによって説明されるはずである．資産の投資収益率を記述する各ブラウン運動にたいするボラティリティー $\boldsymbol{\sigma}_f = [\sigma_{f1}\ \sigma_{f2}\ \cdots\ \sigma_{fq}]$ について，リスク・プレミアム $\boldsymbol{\lambda}^{\circ} = [\lambda_1^{\circ}\ \lambda_2^{\circ}\ \cdots\ \lambda_q^{\circ}]^{\top}$ が次式のように課せられると考える．

$$\alpha_f(\boldsymbol{x}, t) - r = \sigma_{f1}\lambda_1^{\circ} + \sigma_{f2}\lambda_2^{\circ} + \cdots + \sigma_{fq}\lambda_q^{\circ}$$

上式を行列で表示し，(24) 式を代入して $\boldsymbol{\Sigma}\boldsymbol{\lambda}^{\circ} \equiv \boldsymbol{\lambda}$ とおけば，

$$\begin{aligned}\alpha_f(\boldsymbol{x}, t) - r &= \boldsymbol{\sigma}_f\boldsymbol{\lambda}^{\circ} = (\nabla f(\boldsymbol{x})^{\top}\boldsymbol{\Sigma}\boldsymbol{\lambda}^{\circ})/f \\ &= (\nabla f(\boldsymbol{x})^{\top}\boldsymbol{\lambda})/f \\ &= \frac{\partial f/\partial x_1}{f}\lambda_1 + \frac{\partial f/\partial x_2}{f}\lambda_2 + \cdots + \frac{\partial f/\partial x_q}{f}\lambda_q\end{aligned} \tag{25}$$

となる．上式は資産 f の超過期待収益率が，この資産の各状態変数にかんするリスクの大きさと，各状態変数のリスク1単位の市場価格の積和に分解できることを表現している．この線形の表現は，Ross (1976 b) の裁定価格理

論（APT）が成立することを述べることにほかならない．$\boldsymbol{\lambda}^{\circ}$ は個々のブラウン運動の変動がもたらす瞬間的な標準偏差1単位当たりについて認識されるリスク・プレミアムであるのにたいして，$\boldsymbol{\lambda}\equiv\boldsymbol{\Sigma}\boldsymbol{\lambda}^{\circ}$ は資産価格の各状態変数にたいする弾力性をリスクの尺度とみたときのリスク・プレミアムであり，APTでは因子プレミアムあるいは感応度と呼ばれ，各状態変数にかかわるリスクの市場価格を表現するものである．(25) 式を (24) 式の偏微分方程式に代入すると，

$$\frac{1}{2}\mathrm{tr}\{\boldsymbol{\Sigma}\boldsymbol{\Sigma}^{\top}\nabla^2 f\}+\boldsymbol{\alpha}^{\top}\nabla f-(rf+\nabla f^{\top}\boldsymbol{\lambda})+\frac{\partial f}{\partial t}=0$$

$$\Leftrightarrow\frac{1}{2}\mathrm{tr}\{\boldsymbol{\Sigma}\boldsymbol{\Sigma}^{\top}\nabla^2 f\}+(\boldsymbol{\alpha}-\boldsymbol{\lambda})^{\top}\nabla f-rf+\frac{\partial f}{\partial t}=0 \qquad (26)$$

を得る．上式は Garman (1976) によって初めて導出されたものであるが，状態変数が拡散過程に従うとき，市場均衡においてすべての資産価格が満たす方程式体系である．Cox, Ingersoll, and Ross (1985 a) は，経済の生産的側面も明示的に考慮した一般均衡モデルにおいて上式をさらに一般化し，これを資産価格にかんする基本方程式 (fundamental equations) と呼んでいる．すべての資産価格は基本方程式を満たすから，その資産を特徴づける境界条件を課して2階の偏微分方程式を解くことによって均衡価格を導出できるのである．

派生証券の対象資産が市場で取引されており，派生証券のペイオフの不確実性が対象資産価格の挙動だけに依るとみなせるならば，状態変数ベクトル $\boldsymbol{x}$ のかわりに対象資産価格ベクトル $\boldsymbol{p}$ を用いてリスク・プレミアムを表現することができる．状態変数 $\boldsymbol{x}$ にかんするリスク・プレミアムは対象資産の価格に織り込み済みであるから，もし対象資産以外に派生証券のキャッシュフローの不確実性を引き起こす要因が存在しないならば，派生証券の $\boldsymbol{x}$ にたいするリスク・プレミアムは(1)式で与えられる対象資産の価格だけをつうじて記述できるからである．このとき (26) 式は，

$$\frac{1}{2}\mathrm{tr}\{\boldsymbol{S}\boldsymbol{S}^{\top}\nabla^2 f\}+(\boldsymbol{\mu}-\boldsymbol{\lambda})^{\top}\nabla f-rf+\frac{\partial f}{\partial t}=0 \qquad (27)$$

となる．

つぎに，

$$\boldsymbol{\mu}-\boldsymbol{\lambda} = r\boldsymbol{p} \tag{28}$$

であることを示すことにする．f として p_i，すなわち $\boldsymbol{p}$ の第 i 要素にたいする特殊なコール・オプション $f=f(p_i, t)$ を考えてみよう．このオプションは通常の契約とは異なり，満期がなく権利行使価格が 0 円の契約であるとする．このオプションは対象資産 p_i といつでも交換可能な引換券とみなせるので，その価格も p_i でなければならないから $f(p_i, t)=p_i$ である．このようにオプション契約の対象資産は，それ自身にたいする特殊なオプション契約と考えることができる．このとき (27) 式は，

$$\frac{1}{2}\mathrm{tr}\{\boldsymbol{S}\boldsymbol{S}^\top\nabla^2 p_i\}+(\boldsymbol{\mu}-\boldsymbol{\lambda})^\top\nabla p_i - rp_i+\frac{\partial p_i}{\partial t} = 0$$

とすることができる．$\nabla p_i=[0 \cdots 0 \overset{\overset{i}{\vee}}{1} 0 \cdots 0]^\top$，$\nabla^2 p_i=\boldsymbol{O}_{K,K}$，$\partial p_i/\partial t=0$ であるからこれらを上式へ代入すると，

$$(\boldsymbol{\mu}-\boldsymbol{\lambda})^\top\nabla p_i - rp_i = \mu_i-\lambda_i-rp_i = 0$$

となる．この関係は市場性のあるすべての資産について成立するので，

$$\mu_i-\lambda_i = rp_i \quad \forall i$$

$$\Leftrightarrow \boldsymbol{\mu}-\boldsymbol{\lambda} = r\boldsymbol{p} \tag{29}$$

が導出される．これを (27) 式へ戻すと

$$\frac{\partial f}{\partial t} = rf - r\nabla f(\boldsymbol{p})^\top\boldsymbol{p}-\frac{1}{2}\mathrm{tr}\{\boldsymbol{S}\boldsymbol{S}^\top\nabla^2 f(\boldsymbol{p})\}$$

が得られるが，上式は CAPM を利用して求めた偏微分方程式 (16) 式と同一である．

3. 特定の均衡モデルによらない評価

オプション価格理論に代表される派生証券分析のきわだった特徴は，対象資産価格の確率過程を外生的に与えたうえで，経済が競争的均衡にあれば裁定機会は存在しないという論理を適用して，派生証券の均衡価格をその対象資産との関係だけに注目して求めようとすることである[4]．その最終的な目

4) 裁定機会が存在しないことは競争的均衡の必要条件であり，より広い概念である．その証明は Harrison and Kreps (1979) のセクション 1 を参照せよ．

的は，派生証券の均衡価格を対象資産価格の関数として表現することであるが，一般均衡分析を迂回しつつ競争的均衡と整合的な結論が得られるのである．本節では，3.1項で先物契約も派生証券の1つであることに着目し，オプション評価理論で利用されてきた連続的リスクレス・ヘッジの考え方によって先物価格を導く．3.2項は先物契約に複製取引戦略によって派生証券の価値を評価する手法を応用する．3.3項はリスク中立化法による導出を示す．3.4項は同値マルチンゲール測度による評価方法について述べる．

3.1　連続的リスクレス・ヘッジを想定した評価

Oldfield and Messina (1977) は外国為替について，その先渡契約が自由に売買される流通市場が存在すると仮定したときの先渡価格を，Black-Scholes 流の連続的リスクレス・ヘッジの考え方を利用し，偏微分方程式の解として求めている．それは先物の均衡価格を求めることにほかならない．田畑 (1988) も同じ手順を踏んで株価指数先物の均衡価格を導いている．以下で行う作業もこれらの研究と基本的に同じであるが，対象資産価格の確率過程として既存の研究のように幾何ブラウン運動を前提するのではなく，前節で仮定した一般的な多次元拡散過程を用いることとする．本節では証券市場を明確に構成するため確率空間として $(\Omega, \mathscr{F}, P)$ を固定して，そのもとで標準ブラウン運動 $\boldsymbol{W}(t)$ により生成されるシグマ集合体の族と零集合の和（フィルトレーション）を $\mathscr{F}_t$, $t \in [0, T]$ とあらわすことにする．$\mathscr{F}_t$ は情報構造を表現し，$\mathscr{F}_0=\{\emptyset, \Omega\}$, $\mathscr{F}_T=\mathscr{F}$, $\mathscr{F}_s \subseteq \mathscr{F}_t (s<t)$ である．

対象資産と先物とを組み合わせたポートフォリオをつくり，その投資比率を調整してリスクのない資産を構成することを考えよう．指数先物の対象資産である K 銘柄の株式の保有ベクトルを K 次元列ベクトル $\boldsymbol{\theta}(t)=[\theta^1(t)\ \theta^2(t) \cdots \theta^K(t)]^\top$，先物の保有枚数を与えるスカラーを $\theta^0(t)$ とする．$\boldsymbol{\theta}(t)$, $\theta^0(t)$ は時刻 t を固定したとき $\mathscr{F}_t$-可測な確率過程すなわち適合過程であり，売買戦略がその時点と過去の情報のみをデータとして遂行されるものとする．さらに $\boldsymbol{\theta}(t)$, $\theta^0(t)$ を2乗可積分で分散が存在するような有界変動関数に制限しておけば，いわゆる倍掛戦略による裁定利潤の可能性を排除することができる．

派生証券としての先物契約の価値 f は，ここでも対象資産価格 $\boldsymbol{p}$ と時間 t のみからなる関数 $f=f(\boldsymbol{p}, t)$ であり，$\boldsymbol{p}$ については2回，t については1回微分できる程度に滑らかであると仮定する．

このときポートフォリオの投資価値 P は，

$$P = \boldsymbol{\theta}^{\top}\boldsymbol{p} + \theta^0 f(\boldsymbol{p}, t) \tag{30}$$

であり，その瞬間的な収益は

$$dP = \boldsymbol{\theta}^{\top} d\boldsymbol{p} + \theta^0 df \tag{31}$$

で与えられる．上式は，ポートフォリオの価値変動が $\boldsymbol{p}$ と f とのキャピタル・ゲインあるいはロスの和に分解されることを述べている．f の確率微分は，

$$df = \mathscr{L}f(\boldsymbol{p}, t)\,dt + \nabla f(\boldsymbol{p})^{\top}\boldsymbol{S}d\boldsymbol{W} \tag{32}$$

ただし　$\mathscr{L}f(\boldsymbol{p}, t) \equiv \boldsymbol{\mu}^{\top}\nabla f(\boldsymbol{p}) + \dfrac{1}{2}\mathrm{tr}\{\boldsymbol{S}\boldsymbol{S}^{\top}\nabla^2 f(\boldsymbol{p})\} + \dfrac{\partial f}{\partial t}$

であるから，これを（31）式へ代入・整理すると，

$$dP = \{\boldsymbol{\theta}^{\top}\boldsymbol{\mu} + \theta^0 \mathscr{L}f(\boldsymbol{p}, t)\}dt + \{\boldsymbol{\theta}^{\top} + \theta^0 \nabla f(\boldsymbol{p})^{\top}\}\boldsymbol{S}d\boldsymbol{W} \tag{33}$$

を得る．上式の確率的な項を消去するような取引戦略は，

$$\boldsymbol{\theta} = -\theta^0 \nabla f(\boldsymbol{p}) \tag{34}$$

とすれば実行できるが，そのためには対象資産と先物の市場で連続的取引が可能であるという仮定が必要である．この取引戦略のもとで（33），（30）式は，

$$dP = \theta^0\left(\frac{1}{2}\mathrm{tr}\{\boldsymbol{S}\boldsymbol{S}^{\top}\nabla^2 f(\boldsymbol{p})\} + \frac{\partial f}{\partial t}\right)dt,$$

$$P = \theta^0\{-\nabla f(\boldsymbol{p})^{\top}\boldsymbol{p} + f\}$$

となる．

これまでの分析では安全資産の存在が仮定されていたが，安全資産市場でも連続的取引が可能であるという仮定をつけ加えておこう．市場均衡下では裁定利潤を得る機会が存在しないのであるから，不確実性が排除されたポートフォリオ P と安全資産とは完全代替財の関係にある．したがって，局所的な収益率について $dP/P = rdt$ が成立する．ここで r は瞬間的な安全利子率である．この均衡条件式へ dP，P を代入，整理すると，

$$\frac{\partial f}{\partial t} = rf - r\nabla f(\boldsymbol{p})^\top \boldsymbol{p} - \frac{1}{2}\mathrm{tr}\{\boldsymbol{SS}^\top \nabla^2 f(\boldsymbol{p})\}$$

を導くことができる．上式は先物契約だけでなく，一般的な派生証券の価値が満たす偏微分方程式であり，前節で導出した（16）式と同じものである．$\boldsymbol{p}(t)$ のプロセスのドリフトが登場しないので，派生証券の均衡価格はその対象資産の期待収益率には依存せず，投資家のリスク選好から独立となることはよく知られているとおりである．また，取引戦略を記述する $\boldsymbol{\theta}$，θ^0 も現れていない．前節では，偏微分方程式から対象資産価格の確率過程のドリフトを消去するために期待収益率を決定する均衡モデルを利用したが，ここでは連続的取引によるリスクレス・ヘッジが可能であるという仮定がドリフトを消去する方策として用いられたのである．境界条件および先物均衡価格 F の導出は（17）～(19）式と同一であるので省略する．

3.2　複製取引戦略にもとづく評価

連続的取引におけるリスクレス・ヘッジを想定した派生証券価格の導出では，そのような取引が可能であること，派生証券の価値が対象資産の価格と時間に依存する関数であり前者については2回，後者については1回，偏微分ができることが天下り的に仮定されていた．現実の証券市場でこれらの諸仮定，とくに連続的取引可能という仮定が妥当でなければ，評価式導出の正当性は崩れることになる．Harrison and Pliska (1981) が厳密に複製取引戦略による評価方法を論ずるより以前に，この理論的な難点を回避する方法をすでに Merton (1977a) が論じている．ここでは本章の議論に則した形でその要点を述べる．

まず，任意の派生証券の市場価値が f であらわされるとしよう．f が対象資産の価格プロセス $\boldsymbol{p}(t)$ に依存して決定されることは直感的に明らかである．しかしここではその事実を前提とせず，f が $\boldsymbol{p}(t)$ 以外の確率変数に依存する可能性も排除しないでおく．f の微分可能性にかんしても制約は課さない．ただしこの派生証券は，契約を締結してから満期 T まではキャッシュフローを生まないヨーロッパ型とする．派生証券の時刻 t の市場価値を $f(t)$，満期 T のキャッシュフローを $f(T)$ とする．

以上の設定のもとで，派生証券のキャッシュフローを，K 種類の対象資産と安全資産とを組み合わせたポートフォリオによって複製することを考える．安全資産として満期 T に1円を支払うゼロ・クーポン債を考え，その時刻 t における価格を $B(t)$ とする．各資産を $\boldsymbol{\theta}=[\theta^1\ \theta^2 \cdots \theta^K]^\top$ 単位と安全資産 θ^0 単位から構成するポートフォリオの投資価値を $V(t)$ とすれば，

$$V(t) = \boldsymbol{\theta}(t)^\top \boldsymbol{p}(t) + \theta^0(t)B(t) \tag{35}$$

である．$\boldsymbol{\theta}(t)$ と $\theta^0(t)$ は，前述したとおり $\mathscr{F}_t$-適合な2乗可積分確率過程である．$\boldsymbol{\theta}(t)$ と $\theta^0(t)$ をダイナミックに変化させることによって，派生証券の投資価値のプロセスを完全に複製するようなポートフォリオ $V(t)$ を構築できれば，その構築に要する費用が当該派生証券の投資価値である．そこで $\boldsymbol{\theta}(t)$，$\theta^0(t)$ の定め方であるが，ポートフォリオを改訂していく時に追加的な資金を必要としないような自己充足的（self-financing）投資戦略であることを条件付けておく．この自己充足性を満たす投資戦略とは，各時点におけるポートフォリオの価値が初期投資とその後の取引がもたらす損益の合計であらわされ，ポートフォリオから資金の流出，流入がないような投資方法である．したがって

$$dV(t) = \boldsymbol{\theta}^\top d\boldsymbol{p}(t) + \theta^0 dB(t) \tag{36}$$

が満たされねばならない．上式は追加的な投資資金の移動がないときには，$V(t)$ の投資価値の変動はすべて対象資産と安全資産のキャピタル・ゲインあるいはロスに分解されることを表現している．

$\boldsymbol{\theta}(t)$，$\theta^0(t)$ の具体的な決定方法であるが，いま純粋に数学的な問題として

$$\frac{\partial Q}{\partial t} = rQ - r\nabla Q(\boldsymbol{p})^\top \boldsymbol{p} - \frac{1}{2}\mathrm{tr}\{\boldsymbol{S}\boldsymbol{S}^\top \nabla^2 Q(\boldsymbol{p})\} \tag{37}$$

$$\text{s.t.}\quad Q(\boldsymbol{p}, T) = f(T) \tag{38}$$

が与えられたとする．この偏微分方程式問題は，境界条件を表わす $f(T)$ の関数形が特定されれば解析的に解ける場合があるが，その解を $Q(\boldsymbol{p}, t)$ として，

$$\boldsymbol{\theta}(t) = \nabla Q(\boldsymbol{p}) \tag{39}$$

$$\theta^0(t) = \frac{1}{Br}\{\mathscr{L}Q - \nabla Q(\boldsymbol{p})^\top \boldsymbol{\mu}\} \tag{40}$$

と設定する．$\mathscr{L}Q$ は dQ のドリフト部分であり，$Q=Q(\boldsymbol{p}, t)$ に伊藤の補題を用いて

$$dQ = \mathscr{L}Qdt + \nabla Q^\top(\boldsymbol{p})\boldsymbol{S}d\boldsymbol{W}, \tag{41}$$

$$\text{ただし}\quad \mathscr{L}Q \equiv \boldsymbol{\mu}^\top \nabla Q(\boldsymbol{p}) + \frac{1}{2}\mathrm{tr}\{\boldsymbol{S}\boldsymbol{S}^\top \nabla^2 Q(\boldsymbol{p})\} + \frac{\partial f}{\partial t}$$

と表現される．このとき複製ポートフォリオの投資価値は

$$\begin{aligned} V(t) &= \boldsymbol{\theta}(t)^\top \boldsymbol{p}(t) + \theta^0(t)B(t) \\ &= \nabla Q(\boldsymbol{p})^\top \boldsymbol{p}(t) + \frac{1}{r}\left(\frac{1}{2}\mathrm{tr}\{\boldsymbol{S}\boldsymbol{S}^\top \nabla^2 Q\} + \frac{\partial Q}{\partial t}\right) \end{aligned} \tag{42}$$

である．$dB=rBdt$ に注意して $dV-dQ$ を計算すると，(36) 式の自己充足条件から，

$$\begin{aligned} dV - dQ &= \boldsymbol{\theta}(t)^\top d\boldsymbol{p} + \theta^0(t)dB - (\mathscr{L}Qdt + \nabla Q^\top \boldsymbol{\mu} d\boldsymbol{W}) \\ &= 0 \end{aligned} \tag{43}$$

がわかる．したがって，

$$V(t) = Q(t) \tag{44}$$

と初期値をそろえておけば，$dV=dQ$ ゆえこのポートフォリオは偏微分方程式の解 $Q(t)$ の確率過程を確率1で複製する．$t=T$ において上式は

$$V(T) = Q(T) \tag{45}$$

であるから，偏微分方程式問題の境界条件が $Q(\boldsymbol{p}, T)=f(T)$ であることを併せて考えると，

$$V(T) = f(T) \tag{46}$$

であり，この複製ポートフォリオは偏微分方程式の解のみならず満期 T における派生証券のキャッシュフロー $f(T)$ も複製していることが明らかである．この投資戦略には自己充足性が課されているので，一度ポートフォリオを構築しておけば追加的な費用をかけることなく，満期には派生証券と同一のペイオフを実現できる．したがって，ポートフォリオを組むときに要する初期投資の費用がその時点 t での当該派生証券の価値 $f(t)$ に等しくなる．

仮に $V(t)<f(t)$ であれば，投資家はこの派生証券を自ら発行して $f(t)$ を得て，そのなかから $V(t)$ を用いて複製ポートフォリオを組めば，満期 T

にはポートフォリオを売却して $f(T)$ を受け取り，これを派生証券の保有者へ支払うことができる．したがって $f(t)-V(t)>0$ の裁定利益を時刻 t において確実に実現できる．反対に $V(t)>f(t)$ の場合は複製ポートフォリオをすぐに売却し，その代金の一部で派生証券を購入しておけば裁定利益を獲得できる．したがって裁定機会が存在しない市場では $V(t)=f(t)$ がつねに成立し，この関係はすべての $t\in[0, T]$ において成り立つのである．結局，派生証券の投資価値，すなわち複製ポートフォリオの価値 $V(t)=f(t)$ は偏微分方程式の解 Q に等しいので，当該派生証券の特徴を記述する境界条件 $f(T)$ を特定したときの偏微分方程式問題に帰着することになる．しかも (37) 式は，均衡モデルあるいは連続的リスクレス・ヘッジを想定して導出した偏微分方程式と同一の形をしていることがわかる．

複製ポートフォリオにもとづく評価方法では，派生証券の関数形やその微分可能性についてなんら制約を課していない．また取引戦略についても，つねに市場が開いており連続的取引が実行可能であるという仮定は必要ではない．市場で対象資産が離散時間で取引されるときであっても，対象資産の新しい均衡価格 $\boldsymbol{p}$ が明らかになるつど，$\boldsymbol{\theta}(t)=\nabla Q(\boldsymbol{p}, t)$，$\theta^0(t)=\{\mathscr{L}Q-\nabla Q(\boldsymbol{p}, t)^\top\boldsymbol{\mu}\}/(Br)$ へ $\boldsymbol{p}$ の実現値を代入し，複製ポートフォリオの改訂を行えばよいのである．

以上の議論において，$Q(\boldsymbol{p}, t)$ は $\boldsymbol{p}$ を対象資産とする一般的な派生証券の均衡価格を表現しているのであるが，特定の派生証券の特徴を記述するのは境界条件である．たとえば，

$$f(T)=\boldsymbol{w}^\top\boldsymbol{p}(T)-F \tag{47}$$

とすれば，本章がとりあげている指数先物契約をあらわし，

$$f(T)=\max[\boldsymbol{w}^\top\boldsymbol{p}(T)-X, 0] \tag{48}$$

とすれば，権利行使価格が X の指数コール・オプション契約をあらわすことになる．指数先物契約を特徴づける (47) 式を複製するようなポートフォリオ戦略は，先に述べたとおり同式を境界条件 (38) 式に代入して (37) 式を解いて

$$Q(\boldsymbol{p}, t)=\boldsymbol{w}^\top\boldsymbol{p}-Fe^{-r(T-t)}$$

で与えられる．したがって先物契約の価値 f を複製するポートフォリオ戦

略は,

$$\boldsymbol{\theta}(t)=\nabla Q(\boldsymbol{p})=\boldsymbol{w} \tag{49}$$

$$\begin{aligned}\theta^0(t)&=\frac{1}{Br}\left(\frac{1}{2}\mathrm{tr}\{\boldsymbol{S}\boldsymbol{S}^\top\nabla^2 Q\}+\frac{\partial Q}{\partial t}\right)\\&=\frac{1}{Br}\{0-rFe^{-r(T-t)}\}=-\frac{e^{-r(T-t)}F}{B}\end{aligned} \tag{50}$$

とすればよいことがわかる．時刻 t では債券を $\{1/B(t)\}e^{-r(T-t)}F$ 枚だけ空売りし，同時に K 種類の資産をそれぞれ $\boldsymbol{w}^\top=[w_1\ w_2 \cdots w_K]$ 単位ずつ指数の構成比率で購入するのである．複製ポートフォリオの投資価値は $\boldsymbol{w}^\top\boldsymbol{p}-Fe^{-r(T-t)}$ であるから，$T-t$ 後の限月では

$$\boldsymbol{w}^\top\boldsymbol{p}(T)-Fe^{-r(T-t)}\{e^{r(T-t)}\}=\boldsymbol{w}^\top\boldsymbol{p}(T)-F$$

となり，(47) 式の境界条件が複製されていることを確認できる．

このようにして，対象資産と安全資産とを用いて自己充足的な取引戦略による派生証券のキャッシュフローを複製できれば，その均衡価格を一意的に定めることが可能である．しかし，この方法が有効であるためには，対象資産価格の確率過程が自己充足的な複製ポートフォリオの構築を可能とするようなクラスに属することが必要であり，任意の確率過程が許されるわけではない．以上の分析では，派生証券の価値の関数形やその微分可能性について明示的な制約を課すことはしなかった．また，連続時間での取引が可能であることも仮定していない．それにもかかわらず派生証券の均衡価格の導出が可能であった理由は，対象資産の価格プロセスを拡散過程に制約したからなのである．前述した均衡モデルを利用した導出方法では，そのモデルが成立するための新たな仮定が要請される反面で，対象資産価格のプロセスとして拡散過程以外の任意の確率過程を扱うことが可能となる．

3.3　リスク中立化法による評価

派生証券の評価方法として，Cox and Ross (1976) が提示したリスク中立化法によって先物の均衡価格を求めてみよう．これまでみてきたように，派生証券の均衡価格が満たす偏微分方程式には対象資産価格のプロセスのドリフトは現れない．派生証券のペイオフの不確実性は対象資産価格の不確実性

のみによって引き起こされるので，対象資産が市場で売買されており，その価格を所与とするならば，派生証券の価値は対象資産の価格形成をつうじてしか投資家の効用関数に依存し得ないのである．したがって，どのようなリスク選好をもつ投資家を想定しても，所与の対象資産価格の関数としてあらわされる派生証券の評価式は影響を受けないはずである．そのような経済学的直感にもとづいて，Cox and Ross (1976) は投資家がリスク中立的な虚構の経済を考え，そこで派生証券を評価したのである．

リスク中立的経済では将来の資産収益の不確実性がどのような水準であれリスクを負うことの対価は支払われないので，すべての資産の期待収益率は安全利子率に等しくなる．そのとき対象資産の価格プロセス $\hat{\boldsymbol{p}}$ は，

$$E[\boldsymbol{D}_{\hat{\boldsymbol{p}}}^{-1}d\hat{\boldsymbol{p}}] = r\mathbf{1}dt$$

を満たすから，確率微分方程式で表現すると

$$d\hat{\boldsymbol{p}} = r\hat{\boldsymbol{p}}dt + \boldsymbol{S}(\hat{\boldsymbol{p}}, t)\,d\hat{\boldsymbol{W}} \tag{53}$$

となる．上式は (1) 式においてドリフトを $\boldsymbol{\mu}=r\hat{\boldsymbol{p}}$ としたものにほかならない．ハット（へ）は，リスク中立的経済という虚構において想定された価格プロセスであることを強調して付している．前述したように，安全利子率が確率的な変動をしないときには先物取引特有の値洗いの影響は無視できるので，価値の評価のためには限月のペイオフだけを考慮すればよく，先物価格は先渡価格と同一となる．約定価格 F で締結した指数先物契約の限月でのキャッシュフローは，

$$f(\hat{\boldsymbol{p}}(T), T) = \boldsymbol{w}^{\top}\hat{\boldsymbol{p}}(T) - F \tag{54}$$

であるから，リスク中立化された (53) 式に対応する $\hat{\boldsymbol{p}}$ の推移確率密度でこのキャッシュフローの期待値を求め，$T-t$ の期間についてリスク・プレミアムがゼロの割引率すなわち安全利子率 r で評価した現在価値が先物契約の価値 $f(\hat{\boldsymbol{p}}, t)$ となる．したがって，

$$f(\hat{\boldsymbol{p}}, t) = e^{-r(T-t)}\hat{E}[f(\hat{\boldsymbol{p}}(T), T)] \tag{55}$$

$$= e^{-r(T-t)}\boldsymbol{w}^{\top}\hat{E}[\hat{\boldsymbol{p}}(T)\,|\,\hat{\boldsymbol{p}}] - e^{-r(T-t)}F \tag{56}$$

$$= e^{-r(T-t)}\boldsymbol{w}^{\top}\int_{\boldsymbol{R}^K}\hat{\boldsymbol{p}}(T)\,\hat{g}(\hat{\boldsymbol{p}}(T)\,|\,\hat{\boldsymbol{p}})\,d\hat{\boldsymbol{p}}(T) - e^{-r(T-t)}F \tag{57}$$

を得る．$\hat{g}(\hat{\boldsymbol{p}}(T)\,|\,\hat{\boldsymbol{p}})$ は，リスク中立的世界における確率密度であり，時刻 t

に $\hat{\boldsymbol{p}} \equiv \boldsymbol{p}(t)$ が与えられたとき，将来時点 T での確率変数 $\hat{\boldsymbol{p}}(T)$ にかんする条件付き密度である．$\hat{E}[\cdot]$ はその密度による期待値であることを表現している．

一般には（53）式の $\boldsymbol{S}(\hat{\boldsymbol{p}}, t)$ の関数形を特定しなければ推移密度を定めることができないので，リスク中立化法によってオプションのような派生証券を評価するためには拡散過程を具体的に指定しなければならない．ところが先物契約のペイオフは非常に単純な関数形なので，推移密度が与えられなくてもその期待値を求めることが可能である．すなわち，$\hat{E}[\hat{\boldsymbol{p}}(T)\,|\,\hat{\boldsymbol{p}}]$ は $\hat{g}(\cdot)$ を特定しなくても形式的に（53）式の拡散係数行列を $\boldsymbol{O}_{K,K}$ とおいて常微分方程式

$$d\hat{\boldsymbol{p}} = r\hat{\boldsymbol{p}}dt \tag{58}$$

を解けば計算できる．この常微分方程式は期待値じたいのプロセスを記述するからである[5]．初期条件を考慮すると，この解は $\hat{\boldsymbol{p}}e^{r(T-t)}$ となるので $\hat{E}[\hat{\boldsymbol{p}}(T)\,|\,\hat{\boldsymbol{p}}]$ の値として（56）式へ代入すると

$$f(\hat{\boldsymbol{p}}(t), t) = \boldsymbol{w}^{\top}\hat{\boldsymbol{p}}(t) - e^{-r(T-t)}F \tag{59}$$

となり，受渡価格が F の先物契約の価値が導出される．先物価格を求めるため $f(\hat{\boldsymbol{p}}, t) = 0$ とおくと

$$F = \boldsymbol{w}^{\top}\hat{\boldsymbol{p}}(t)\,e^{r(T-t)}$$

を得るが，現実の資産価格ベクトル $\boldsymbol{p}(t)$ とリスク中立的世界における資産価格ベクトル $\hat{\boldsymbol{p}}(t)$ とが等しいと仮定すれば上式は（19）式に一致している．

このリスク中立化法と他の評価方法との関係は，つぎのようにすれば確かめることができる．（57）式を t と $\hat{\boldsymbol{p}} \equiv \hat{\boldsymbol{p}}(t)$ で偏微分すると，

$$\frac{\partial f}{\partial t} = rf + e^{-r(T-t)}\boldsymbol{w}^{\top}\int_{\boldsymbol{R}^K}\hat{\boldsymbol{p}}(T)\,\frac{\partial \hat{g}}{\partial t}\,d\hat{\boldsymbol{p}}(T) \tag{60}$$

$$\begin{aligned}\nabla f(\hat{\boldsymbol{p}}) &= e^{-r(T-t)}\boldsymbol{w}^{\top}\int_{\boldsymbol{R}^K}\hat{\boldsymbol{p}}(T)\,\frac{\partial \hat{g}}{\partial \hat{\boldsymbol{p}}}\,d\hat{\boldsymbol{p}}(T)\\ &= e^{-r(T-t)}\boldsymbol{w}^{\top}\int_{\boldsymbol{R}^K}\hat{\boldsymbol{p}}(T)\nabla\hat{g}(\hat{\boldsymbol{p}})\,d\hat{\boldsymbol{p}}(T)\end{aligned} \tag{61}$$

5) Arnold（1974）の定理 8.5.5（pp. 142–143）．

$$\nabla^2 f(\hat{\boldsymbol{p}}) = e^{-r(T-t)} \boldsymbol{w}^\top \int_{\boldsymbol{R}^K} \hat{\boldsymbol{p}}(T) \nabla^2 \hat{g}(\hat{\boldsymbol{p}})\, d\hat{\boldsymbol{p}}(T) \tag{62}$$

であるが，これらの結果を用いて $\mathscr{L} f(\hat{\boldsymbol{p}}, t) - rf$ を計算すると

$$\begin{aligned}
&\frac{1}{2}\mathrm{tr}\{\boldsymbol{S}\boldsymbol{S}^\top \nabla^2 f(\hat{\boldsymbol{p}})\} + r\hat{\boldsymbol{p}}^\top \nabla f(\hat{\boldsymbol{p}}) + \frac{\partial f}{\partial t} - rf \\
&\quad = \frac{1}{2}\mathrm{tr}\{\boldsymbol{S}\boldsymbol{S}^\top e^{-r(T-t)} \boldsymbol{w}^\top \int_{\boldsymbol{R}^K} \boldsymbol{p}(\hat{T}) \nabla^2 \hat{g}(\hat{\boldsymbol{p}})\, d\hat{\boldsymbol{p}}(T)\} \\
&\qquad + re^{-r(T-t)} \hat{\boldsymbol{p}}^\top \boldsymbol{w}^\top \int_{\boldsymbol{R}^K} \hat{\boldsymbol{p}}(T) \nabla \hat{g}(\hat{\boldsymbol{p}})\, d\hat{\boldsymbol{p}}(T) \\
&\qquad + e^{-r(T-t)} \boldsymbol{w}^\top \int_{\boldsymbol{R}^K} \hat{\boldsymbol{p}}(T) \frac{\partial \hat{g}}{\partial t}\, d\hat{\boldsymbol{p}}(T) \\
&\quad = e^{-r(T-t)} \boldsymbol{w}^\top \int_{\boldsymbol{R}^K} \hat{\boldsymbol{p}}(T) \left\{ \frac{1}{2}\mathrm{tr}\{\boldsymbol{S}\boldsymbol{S}^\top \nabla^2 \hat{g}\} + r\hat{\boldsymbol{p}}(t) \nabla \hat{g} + \frac{\partial \hat{g}}{\partial t} \right\} d\hat{\boldsymbol{p}}(T)
\end{aligned} \tag{63}$$

を得る．上式の大括弧のなかは $\mathscr{L}\hat{g}(\hat{\boldsymbol{p}}, t)$ に一致することに注意する．$\hat{g}$ は推移密度であるから，これは初期時刻 t が変化したとき推移密度がどう変化するかをあらわすコルモゴロフ（Kolmogorov）の後向き方程式 $\mathscr{L}\hat{g}(\hat{\boldsymbol{p}}, t) = 0$ を満たすので大括弧の部分の値はゼロになる．その結果（63）式は

$$\frac{1}{2}\mathrm{tr}\{\boldsymbol{S}\boldsymbol{S}^\top \nabla^2 f(\hat{\boldsymbol{p}})\} + r\hat{\boldsymbol{p}}^\top \nabla f(\hat{\boldsymbol{p}}) + \frac{\partial f}{\partial t} - rf = 0$$

となり，現実の資産価格とリスク中立的経済で想定する資産価格の現在の値が等しければ $\hat{\boldsymbol{p}} = \boldsymbol{p}$ ゆえふたたび（16）式の偏微分方程式を得ることができる．仮想的なリスク中立的世界での確率分布を用いて派生証券のペイオフを評価することは，適当な境界条件のもとでの偏微分方程式問題に帰着するのである．

3.4 同値マルチンゲール測度による評価

Harrison and Kreps（1979）は，資産価格が拡散過程に従うとき，証券市場に裁定機会が存在しないための必要十分条件を明らかにしている．彼らはまず，自己充足的投資戦略によって裁定利益を生むことができない状況では，将来の収益を現在の資産価格に対応させる連続かつ正値の線形汎関数が存在することを証明した．さらにこの汎関数の集合と，証券市場を記述する確率

空間 $(\Omega, \mathcal{F}, P)$ の確率測度 P にかんして絶対連続であり，かつ安全利子率で割り引いた証券価格がマルチンゲールになるような確率測度の集合とが，1対1対応していることを示したのである．このような確率測度は同値マルチンゲール測度（equivalent martingale measure）と呼ばれ，派生証券評価において中心的な役割を果たす概念である．すなわち，証券市場に裁定機会が存在しないための必要十分条件は，少なくとも1つの同値マルチンゲール測度が存在することである．

本章の設定のもとで，具体的に同値マルチンゲール測度を求めてみよう．いま資産価格が (1) 式によって

$$d\boldsymbol{p}(t) = \boldsymbol{\mu}(\boldsymbol{p}, t)\,dt + \boldsymbol{S}(\boldsymbol{p}, t)\,d\boldsymbol{W}(t), \qquad t \in [0, T]$$

で与えられているから，安全利子率 r で割り引いた資産価格ベクトルを

$$\boldsymbol{p}^*(t) = e^{-rt}\boldsymbol{p}(t)$$

と書けば，$\boldsymbol{p}^*(0) = \boldsymbol{p}(0)$ ゆえ初期値は一致しており，伊藤の補題を適用して

$$d\boldsymbol{p}^*(t) = e^{-rt}[\{\boldsymbol{\mu}(\boldsymbol{p}, t) - r\boldsymbol{p}(t)\}dt + \boldsymbol{S}(\boldsymbol{p}, t)\,d\boldsymbol{W}(t)] \tag{64}$$

という確率微分表現を得る．

ここで確率測度の変換にかんする丸山-ギルサノフ（Maruyama-Girsanov）の定理を利用する[6]．この定理を本章に則したかたちで述べておこう．まず確率空間 $(\Omega, \mathcal{F}, P)$，時刻 $t \in [0, T]$ におけるフィルトレーションを $\mathcal{F}_t$ とする．いま測度 P 上の K 次元標準ブラウン運動 $\boldsymbol{W}(t)$，$t \in [0, T]$ にたいして，K 次元列ベクトルで表現される $\mathcal{F}_t$ 適合な確率過程 $\boldsymbol{u}(t)$ で，

$$E\left[\exp\left\{\frac{1}{2}\int_0^T \boldsymbol{u}(s)^\top \boldsymbol{u}(s)\,dt\right\}\right] < \infty \tag{65}$$

を満たすものが存在すると仮定する．この条件はノビコフ（Novikov）の条件と呼ばれるものである．このとき，

$$\frac{dP^*(\omega)}{dP(\omega)} = \exp\left\{\int_0^t \boldsymbol{u}(s)^\top d\boldsymbol{W}(s) - \frac{1}{2}\int_0^t \boldsymbol{u}(s)^\top \boldsymbol{u}(s)\,ds\right\} \equiv \rho^*(t) \tag{66}$$

で定義される確率測度 P^* のもとでは，確率過程

6) ファイナンスの文献ではギルサノフの定理と呼ばれることが多いが，この定理は Girsanov (1960) より先に，Maruyama (1954) によって明らかにされている．

$$\boldsymbol{W}^*(t) = \boldsymbol{W}(t) - \int_0^t \boldsymbol{u}(s)\,ds \tag{67}$$

は確率空間 $(\Omega, \mathscr{F}, P^*)$ 上の K 次元標準ブラウン運動になる，というものである．(66) 式で与えられる $\rho^*(t)$ は指数マルチンゲールに従い，その条件付き確率分布は対数正規分布になることは明らかである．したがって $\rho^*(t)$ は正値であり，ブラウン運動の初期値をゼロと定めるので期待値は1になっている．このことは，P^* は P にたいして絶対連続ゆえ同値な確率測度になっており，$\rho^*(t)$ はラドン・ニコディム微分であることを意味している．

資産価格プロセスの拡散係数行列 $\boldsymbol{S}(\boldsymbol{p}, t)$ が正則と仮定されており逆行列が存在するので，適合過程として

$$\boldsymbol{u}(t) = \boldsymbol{S}^{-1}(\boldsymbol{p}, t)\boldsymbol{\mu}(\boldsymbol{p}, t) - r\boldsymbol{S}^{-1}\boldsymbol{p}(t) \tag{68}$$

と具体的に定めてみる．これがノビコフの条件を満たすと仮定すれば，(66) 式で定義される P と同値な確率測度を構成することが可能となる．(67) 式を確率微分表現すれば

$$d\boldsymbol{W}^*(t) = d\boldsymbol{W}(t) - \boldsymbol{u}(t)\,dt \tag{67'}$$

となるので，上式より $(\Omega, \mathscr{F}, P^*)$ 上の標準ブラウン運動 $\boldsymbol{W}^*(t)$ を用いて (64) 式をあらわし，(68) 式を代入すると

$$d\boldsymbol{p}^*(t) = e^{-rt}\boldsymbol{S}(\boldsymbol{p}, t)\,d\boldsymbol{W}^*(t) \tag{69}$$

を得る．安全利子率で割り引いた資産価格のプロセスは，確率測度 P^* のもとではドリフトが消失していることがわかる．すなわち $\boldsymbol{p}^*(t)$ は P^*-マルチンゲールになっているから，P^* は P の同値マルチンゲール測度になっていることを確認できる．

P^* における $\mathscr{F}_t$ のもとでの条件付き期待値演算を $E^*{}_t[\cdot]$ と表現し，時刻 T における資産価格ベクトルが時刻 t においては確率変数であることを強調するためティルダを付してあらわせば，マルチンゲール性によって

$$E^*{}_t[\tilde{\boldsymbol{p}}^*(T)] = \boldsymbol{p}^* \Leftrightarrow E^*{}_t[e^{-r(T-t)}\tilde{\boldsymbol{p}}(T)] = \boldsymbol{p}$$

が成立する[7]．また，時点 T のペイオフが $f(\tilde{\boldsymbol{p}}(T), T)$ であらわされる任意の派生証券の時点 t における現在価値は

7) 本章では確率変数と実現値の記法を区別しないできたが，本節では説明の便宜上，確率変数にはティルダを付すこととする．

$$f(\boldsymbol{p}, t) = E^*{}_t[e^{-r(T-t)} f(\tilde{\boldsymbol{p}}(T), T)]$$

$$= \int_{\boldsymbol{R}^K} e^{-r(T-t)} f(\boldsymbol{p}(T), T) g^*(\boldsymbol{p}(T) \,|\, \boldsymbol{p}) \, d\boldsymbol{p}(T) \qquad (70)$$

$$= \int_{\boldsymbol{R}^K} e^{-r(T-t)} f(\boldsymbol{p}(T), T) \rho^* g(\boldsymbol{p}(T) \,|\, \boldsymbol{p}) \, d\boldsymbol{p}(T) \qquad (71)$$

で求めることができる．ここで $g^*(\boldsymbol{p}(T)|\boldsymbol{p})$ は，$\boldsymbol{p}(t)=\boldsymbol{p}$ が与えられたもとでの確率測度 P^* における $\tilde{\boldsymbol{p}}(T)$ の条件付き密度であり，$g(\boldsymbol{p}(T)|\boldsymbol{p})$ は $\tilde{\boldsymbol{p}}(T)$ の確率測度 P における条件付き密度である．本章でとりあげてきた先物契約の価値も，上式で $f(\boldsymbol{p}(T), T) = \boldsymbol{w}^\top \boldsymbol{p}(T) - F$ と設定すれば導出できる．

いまここで，

$$v(\boldsymbol{p}(T)) \equiv e^{-r(T-t)} \rho^* g(\boldsymbol{p}(T) \,|\, \boldsymbol{p}) \qquad (72)$$

とおいてみると，(71) 式は

$$f(\boldsymbol{p}, t) = \int_{\boldsymbol{R}^K} f(\boldsymbol{p}(T), T) v(\boldsymbol{p}(T)) \, d\boldsymbol{p}(T) \qquad (71')$$

と表現される．$v(\boldsymbol{p}(T))$ は確率変数 $\tilde{\boldsymbol{p}}(T)$ が特定の値 $\boldsymbol{p}(T)$ を実現したときにかぎり1円を支払うような証券，すなわちアロウ-デュブルー (Arrow-Debreu) 証券（以下では AD 証券と略す）の現在価値をあらわしていると考えれば，上式の解釈は容易である[8]．T における派生証券のペイオフ $f(\tilde{\boldsymbol{p}}(T), T)$ がとりうるすべてのケース（状態）にたいして，AD 証券をそのペイオフに等しい枚数，すなわち $f(\boldsymbol{p}(T), T)$ 枚ずつ購入しておけば，時刻 T にいかなる状態が実現しても当該派生証券と同じキャッシュフローを確実に複製することができる．(71′) 式の右辺はそのための AD 証券の購入総費用であり，それが左辺の派生証券の現在価値に等しいのである．

つぎに安全資産を評価してみると，現在時点で1円の価値の安全資産は $T-t$ 後には確率1で $e^{r(T-t)}$ 円になるから，(71′) 式の左辺へ1，右辺の $f(\boldsymbol{p}(T), T)$ へ $e^{r(T-t)}$ を代入すると

$$1 = \int_{\boldsymbol{R}^K} e^{r(T-t)} v(\boldsymbol{p}(T)) \, d\boldsymbol{p}(T) \Leftrightarrow \int_{\boldsymbol{R}^K} v(\boldsymbol{p}(T)) \, d\boldsymbol{p}(T) = e^{-r(T-t)} \qquad (73)$$

8) ここで $\tilde{\boldsymbol{p}}(T) = \boldsymbol{p}(T)$ は $\{\omega | \boldsymbol{p}(\omega\,;\,T) = \boldsymbol{p}(T)\}$ の意味である．

を得る．上式は $\tilde{\boldsymbol{p}}(T)$ がいかなる実現値 $\boldsymbol{p}(T)$ を生起しようとも，すべての状態にたいして1枚ずつAD証券を購入してポートフォリオを組んでいる状況を示し，左辺はそのための購入総費用である．このようなポートフォリオを組んでおけば，時刻 T には確率1で1円のキャッシュフローを確保できる．上式の右辺は，その $T-t$ 後の確実なキャッシュフロー1円の現在価値が $e^{-r(T-t)}$ 円であることを述べているのである．

以上の分析では，資産価格の確率ベクトルがとりうる異なる実現値によって世の中の状態 (state of the world) を区別するとき，起こりうるすべての状態 $\omega(\in\Omega)$ にたいしてAD証券が用意され，その価格が一意的に決まっていることに注意しなければならない．このような市場は完備市場と呼ばれるが，そこでは同値マルチンゲール測度は一意的に定まるのである．(72) 式の表現が可能であるのは，本章のモデルが本質的に完備市場になっており，$\boldsymbol{p}(t)$ が拡散過程であり，$\boldsymbol{S}(\boldsymbol{p},t)$ が正則であるという仮定がその一意性を保証しているからである．丸山-ギルサノフの定理では，ラドン・ニコディム微分 $\rho^*(t)$ が (65)，(66) 式を満たす適合過程 $\boldsymbol{u}(t)$ によって定義され，$\boldsymbol{u}(t)$ の存在があらかじめ仮定されていることに注意しなければならない．Kunita and Watanabe (1967) は，任意の2乗可積分なマルチンゲールはノビコフ条件を満たす適合過程を被積分関数とする伊藤積分によって一意的に表現可能であり，そのような適合過程が必ず存在することを証明している．したがってラドン・ニコディム微分 $\rho^*(t)$ の確率過程が2乗可積分で有限の分散をもつならば，$\boldsymbol{u}(t)$ は必ず一意的に存在するのである．

同値マルチンゲール測度による派生証券の評価方法と，本節の3.3項で述べたリスク中立化法が，理論的にみて完全に等価であることは容易に確認できる．同値マルチンゲール測度 P^* 上であらわした，割り引いた資産価格のプロセスは (69) 式の

$$d\boldsymbol{p}^*(t) = e^{-rt}\boldsymbol{S}(\boldsymbol{p},t)\,d\boldsymbol{W}^*(t)$$

で与えられているので，割り引く前の資産価格プロセス $\boldsymbol{p}(t)=e^{rt}\boldsymbol{p}^*(t)$ に伊藤の補題を適用して確率微分表現してみると，

$$\begin{aligned} d\boldsymbol{p}(t) &= e^{rt}\{e^{-rt}\boldsymbol{S}(\boldsymbol{p},t)\,d\boldsymbol{W}^*(t)\}+re^{rt}\boldsymbol{p}^*(t)\,dt \\ &= r\boldsymbol{p}(t)\,dt+\boldsymbol{S}(\boldsymbol{p},t)\,d\boldsymbol{W}^*(t) \end{aligned} \tag{74}$$

となる．同値マルチンゲール測度のもとで資産価格の確率過程を評価すると，すべての資産の期待収益率は安全利子率 r に等しくなっていることがみてとれる．一方，リスク中立化法で想定した虚構の経済における価格プロセスは (53) 式で与えられており，

$$d\hat{\boldsymbol{p}}(t) = r\hat{\boldsymbol{p}}(t)\,dt + \boldsymbol{S}(\hat{\boldsymbol{p}}, t)\,d\hat{\boldsymbol{W}}(t)$$

であったから，両式はブラウン運動部分が異なることを除けば完全に同じ形をしていることがわかる．したがって確率過程 $\boldsymbol{p}(t)$ と $\hat{\boldsymbol{p}}(t)$ は，現在時点 t における値をそろえておけば，同一の弱い解をもつのでその条件付き分布は等しくなるのである．

同値マルチンゲール測度による派生証券の導出方法が2階の偏微分方程式問題に帰着することを，安全利子率で割り引いた派生証券価格が確率測度 P^* のもとでマルチンゲールとなる性質を使って確かめることができる．いま，派生証券の価値が $\boldsymbol{p}$ と t の関数として $f(\boldsymbol{p}, t)$ で与えられるとき，安全利子率で割り引いた派生証券価格を

$$f^*(\boldsymbol{p}, t) = e^{-rt}f(\boldsymbol{p}, t), \qquad t \in [0, T]$$

と表現し，伊藤の補題を適用して確率微分を計算すると，

$$\begin{aligned} df^* &= d\boldsymbol{p}^{\top}\nabla f^*(\boldsymbol{p}) + \frac{\partial f^*}{\partial t}\,dt + \frac{1}{2}\,d\boldsymbol{p}^{\top}\nabla^2 f^*(\boldsymbol{p})\,d\boldsymbol{p} \\ &= d\boldsymbol{p}^{\top}\{e^{-rt}\nabla f(\boldsymbol{p})\} + \left(-re^{-rt}f + e^{-rt}\frac{\partial f}{\partial t}\right)dt \\ &\quad + \frac{1}{2}\,e^{-rt}d\boldsymbol{p}^{\top}\nabla^2 f(\boldsymbol{p})\,d\boldsymbol{p} \\ &= e^{-rt}\left(r\nabla f(\boldsymbol{p})^{\top}\boldsymbol{p} - rf + \frac{\partial f}{\partial t} + \frac{1}{2}\mathrm{tr}\{\boldsymbol{S}\boldsymbol{S}^{\top}\nabla^2 f(\boldsymbol{p})\}\right)dt \\ &\quad + e^{-rt}\nabla f(\boldsymbol{p})^{\top}\boldsymbol{S}d\boldsymbol{W}^* \end{aligned} \tag{75}$$

を導くことができる．上式の導出においては，資産価格プロセスを確率測度 P^* 上の標準ブラウン運動ベクトル $\boldsymbol{W}^*$ を用いて表現した (74) 式を利用していることに注意する．$f^*(t)$ が P^* 上でマルチンゲールであるためには，上式のドリフトがゼロでなければならないから，

$$\frac{\partial f}{\partial t}=rf-r\nabla f(\boldsymbol{p})^{\top}\boldsymbol{p}-\frac{1}{2}\mathrm{tr}\{\boldsymbol{S}\boldsymbol{S}^{\top}\nabla^2 f(\boldsymbol{p})\}$$

が成立し，これは（16）式の偏微分方程式に一致している．

すでに述べたように，裁定の論理に根拠をおく派生証券の分析は自己充足的な複製ポートフォリオを構築できるかどうか，AD証券の価格を一意的に定めることが可能かどうかという点で，最終的に対象資産の価格プロセスの性質に大きく依存する．本章では対象資産価格にたいして拡散過程といういわば強い制約を課しているため，これらの問題がすべて解決されているのである．

4. むすび

本章は，利子率が一定の場合の派生証券評価の方法を明らかにした．オプションに代表される派生証券について，複数の評価方法が提案されてきたが，本章では評価理論の発展に沿いながら，各方法が仮定する条件とそうでない条件を整理し検討を行った．連続時間上では，すべての評価方法が最終的に同一の2階の偏微分方程式問題に帰着することで理論的な整合性が確認された．派生証券の例として株価指数先物を用いて先物理論価格を複数の方法で導出したが，それはOldfield and Messina（1977）および田畑（1988）の結果を拡張したものになっている．

本章では対象資産価格の確率過程が一般的な多次元拡散過程に従うと前提したが，派生証券の均衡価格を求める問題は，外生的に与えられる対象資産の価格プロセスが妥当であるならば，均衡分析を迂回して，かつ均衡分析の結論と完全に整合的な結論を裁定の論理によって得ることが可能である．そのさいに，対象資産と派生証券を均衡条件として結びつけるロジックは，経済が競争的均衡にあれば裁定機会は存在しえず，一物一価法則が成立するという素朴な考え方である．

この裁定の議論で中心的な役割を果たすのが，派生証券のペイオフを複製する自己充足ポートフォリオである．そのようなポートフォリオを構築できるか否かは完備市場を達成できるかどうかという問題であり，それは対象資産価格の確率過程の問題に帰着する．対象資産の価格プロセスが拡散過程に従わない場合には丸山-ギルサノフの定理が適用できないので，ラドン・ニコディム微分を一意的に定めることが可能かどうか明らかではない．いいかえれば，同値マルチンゲール測度の一意的な存在は保証されないのである．Harrison and Kreps (1979) はポワソン過程については同値マルチンゲール測度を一意的に定められることを述べてはいるものの，ポワソン過程と拡散過程を混合したジャンプ拡散過程では一意性は保証されないことが知られている[9]．この場合，派生証券の現在価値を求めるためには，投資家の効用関数を定めるか，あるいは Merton (1976) の分析における「ジャンプ・リスクは分散投資によって消滅する」という仮定のような新たな強い仮定を導入しなければ同値マルチンゲールは無数に存在し，裁定理論を適用することは理論的に困難である．そのときには，本章で検討した均衡モデルを利用した評価が要請されることになる．

このように，対象資産価格の確率過程の分析は派生証券分析の有効性をはかるうえで本質的な重要性をもつことがわかる．資産価格の確率分布にかんする実証分析が実務上のみならず経済理論上からも要請されており，早急な検討が望まれる所以である[10]．

9) 対象資産価格の確率過程が1次元の幾何ブラウン運動，あるいは対数ポワソン過程の場合のラドン・ニコディム微分を求める具体的な手続きは，斎藤 (1984, 1986) をみよ．

10) わが国の株式収益率の分布については，仁科・田畑 (1985)，池田 (1988) を参照されたい．

第3章
利子率が変動する場合の派生証券評価

1. はじめに

前章では，利子率が一定という仮定のもとで派生証券評価の考え方を整理したが，本章はこの仮定をはずして，利子率が確率的に変動する場合の評価方法を検討する．利子率変動にたいするさまざまなオプションや派生証券が証券市場に登場してきたのはごく近年になってからであるが，このような実務上の要請もあって，利子率が変動する場合の派生証券評価の理論はめざましい発展を遂げている．

本章の目的は，連続時間上での均衡条件を吟味しながら，複数の代表的な評価方法を統一的な視点から整理し，理論的な同一性を検討することである．分離定理と呼ばれる金利派生証券の評価原則を確率的な方法で導くが，その過程で，Jamshidian (1990) が提案した先渡利子率をマルチンゲールにする確率測度が金利派生証券の評価において非常に有益であることが，複数の新しい評価式の導出をつうじて示される．

本章の構成は以下のとおりである．第 2 節では分析枠組みの仮定と記法が述べられ，第 3 節では前章で検討したリスク中立化法が，利子率が変動する経済ではどのように修正されるかが論じられる．先渡利子率のドリフトにたいする制約と，先渡利子率をマルチンゲールにするような測度を用いた均衡表現が導かれる．第 4 節では具体的な金利派生証券として，債券オプションとイールド・カーブおよびフォワード・カーブにたいするオプションをとりあげ評価式を導出する．第 5 節では本章の結論が述べられる．

2. 仮定と記法

以下では，派生証券の価格付けを論ずるときの標準的な仮定として，完全かつ連続的な市場を前提する．時刻 t における瞬間的な安全利子率を $r(t)$ とし，その確率過程が

＊ 本章は池田 (1994) を加筆・修正したものである．

$$dr(t) = \mu_r(r, t)\,dt + \sigma_r(r, t)\,dW(t) \tag{1}$$

で記述され，利子率変動の不確実性をもたらす単一のブラウン運動 $W(t)$ は確率空間 $(\Omega, \mathscr{F}, Q)$ 上で定義されているものとする．倒産リスクがない，額面1円，満期 T 年の純粋割引債の時刻 t における価格を $P^T(t)$ とあらわし，その均衡価格は上記の短期金利を唯一の状態変数として決定されるとする[1)]．この債券価格の確率過程を一般的に，

$$dP^T(t)/P^T(t) = \mu^T(P^T, t)\,dt - \sigma^T(P^T, t)\,dW(t) \tag{2}$$

とあらわすことにする．後述するが，利子率上昇は債券価格を下落させ両者の変化の方向は反対であるので，上式の第2項の係数を負にしておくことで債券価格変動リスクの市場価格の解釈を容易にすることができる．

第2章では，状態変数のベクトル $\boldsymbol{x}$ が拡散過程

$$d\boldsymbol{x} = \boldsymbol{\alpha}(\boldsymbol{x}, t)\,dt + \boldsymbol{\Sigma}(\boldsymbol{x}, t)\,d\boldsymbol{\omega}$$

に従うとき，任意の資産価値 $f = f(\boldsymbol{x}, t)$ は，基本方程式

$$\frac{1}{2}\mathrm{tr}\{\boldsymbol{\Sigma}\boldsymbol{\Sigma}^\top\nabla^2 f\} + \boldsymbol{\alpha}^\top\nabla f - (rf + \nabla f^\top\boldsymbol{\lambda}) + \frac{\partial f}{\partial t} = 0 \qquad \text{(第2章(26)式)}$$

の解として与えられることを明らかにした．ここで状態変数が1個のケースを考え $x_1 = r$ とし，$\alpha_1 = \mu_r(r, t)$，$\boldsymbol{\Sigma}$ の $(1, 1)$ 要素を $\sigma_r(r, t)$，利子率変動にかんするリスクの市場価格を λ_r，それに対応する債券価格変動リスクの市場価格を $\lambda = -\lambda_r$ とおけば，上記の基本方程式は

$$\frac{1}{2}\sigma_r(r, t)^2\frac{\partial^2 f}{\partial r^2} + \{\mu_r(r, t) + \lambda\}\frac{\partial f}{\partial r} - rf + \frac{\partial f}{\partial t} = 0 \tag{3}$$

となり，利子率変動に依存して価値が定まる任意の資産の価値が満たす偏微分方程式を導くことができる．後は証券の特徴を記述する境界条件を定めれば，解析的あるいは数値解法によって f の値は求められる．したがって債券価値 $P^T(t)$ は，満期におけるペイオフ $P^T(T) = f(r_T, T) = 1$ を境界条件として課し，偏微分方程式を解けば導出できる．

つぎに，時刻 t に約定され将来時点 T で実行される瞬間的な貸付に適用

---

1)　ブラウン運動 $W(t)$ により生成される増大するシグマ集合体の族を $\mathscr{F}_t, t \in [0, T]$ とするとき，$\mathscr{F}_0 = \{\emptyset, \Omega\}, \mathscr{F}_T = \mathscr{F}, \mathscr{F}_s \subseteq \mathscr{F}_t (s < t)$ が仮定されている．以後，確率空間にかんする定義や仮定は，文脈から自明な場合はいちいち断わらない．

される利子率を考え $f_T(t)$ とする．この利子率は先渡利子率と呼ばれ，その定義より，

$$P^T(t) = \exp\left\{-\int_t^T f_U(t)\,dU\right\} \Leftrightarrow f_T(t) = -\frac{\partial}{\partial T}\ln P^T(t) \tag{4}$$

である．先渡利子率において $T \downarrow t$ のときが短期利子率だから，

$$r(t) = f_t(t) = -\frac{\partial}{\partial T}\ln P^T(t)\,|_{T=t} = -\frac{1}{P^T(t)}\cdot\frac{\partial P^T(t)}{\partial T}\,|_{T=t}$$
$$= -\frac{\partial P^T(t)}{\partial T}\,|_{T=t} \tag{4'}$$

という関係がある．先渡利子率の確率過程を一般的に，

$$df_T(t) = \mu_T(t)\,dt + \sigma_T(t)\,dW \tag{5}$$

と表現することとし，ドリフトおよび標準偏差には下付きの T を付して，上付きの T で表示した債券収益率のドリフト，標準偏差と区別する．また，$\lambda(t)$ を時刻 t での債券価格変動リスクの市場価格とする．すなわち，$\mathrm{Std}_t[\cdot]$ によって時刻 t における瞬間的な標準偏差をあらわすとき，

$$\lambda(t) = \frac{E_t[dP^T(t)/P^T(t)] - r(t)}{\mathrm{Std}_t[dP^T(t)/P^T(t)]} = \frac{\mu^T(t) - r(t)}{\sigma^T(t)}$$

が以下では均衡条件の表現に利用される[2)]．

3. 連続時間モデルにおける均衡

3.1 利子率変動下でのリスク中立化測度

連続時間モデルでは合理的な資産価格を導出するために，資産市場には一瞬といえども裁定機会が存在しないための均衡条件が要求される．本節では利子率が変動する経済における証券の価格付けを考察するが，まず複数の均衡条件の表現について，Jamshidian (1990) の結果を敷衍しつつ直感的な整理を試みる．

もっとも基本的な条件は，リスクの市場価格が人為的に設定される債券の

2) $\lambda(t)$ は $\mathscr{F}_t$-適合な確率過程であり，ノビコフの条件を満たすと仮定する．

満期に依存しないことであり，

$$\lambda(t)=\frac{\mu^T(t)-r(t)}{\sigma^T(t)}\ \forall\, T \Leftrightarrow \mu^T(t)=r(t)+\lambda(t)\sigma^T(t)\ \forall\, T \tag{6}$$

と与えられることである．本章の分析では (2) 式によって，どのような満期をもつ債券であれ同じブラウン運動によって不確実性が表現されるのであるから，すべての債券の局所的な変動は完全相関する．したがってリスクの市場価格は同一であり，さもなければ裁定利益を得ることが可能となり均衡が成立しなくなる．この条件を利子率が変動する場合に適用し，市場に裁定機会が存在しないような合理的な価格が一意的に形成されるための条件を求めると，つぎの表現を得る．

均衡表現 3.1 (Harrison and Pliska (1981))　市場が完備であるための必要十分条件は，相対債券価格，すなわち債券価格を短期利子率で1円を連続的に運用したマネー・マーケット口座の価値で除した値が，リスク中立化された確率過程

$$d\tilde{W}(t)=dW(t)-\lambda(t)\,dt \Leftrightarrow \tilde{W}(t)=W(t)-\int_0^t \lambda(s)\,ds \tag{7}$$

をブラウン運動にするような，ただ1つの同値な確率測度 $\tilde{Q}$ にかんしてマルチンゲールになることである[3]．

証 明　Harrison and Pliska (1981) は，資産市場に裁定機会が存在しないための必要十分条件は，少なくとも1つ以上の同値なマルチンゲール確率測度が存在することであり，市場が完備であるための必要十分条件は，そのような確率測度がただ1つ存在することであることを証明している．均衡表現3.1における確率測度 $\tilde{Q}$ のもとで，マネー・マーケット口座をニューメレールとして表現した相対債券価格を $X(t)$ とあらわせば，そのマルチンゲール性は以下のように確認できる．すなわち，

---

3)　Q と同値な確率測度を $\tilde{Q}$ とするとき，$\tilde{Q}$ はつぎのラドン・ニコディム微分

$$\frac{d\tilde{Q}(\omega)}{dQ(\omega)}=\exp\left\{\int_0^t \lambda(s)\,ds-\frac{1}{2}\int_0^t \{\lambda(s)\}^2 ds\right\}$$

で与えられる．

$$X(t) = P^T(t)\cdot\exp\left\{-\int_0^t r(s)\,ds\right\}$$

であるから，伊藤の補題を使ってこの確率過程を書きくだすと，

$$dX(t) = \frac{X(t)}{P^T(t)}dP^T(t) + X(t)\left\{-\frac{\partial}{\partial t}\int_0^t r(s)\,ds\right\}$$

$$\Leftrightarrow dX/X = (\mu^T - r)\,dt - \sigma^T dW$$

を得る．ここへ (6) 式を代入して μ^T を消去し，(7) 式を使って現実のブラウン運動のかわりに $(\Omega, F, \tilde{Q})$ 上のブラウン運動 $\tilde{W}(t)$ で $X(t)$ のプロセスを表現すると

$$dX/X = \sigma^T\lambda dt - \sigma^T(d\tilde{W} + \lambda dt) = -\sigma^T d\tilde{W} \tag{8}$$

となる．ドリフトが消失するので $X(t)$ のマルチンゲール性は明らかである．一般に，資産価格の確率過程が与えられ，その資産にかんして裁定機会が存在しないならば，その確率過程を任意の正値伊藤過程で除して得られる確率過程においても裁定機会は存在しないことが知られている（ニューメレール不変定理，Duffie (1996, pp. 102-103) を参照）．したがって，$X(t)$ の $\tilde{Q}$ におけるマルチンゲール性は裁定機会が存在しないことを保証する．■

確率測度 $\tilde{Q}$ のもとでの時刻 t における条件付き期待値を $\tilde{E}_t[\cdot]$ と書くことにするならば[4]，相対債券価格のマルチンゲール性より

$$X(t) = \tilde{E}_t[X(s)] \quad \forall t, s, T\ (0 \leqq t \leqq s \leqq T)$$

が成立するから，$s = T$ とすれば

$$P^T(t)\cdot\exp\left\{-\int_0^t r(s)\,ds\right\} = \tilde{E}_t[P^T(T)\cdot\exp\left\{-\int_0^T r(s)\,ds\right\}$$

$$\Leftrightarrow P^T(t) = \tilde{E}_t\left[\exp\left\{-\int_t^T r(s)\,ds\right\}\right] \tag{9}$$

を得るが，これは確率計算で債券価格を求める方法を示すものである[5]．

---

4) 厳密には，$\tilde{E}_t[\cdot]$ は，$E^{\tilde{Q}}[\cdot\,|\,\mathcal{F}_t]$ の意味である．同様に $(\Omega, \mathcal{F}, Q^T)$ における期待値演算 $E^{Q^T}[\cdot\,|\,\mathcal{F}_t]$ も $E^T{}_t[\cdot]$ と略記する．

5) 一般に，$F(r, t)$ を変数 r と t の滑らかな関数とし，r が拡散過程

$$dr = \mu(r, t)\,dt + \sigma(r, t)\,d\tilde{W}, \quad r(t) = r$$

に従うとき，

$$F(r, t) = \tilde{E}_t\left[\exp\left\{-\int_t^T h(r_s)\,ds\right\}\cdot F(r_T, T)\right] \quad (t \geqq 0)$$

たとえば，短期利子率がオルンシュタイン＝ウーレンベック過程(Ornstein-Uhlenbeck process；以下ではOU過程を略す）の場合について考えてみると，

$$dr = \kappa(\theta - r)\,dt + \sigma dW,\quad r(t) = r \tag{10}$$

の経路の積分が従う分布が，$\tau = T-t$，$B(\tau) = (1-e^{-\kappa\tau})/\kappa$ として

$$\int_t^T r(s)\,ds \sim \boldsymbol{N}\left(\theta\tau + (r-\theta)B(\tau),\ \frac{\sigma^2}{\kappa^2}\{\tau - B(\tau)\} - \frac{\sigma^2}{2\kappa}\{B(\tau)\}^2\right) \tag{11}$$

であることが知られている．期待値計算のための確率分布を求めるために，$dW = d\tilde{W} - \lambda dt$ を（10）式に代入すると

$$dr = \kappa(\hat{\theta} - r)\,dt + \sigma d\tilde{W},\qquad \hat{\theta} = \theta + (\sigma\lambda/\kappa)$$

と表現できる．$\hat{\theta}$ は時間 t に依存しない定数であるから（11）式において θ を $\hat{\theta}$ と読みかえた分布を使えばよい．(9) 式の計算は対数正規分布の期待値を求めることにほかならないから，

$$\begin{aligned} P^T(t) &= \exp\left\{-\{\hat{\theta}\tau + (r-\hat{\theta})B(\tau)\} + \frac{1}{2}\left[\frac{\sigma^2}{\kappa^2}\{\tau - B(\tau)\} - \frac{\sigma^2}{2\kappa}\{B(\tau)\}^2\right]\right\} \\ &= \exp\left\{\left(\hat{\theta} - \frac{\sigma^2}{2\kappa^2}\right)\{B(\tau) - \tau\} - \frac{\sigma^2}{4\kappa^2}\{B(\tau)\}^2\right\}\cdot\exp\{-rB(\tau)\} \end{aligned}$$

すなわち，

$$P^T(t) = A(\tau)\,e^{-B(\tau)r} \tag{12a}$$

ただし

$$B(\tau) = (1-e^{-B(\tau)r})/\kappa \tag{12b}$$

$$A(\tau) = \exp\left\{\left(\theta + \frac{\sigma\lambda}{\kappa} - \frac{\sigma^2}{2\kappa^2}\right)\{B(\tau) - \tau\} - \frac{\sigma^2\{B(\tau)\}^2}{4\kappa}\right\} \tag{12c}$$

は偏微分方程式

$$\mu(r,t)\frac{\partial F}{\partial r} + \frac{1}{2}\sigma(r,t)^2\frac{\partial^2 F}{\partial r^2} + \frac{\partial F}{\partial t} - h(r)F = 0$$

の解で与えられることが知られており，ファインマン-カッツ（Feynman-Kac）の公式と呼ばれている．この数学的関係において，$F(r,t) = P^T(r,t)$，$F(r_T, T) = P^T(r_T, T) = 1$，$\mu(r,t) = \mu_r(r,t) + \lambda$，$\sigma(r,t) = \sigma_r(r,t)$，$h(r) = r$ とおいてみると，この期待値計算は (9) 式に，偏微分方程式は (3) 式の基本方程式に一致する．したがって基本方程式の解で与えられる債券価格は，(9) 式の期待値計算によっても導出できることが数学的に保証されていることがわかる．

$$\tau = T - t$$

を得る．この純粋割引債の評価式は，Vasicek (1977) が偏微分方程式を解いて得た結果に一致している．

命題3.1　満期 T におけるペイオフが利子率変動に依存して決定され，$C^T(T)$ で与えられるヨーロッパ型の派生証券の均衡価格 $C^T(t)$ を求めるには，満期のペイオフをマネー・マーケット口座をニューメレールとしてあらわした値がマルチンゲールとなるような確率測度を探し，その測度にかんして期待値を計算すればよい．すなわち，

$$C^T(t) = \tilde{E}_t\left[C^T(T)\exp\left\{-\int_t^T r(s)\,ds\right\}\right] \tag{13}$$

である．この測度は，利子率の不確実性を生むブラウン運動からリスクの市場価格の確率過程を減じて得られる確率過程が，標準ブラウン運動になるような確率測度である．

証 明　派生証券の価格プロセスを

$$dC^T/C^T = \mu_C(\cdot)\,dt - \sigma_C(\cdot)\,dW \ (\Leftrightarrow dC^T/C^T = rdt - \sigma_C d\tilde{W})$$

と表現しておけば，マネー・マーケット口座で割り引いた相対価格

$$Y(t) = C^T(t)\exp\left\{-\int_0^t r(s)\,ds\right\}$$

の確率過程は伊藤の補題によって，

$$dY/Y = \{\mu_C(\cdot) - r\}dt - \sigma_C(\cdot)\,dW$$

と表現できる．ここへ均衡条件 $\mu_C(\cdot) = r + \sigma_C(\cdot)\lambda$ を代入すると

$$dY/Y = -\sigma_C(\cdot)\,d\tilde{W} \quad ただし \quad d\tilde{W} = dW - \lambda dt$$

となり，$Y(t)$ のマルチンゲール性は明らかなので

$$Y(t) = E_t[\tilde{Y}(s)], \ \forall t, s, T \ (0 \leqq t \leqq s \leqq T)$$

が成立する．とくに $s = T$ を評価すると，証明すべき

$$C^T(t)\cdot\exp\left\{-\int_0^t r(s)\,ds\right\} = \tilde{E}_t\left[C^T(T)\cdot\exp\left\{-\int_0^T r(s)\,ds\right\}\right]$$

$$\Leftrightarrow C^T(t) = \tilde{E}_t\left[C^T(T)\cdot\exp\left\{-\int_t^T r(s)\,ds\right\}\right]$$

が導かれる．■

実際に金利派生証券の均衡価格を求める演算においては，この命題はあまり有益ではない．(13) 式を計算するためには2つの確率変数，$C^T(T)$ と $\exp\left\{-\int_t^T r(s)\,ds\right\}$ のリスク中立化後の結合密度が必要となるからである．$r(t)$ が後述する Gaussian タイプの拡散過程に従うときの結合密度は知られているが，平方根過程のときには経路にかんする積分の明示的な密度は知られていないので，確率的な方法による計算は不可能である．最も扱いやすい場合である，短期利子率が OU 過程に従うときの結合密度と具体的な確率計算の手順が Jamshidian (1989) および三浦 (1991) などに解説されているが，それはかなり繁雑な計算が要求される．

3.2　先渡利子率のドリフトにたいする制約

先渡利子率は (3) 式によって定義したが，合理的な価格体系が存在するためには，その確率過程のドリフトは標準偏差の構造に規定され，独立には与えることができない，という理論的結果が明らかになっている．その結論を均衡表現 3.2 としてまとめておく．

均衡表現 3.2　(Heath, Jarrow and Morton (1992))　資産市場が完備であるための必要十分条件は，先渡利子率の確率過程のドリフトと標準偏差との間に，

$$\mu_T(t) = \sigma_T(t)\{\sigma^T(t) - \lambda(t)\} \tag{14}$$

の関係があることである．

この条件はリスク中立化測度上でのブラウン運動を用いるならば，先渡利子率の確率過程が任意の T について，

$$f_T(t) = f_T(0) + \int_0^t \sigma_T(s)\{\sigma^T(s)\,ds + d\tilde{W}(s)\} \tag{15}$$

と表現されることにほかならない．

証 明　数学付録 A をみよ．■

上式の積分表現は，現在時点を 0 とすれば，「T に実行される先渡利子率」の将来時点 $t(<T)$ における値は，現在時点の先渡利子率に将来時点 t までの標準偏差にかんする積分を加えれば求められることを示している．この均衡表現の長所は，先渡利子率のドリフトが標準偏差の構造とリスクの市場価格によって完全に記述できることである．このことは，利子率変動リスクの根幹はボラティリティーの構造に存在するのであって，平均回帰的性質を表現するドリフトの構造はさほど重要ではないことを含意している（ただしドリフトの母数の一部は，債券の均衡価格式の構造をつうじて間接的にボラティリティー構造に寄与することはいうまでもない）．

Heath, Jarrow, and Morton (1992) のモデルは状態変数として先渡利子率を利用するため，現在時点で観測される先渡利子率の期間別構造の情報を派生証券評価に利用することができる．このモデルは実務上ではきわめて重要であるが，本章ではつぎの均衡表現 3.3 の証明に利用することが目的なので，ここでは具体的な応用については立ち入らない．

3.3 先渡リスク調整測度

つぎの均衡表現は，本章の金利派生証券の価格付けにおいて中心的な役割を果たすものである．

均衡表現 3.3 (Jamshidian (1990)) 満期が T の債券収益率の標準偏差とリスクの市場価格を用いて，つぎのような確率過程を構成する．

$$dW^T(t) = dW(t) + \{\sigma^T(t) - \lambda(t)\}dt \tag{16}$$

資産市場が完備であるための必要十分条件は，この確率過程をブラウン運動にする確率測度 Q^T がただ 1 つ存在し，その測度のもとで先渡利子率がマルチンゲールになることである．

証 明 先渡利子率の確率過程 $df_T = \mu_T dt + \sigma_T dW$ へ，均衡表現 3.2 の (14) 式を代入し，(16) 式で構成した確率過程 $dW^T(t)$ を用いると，

$$\begin{aligned} df_T &= \sigma_T(\sigma^T - \lambda)\,dt + \sigma_T\{dW^T - (\sigma^T - \lambda)\,dt\} \\ &= \sigma_T dW^T \end{aligned} \tag{17}$$

を得る．$W^T(t)$ は確率測度 Q^T のもとでブラウン運動になるから，上式より時点 T で実行される先渡利子率の確率過程はマルチンゲールになる．したがって測度 Q^T のもとで，時刻 t における期待値計算を $E^T{}_t[\cdot]$ とあらわせば，

$$f_T(t) = E^T{}_t[f_T(s)] \ \forall t, s, T \ (0 \leqq t \leqq s \leqq T) \tag{18}$$

が成立する．■

確率測度 Q^T は（T-）先渡リスク調整測度（forward risk adjusted measure），あるいは先渡中立測度（forward neutral measure）と呼ばれている．満期が異なる任意の2つの債券価格の比率（満期が長い方を短い方の価格で除した値）は債券先物価格になるが，その確率過程は満期が短い方の先渡リスク調整測度にかんして，やはりマルチンゲールになることを証明できる[6)]．（$t \leqq$）$T^* \leqq T$ とするとき，将来時点 T^* で実行される満期 T の債券先物価格は $P^T(t)/P^{T^*}(t)$ で与えられるので，T^*-先渡リスク調整測度 Q^{T^*} のもとでの時刻 t における条件付き期待値を $E^{T^*}{}_t[\cdot]$ とあらわせば，

$$E^{T^*}{}_t[P^T(T^*)] = \frac{P^T(t)}{P^{T^*}(t)}$$

が成立する．

上式の両辺を形式的に T で微分して（-1）倍し，$T \downarrow T^*$ とすれば，

$$E^{T^*}{}_t\left[-\frac{\partial P^T(T^*)}{\partial T}\right]\Bigg|_{T=T^*} = -\frac{1}{P^{T^*}(t)}\frac{\partial P^T(t)}{\partial T}\Bigg|_{T=T^*}$$

---

6) 満期が T と $T^*(T > T^*)$ の債券価格の確率過程は，

$$dP^T = P^T\mu^T dt - P^T\sigma^T dW, \quad dP^{T^*} = P^{T^*}\mu^{T^*}dt - P^{T^*}\sigma^{T^*}dW$$

であるから，先物価格を $H(t) \equiv P^T(t)/P^{T^*}(t)$ とおき伊藤の補題を適用して，

$$dH/H = \{\mu^T - \mu^{T^*} - \sigma^T\sigma^{T^*} + (\sigma^{T^*})^2\}dt - (\sigma^T - \sigma^{T^*})dW$$

を得る．dW のかわりに dW^{T^*} で上式を表現すると，

$$dH/H = \{\mu^T - \mu^{T^*} - \lambda(\sigma^T - \sigma^{T^*})\}dt - (\sigma^T - \sigma^{T^*})dW^{T^*}$$

である．均衡条件として $\mu^T = r + \sigma^T\lambda$，$\mu^{T^*} = r + \sigma^{T^*}\lambda$ を代入すると

$$dH/H = -(\sigma^T - \sigma^{T^*})dW^{T^*}$$

となり $H(t)$ が確率測度 Q^{T^*} にかんしてマルチンゲールであることがわかるので

$$\frac{P^T(t)}{P^{T^*}(t)} = E^{T^*}{}_t\left[\frac{P^T(T^*)}{P^{T^*}(T^*)}\right] = E^{T^*}{}_t[P^T(T^*)] \Leftrightarrow P^T(t) = P^{T^*}(t)E^{T^*}{}_t[P^T(T^*)]$$

を得る．なお，dH/H は先渡利子率 $f_{T^*}(t)$ を用いれば，

$$dF/F = -(\sigma^T - \sigma^{T^*})dW^{T^*} = -\{(\sigma^T - \sigma^{T^*})/\sigma_{T^*}\}df_{T^*}$$

と表現することもできる．

$$\Leftrightarrow E^{T^*}{}_t\left[-\frac{\partial P^T(T^*)}{\partial T}\bigg|_{T=T^*}\right] = -\frac{\partial}{\partial T^*}\ln P^{T^*}(t)$$

となる．左辺の期待値のなかは（4′）式より将来時点 T^* における短期利子率 $r(T^*)$ に等しく，右辺は（4）式によって現在時点 t で約定され将来時点 T^* に実行される先渡利子率 $f_{T^*}(t)$ を意味するから，

$$E^{T^*}{}_t[r(T^*)] = f_{T^*}(t) \tag{19}$$

が成立する．上式は，先渡利子率をマルチンゲールにする確率測度のもとで短期利子率の期待値をとると，現在の先渡利子率の値に等しくなることを示している．

命題 3.2 満期 T^* のペイオフ $C^{T^*}(T^*)$ が，利子率変動に依存して与えられるヨーロッパ型派生証券の現在時点 $t(<T^*)$ での均衡価格 $C^{T^*}(t)$ を求めるには，T^*-先渡リスク調整測度にかんしてペイオフの期待値を求め，それを T^* を満期とする純粋割引債価格で割り引けばよい．すなわち，

$$C^{T^*}(t) = P^{T^*}(t)E^{T^*}{}_t[C^{T^*}(T^*)] \tag{20}$$

である．この測度は利子率の不確実性を生むブラウン運動からリスクの市場価格の確率過程を減じ，さらに満期が T^* の割引債の標準偏差を加えて構成した確率過程をブラウン運動にするような確率測度である．

証 明 満期が T^* の派生証券と割引債の確率過程を

$$dC^{T^*}/C^{T^*} = \mu_C(\cdot)\,dt - \sigma_C(\cdot)\,dW$$

$$dP^{T^*}/P^{T^*} = \mu^{T^*}(\cdot)\,dt - \sigma^{T^*}(\cdot)\,dW$$

とおけば，割引債価格をニューメレールとして表現した相対派生証券価格 $G(t)=C^{T^*}(t)/P^{T^*}(t)$ の確率過程は伊藤の補題によって，

$$dG/G = \{\mu_C - \mu^{T^*} - \sigma_C\sigma^{T^*} + (\sigma^{T^*})^2\}dt - (\sigma_C - \sigma^{T^*})\,dW$$

である．この確率微分方程式を $dW^{T^*}=dW+(\sigma^{T^*}-\lambda)\,dt$ を用いて表現し，均衡条件 $\mu_C=r+\sigma_C\lambda$，$\mu^{T^*}=r+\sigma^{T^*}\lambda$ を代入すると

$$dG/G = -(\sigma_C - \sigma^{T^*})\,dW^{T^*}$$

となり，$G(t)$ が確率測度 Q^{T^*} にかんしてマルチンゲールとなることがわかる．したがって

$$\frac{C^{T^*}(t)}{P^{T^*}(t)} = E^{T^*}{}_t\left[\frac{C^{T^*}(s)}{P^{T^*}(s)}\right]\ \forall\, t,\, s,\, T^{T^*}\ (0 \leqq t \leqq s \leqq T^*)$$

が成立し，とくに $s = T^*$ とすれば $P^{T^*}(T^*) = 1$ だから

$$C^{T^*}(t) = P^{T^*}(t) E^{T^*}{}_t[C^{T^*}(T^*)]$$

が証明できる．■

後述するイールド・カーブ・オプションのように，満期のペイオフ $C^{T^*}(T^*)$ が短期利子率 r_{T^*} の簡単な関数で表現される派生証券の評価は，つぎのようにドリフトを修正した利子率の確率過程の条件付き分布を用いると容易である．すなわち，dW のかわりに dW^{T^*} を用いて利子率の確率過程を表現すると

$$\begin{aligned} dr &= \mu_r(\cdot)\,dt + \sigma_r(\cdot)\,dW \\ &= (\mu_r - \sigma_r\sigma^{T^*} + \sigma_r\lambda)\,dt + \sigma_r dW^{T^*} \end{aligned} \tag{21}$$

となるから，「現実の短期利子率の確率過程のドリフトから割引債収益率の標準偏差に利子率の標準偏差を乗じたものを控除し，利子率の標準偏差にリスクの市場価格を乗じたものを加え戻した」修正確率過程を考え，その条件付き分布を使って期待値を計算すればよいのである．

既存の連続時間モデルで解析解をもつものは，満期が T^* の割引債の均衡価格は

$$P^{T^*}(t) = A(t,\, T^*)\, e^{-B(t,T^*)r(t)}$$

の関数形で与えられることが知られている．上式を $P^{T^*} = P^{T^*}(r,\, t)$ とみて，伊藤の補題を適用すると

$$\frac{dP^{T^*}}{P^{T^*}} = \left(\frac{B^2}{2}\sigma_r{}^2 + \frac{\partial P^{T^*}/\partial t}{P^{T^*}} - B\mu_r\right)dt - B\sigma_r dW$$

となるから，修正確率過程を求めるために必要な割引債収益率の標準偏差は，

$$\sigma^{T^*} = \mathrm{Std}_t[dP^{T^*}/P^{T^*}] = B\sigma_r$$

で与えられる．これを (21) 式へ代入すると

$$dr = \{\mu_r - B(t,\, T^*)\,\sigma_r{}^2 + \sigma_r\lambda\}\,dt + \sigma_r dW^{T^*} \tag{22}$$

を得る．Longstaff (1990) は利子率が後述する平方根過程に従う場合について，金利派生証券の均衡価格が，(1)当該派生証券の満期と同一の満期をもつ

割引国債価格と，(2)適当なリスク調整を施した派生証券のペイオフの期待値の2つの部分に分離して計算できることを偏微分方程式を用いて証明しており，分離定理（separation theorem）と呼んでいる．この分離定理の本質は，(22) 式で表わされる確率過程の条件付き確率分布を用いて命題3.2の期待値計算をすることにほかならない．本章では偏微分方程式を援用せずに確率的な方法によって，Longstaff が用いた確率過程を特殊ケースとする，より一般的な状況で分離定理を導いたことになる．

4. 応 用

4.1 債券オプション

Gaussian タイプの債券オプション

満期が T の割引債の均衡価格の確率過程が

$$dP^T(t)/P^T(t) = \mu^T(\cdot)\,dt - \sigma^T(t)\,dW(t) \tag{23}$$

であらわされるとする．標準偏差は確定的な関数と仮定するが，ドリフトの関数形はとくに指定せず確率的であってもよい．上式は債券価格の条件付き分布が対数正規であることを仮定しており，利子率の標準偏差が確定的で条件付き分布が正規分布になる場合に対応しているので，Gaussian タイプと呼ぶことにする[7)]．

この債券を対象資産とし，権利行使価格が K，満期が $T^*(<T)$ のヨーロッパ型コール・オプションの価格を求めてみよう．命題3.2によって，この派生証券の均衡価格は

$$C^{T^*}(t) = P^{T^*}(t)\,E^{T^*}{}_t[\max[0, P^T(T^*) - K]]$$

である．確率過程 $W^{T^*}(t)$ を用いて $P^T(T^*)$ の確率分布を調べれば期待値

7) $H(t) \equiv P^T(t)/P^{T^*}(t)$ とおけば，伊藤の補題により，債券収益率プロセスのドリフトの形にかかわらず

$$dH(t)/H(t) = -\{\sigma^T(t) - \sigma^{T^*}(t)\}dW^{T^*}(t)$$

となるが，仮定により $\{\sigma^T(t) - \sigma^{T^*}(t)\}$ は確定的だから，$H(t)$ の条件付き分布は対数正規になる．したがって，$H(T^*) = P^T(T^*)/P^{T^*}(T^*) = P^T(T^*)$ の分布も対数正規である．

を評価できるが，ここでは先渡価格 $H(t)=P^T(t)/P^{T*}(t)$ を所与として，$H(T^*)$ が従う条件付き分布を求めて評価に利用する．まず伊藤の補題によって，

$$d(\ln H(t)) = -(1/2)\{\sigma^T(t)-\sigma^{T*}(t)\}^2dt-\{\sigma^T(t)-\sigma^{T*}(t)\}dW^{T*}(t)$$

がわかるから，

$$\ln H(T^*) \sim$$
$$\boldsymbol{N}\left(\ln H(t)-\frac{1}{2}\int_t^{T^*}\{\sigma^T(s)-\sigma^{T*}(s)\}^2ds,\ \int_t^{T^*}\{\sigma^T(s)-\sigma^{T*}(s)\}^2ds\right)$$

である．このとき $P^T(T^*)$ の確率分布は，

$$\ln P^T(T^*) \sim \boldsymbol{N}(m, v^2)$$

ただし

$$m = \ln\frac{P^T(t)}{P^{T*}(t)}-\frac{1}{2}v^2, \qquad v^2 = \int_t^{T^*}\{\sigma^T(s)-\sigma^{T*}(s)\}^2ds \tag{24}$$

である．期待値部分の計算は，

$$E^{T*}{}_t[\max[0, P^T(T^*)-K]]$$
$$= e^{m+(v^2/2)}\Phi\left(\frac{m-\ln K+v^2}{v}\right)-K\Phi\left(\frac{m-\ln K}{v}\right)$$

だから，

$$C^{T*} = P^T\Phi\left(\frac{\ln\{P^T/(P^{T*}K)\}+v^2/2}{v}\right)$$
$$-KP^{T*}\Phi\left(\frac{\ln\{P^T/(P^{T*}K)\}-v^2/2}{v}\right) \tag{25}$$

を得る．$\Phi(\cdot)$ は標準正規分布関数である．上式は債券価格の条件付き分布が対数正規に従う場合の一般的な結果であり，短期利子率の確率過程が算術ブラウン運動 (Merton (1973)), OU 過程 (Vasicek (1977))，一般化された OU 過程 (Hull and White (1990))，および Heath, Jarrow and Morton (1992) の債券モデルを特殊ケースとして含んでいる．また短期利子率が複数のファクターで記述される場合にも容易にこの結果を拡張できる．

短期利子率が OU 過程に従うときの債券オプションの評価式については，すでに Jamshidian (1989) によって示されているが，彼の結果は (25) 式の特殊ケースとして与えられることを確認しよう．満期 T の純粋割引債の時

点 $t(<T)$ での均衡価格は (12) 式で与えられており，その投資収益率の標準偏差は伊藤の補題を用いて $\sigma^T(t)=B\sigma$ であるから，これを (24) 式に代入すると

$$v^2=\int_t^{T^*}\{\sigma^T(s)-\sigma^{T^*}(s)\}^2ds=\int_t^{T^*}\{B(T-s)\sigma-B(T^*-s)\sigma\}^2ds$$
$$=\frac{\sigma^2}{2\kappa^3}\{1-e^{-\kappa(T-T^*)}\}^2\{1-e^{-2\kappa(T^*-t)}\} \tag{26}$$

となる．上式と (25) 式と併せると Jamshidian (1989) の結果に厳密に一致する．

CIR の債券オプション

Cox, Ingersoll and Ross (1985) (CIR と略す) は，短期利子率の確率過程を

$$dr(t)=\kappa\{\theta-r(t)\}dt+\sigma\sqrt{r(t)}\,dW(t) \tag{27}$$

で表現し，標準偏差も確率的に変動する場合の債券および債券オプションの均衡価格を導出している．利子率の長期的な平均水準が θ で，κ はその平均回帰的水準への収束の強さを表現しており，このとき κ と θ は正の定数である．標準偏差 $\sigma\sqrt{r(t)}$ は利子率の水準に連動して確率的に変動する．この確率過程は，$2\kappa\theta\geqq\sigma^2$ を仮定する場合には $r=0$ が反射壁となることが Feller (1951 a) によって示されており，利子率を記述するうえで負の値をとらないという利点がある．ボラティリティーが金利水準の平方根に比例して確率的に変動するので，ファイナンスの文献では平方根過程 (square root process) と呼ばれることが多い．この確率過程は Feller 過程，線形増殖過程などの名称でも呼ばれているが，定常分布が存在しそれが Γ 分布になる特徴があるので，本章ではガンマ過程と呼ぶことにする．

さて，満期が T の純粋割引債の時刻 $t(t<T)$ における均衡価格は，(3) 式の偏微分方程式を解いて求める方法が Ingersoll (1987, pp. 397-398) に説明されており，その結果は

$$P^T(t)=A(\tau)e^{-B(\tau)r(t)} \tag{28a}$$

ただし

$$A(\tau) = \left[\frac{\gamma e^{C\tau}}{C(e^{\gamma\tau}-1)+\gamma}\right]^{2\kappa\theta/\sigma^2} \tag{28b}$$

$$B(\tau) = \frac{e^{\gamma\tau}-1}{C(e^{\gamma\tau}-1)+\gamma} \tag{28c}$$

$$C = (\kappa+\lambda^*+\gamma)/2 \tag{28d}$$

$$\gamma = \sqrt{(\kappa+\lambda^*)^2+2\sigma^2}, \tag{28e}$$

$$\tau = T-t$$

である．彼らが定義するリスクの市場価格は本章の (6) 式で与えた $\boldsymbol{\lambda}$ とは符号が反対で，$\lambda^*=-\lambda\sigma/\sqrt{r}$ という構造が仮定されている．また $\sigma^2>0$ であることから $\gamma>C>0$ である．

命題 3.2 にもとづいて，この満期が T の割引債を対象資産とし，権利行使価格が K，満期が $T^*(<T)$ のヨーロッパ型コール・オプションの価格を求めることが以下の目的である．命題 3.2 よりこの派生証券の均衡価格は

$$C^{T^*}(t) = P^{T^*}(t)E^{T^*}{}_t[\max[0, \tilde{P}^T(T^*)-K]]$$

で与えられることがわかっている．$E^{T^*}{}_t[\cdot]$ は現在時点 t における，T^*-先渡リスク調整測度 Q^{T^*} のもとでの期待値計算であった．(28a) 式の形からわかることは，将来時点 T^* の債券価格は利子率 $r(T^*)$ の非線形な関数であり，dW^{T^*} を使って利子率の確率過程を表現したとき，その確率分布がわかれば評価できるということである．

ガンマ過程は (21) 式において $\mu_r(\cdot)=\kappa(\theta-r)$，$\sigma_r(\cdot)=\sigma\sqrt{r}$ と特定した場合であるから，$\lambda^*=-\lambda\sigma/\sqrt{r}$ に注意して代入，整理すると

$$dr = \{\kappa\theta-(\kappa+B\sigma^2+\lambda^*)r\}dt+\sigma\sqrt{r}\,dW^{T^*} \tag{29}$$

を得る．ドリフトには時間 t に複雑に依存する B が含まれており，この推移密度を求めることは容易ではないが，幸い Longstaff (1990) にその結果が引用されており，$r(t)=r$ のもとで $r(T^*)$ の条件つき分布は，$T^*-t=\tau^*$ として，

$$\frac{4}{\sigma^2B(\tau^*)}r(T^*) \sim \chi^2(n, \beta),\quad n = \frac{4\kappa\theta}{\sigma^2},\quad \beta = \frac{4\gamma^2B(\tau^*)e^{\gamma\tau^*}r}{\sigma^2(e^{\gamma\tau^*}-1)^2} \tag{30}$$

である．ここで $\chi^2(n, \beta)$ は自由度 n，非心度 β の非心 χ^2 分布関数であり，

$$\tilde{z}_i \sim \boldsymbol{N}(\mu_i, \sigma^2),\quad i = 1, 2, \cdots, n,\quad \sum_{i=1}^{n}\frac{{\mu_i}^2}{\sigma^2} = \beta \text{ のとき }\quad \tilde{Y} = \sum_{i=1}^{n}\frac{{\tilde{z}_i}^2}{\sigma^2}$$

が従う分布である．本章ではこの分布関数および密度関数を

$$\chi^2[z\,;\,n,\beta]=\int_0^z h(u\,;\,n,\beta)\,du$$

と表記する．密度関数の具体的な形はつぎのとおりである[8)]．

$$h(u\,;\,n,\beta)=\frac{1}{2}\left(\frac{u}{\beta}\right)^{(n-2)/4}I_{(n/2-1)}(\sqrt{\beta u}\,)\,e^{-(\beta+u)/2} \tag{31}$$

ただし

$$I_\nu(x)=\sum_{j=0}^{\infty}\frac{1}{j!\,\Gamma(j+\nu+1)}\left(\frac{x}{2}\right)^{2j+\nu}$$

$$\Gamma(a)=\int_0^\infty e^{-x}x^{a-1}dx$$

$I_\nu(x)$ は第1種変形ベッセル関数，$\Gamma(a)$ はガンマ関数である．

対象資産の債券がオプションの満期では残存期間が $\mathring{\tau}\equiv T-T^*$ になっていることに注意して，イン・ザ・マネーになる利子率の領域を調べると

$$P^T(T^*)=A(\mathring{\tau})\,e^{-B(\mathring{\tau})r(T^*)}\geqq K\Leftrightarrow r(T^*)\leqq\frac{\ln\{A(\mathring{\tau})/K\}}{B(\mathring{\tau})}\equiv\hat{r} \tag{32}$$

である．ここで債券価格と利子率とでは不等号の向きが反対になることに注意する．$r(T^*)$ の (29) 式における条件付き密度を $f(r_{T^*})$ とすれば，オプション価格は

$$\begin{aligned}C^{T^*}(t)&=P^{T^*}(t)\int_0^{\hat{r}}A(\mathring{\tau})\,e^{-B(\mathring{\tau})r_{T^*}}f(r_{T^*})\,dr_{T^*}\\&\quad-KP^{T^*}(t)\int_0^{\hat{r}}f(r_{T^*})\,dr_{T^*}\end{aligned} \tag{33}$$

である．ここで変数変換 $y=4r_{T^*}/\{\sigma^2B(\tau^*)\}$ を加えると，変換後の密度

8) この密度関数は，以下のように書き直すことができる．

$$\begin{aligned}h(u\,;\,n,\beta)&=\frac{e^{-(u+\beta)/2}}{2^{(n/2)}}\sum_{j=0}^{\infty}\frac{u^{(n/2)+j-1}\beta^j}{\Gamma[(n/2)+j]2^{2j}j!}\\&=\frac{\partial}{\partial u}\left\{\sum_{j=0}^{\infty}\frac{(\beta/2)^j}{j!}e^{-(\beta/2)}\cdot\int_0^u\frac{y^{(n/2)+j-1}e^{-y/2}}{2^{(n/2)+j}\Gamma[(n/2)+j]}dy\right\}\\&=\frac{\partial}{\partial u}\left\{\sum_{j=0}^{\infty}\mathrm{Poisson}(\beta/2)\cdot\mathrm{Prob}[\tilde{\chi}^2(n+2j)\leqq u]\right\}\end{aligned}$$

これより，非心 χ^2 分布は，自由度が $n+2j$ の χ^2 分布を，平均が $\beta/2$ のポワソン分布を比率として加重した分布とみることができる．なお，文献によっては非心度として β のかわりに $\sqrt{\beta}$，あるいは $\beta/2$ を用いるものもある．

$h(y)$ は (30) 式が示す非心 χ^2 分布に従うから,

$$h\left(y\ ;\frac{4\kappa\theta}{\sigma^2},\beta\right)=\frac{1}{2}\left(\frac{y}{\beta}\right)^{(\kappa\theta/\sigma^2)-(1/2)}I_{(2\kappa\theta/\sigma^2-1)}(\sqrt{\beta y})\,e^{-(\beta+y)/2}$$

ただし $\beta=\dfrac{4\gamma^2B(\tau^*)e^{\gamma\tau^*}r}{\sigma^2(e^{\gamma\tau^*}-1)^2}$

である. (33) 式の第2項は容易に求めることができ,

$$\int_0^{\hat{r}}f(r_{T^*})\,dr_{T^*}=\int_0^{\{4/\sigma^2B(\tau^*)\}\hat{r}}h\left(y\ ;\frac{4\kappa\theta}{\sigma^2},\beta\right)dy$$
$$=\chi^2\left[\frac{4}{\sigma^2B(\tau^*)}\hat{r}\ ;\frac{4\kappa\theta}{\sigma^2},\beta\right] \tag{34}$$

である. つぎに (33) 式の第1項の積分部分を J とおき, 変数変換を加えると

$$J=\int_0^{\hat{r}}A(\tau^{\circ})e^{-B(\tau^{\circ})r_{T^*}}f(r_{T^*})\,dr_{T^*}$$
$$=A(\tau^{\circ})\int_0^{\{4/\sigma^2B(\tau^*)\}\hat{r}}e^{-B(\tau^{\circ})\{\sigma^2B(\tau^*)/4\}y}h\left(y\ ;\frac{4\kappa\theta}{\sigma^2},\beta\right)dy$$

であるが, この計算は数学付録Bの補助定理2の (B7) 式において,

$$k=B(\tau^{\circ})\left\{\frac{\sigma^2B(\tau^*)}{4}\right\},\qquad b=\frac{4}{\sigma^2B(\tau^*)}\hat{r}$$

としたときにほかならない. そこで (B8) 式に従い $\beta^*=\beta/(1+2k)$ とおいて,

$$J=A(\tau^{\circ})\left(\frac{1}{1+2k}\right)^{(2\kappa\theta/\sigma^2)}e^{-k\beta^*}\chi^2\left[(1+2k)\,b\ ;\frac{4\kappa\theta}{\sigma^2},\beta^*\right]$$
$$=A(\tau^{\circ})\left(\frac{2}{\sigma^2B(\tau^{\circ})B(\tau^*)+2}\right)^{(2\kappa\theta/\sigma^2)}$$
$$\cdot\exp\left\{-\frac{2B(\tau^{\circ})\{B(\tau^*)\}^2\gamma^2e^{\gamma\tau^*}r}{\{\sigma^2B(\tau^{\circ})B(\tau^*)+2\}(e^{\gamma\tau^*}-1)^2}\right\}$$
$$\cdot\chi^2\left[2\left\{B(\tau^{\circ})+\frac{2}{\sigma^2B(\tau^*)}\right\}\hat{r}\ ;\frac{4\kappa\theta}{\sigma^2},\beta^*\right] \tag{35}$$

を得る. このとき非心度は,

$$\beta^*=\frac{8\gamma^2B(\tau^*)e^{\gamma\tau^*}r}{\sigma^2\{\sigma^2B(\tau^{\circ})B(\tau^*)+2\}(e^{\gamma\tau^*}-1)^2} \tag{36}$$

である. 債券オプションの評価式は, (34) 式および (35) 式を (33) 式へ代入すると

$$C^{T^*}(t) = P^{T^*}(t)A(\mathring{\tau})\left(\frac{2}{\sigma^2 B(\mathring{\tau})B(\tau^*)+2}\right)^{(2\kappa\theta/\sigma^2)}$$
$$\cdot\exp\left\{-\frac{2B(\mathring{\tau})\{B(\tau^*)\}^2\gamma^2 e^{\gamma\tau^*}r}{\{\sigma^2 B(\mathring{\tau})B(\tau^*)+2\}(e^{\gamma\tau^*}-1)^2}\right\}$$
$$\cdot\chi^2\left[2\left\{B(\mathring{\tau})+\frac{2}{\sigma^2 B(\tau^*)}\right\}\hat{r}\ ;\ \frac{4\kappa\theta}{\sigma^2}, \beta^*\right]$$
$$-P^{T^*}(t)K\,\chi^2\left[\frac{4}{\sigma^2 B(\tau^*)}\hat{r}\ ;\ \frac{4\kappa\theta}{\sigma^2}, \beta\right] \qquad (37)$$

となる．権利行使価格がゼロ（$K=0 \Leftrightarrow \hat{r}=\infty$）のときコール・オプション価格が対象資産の価格 $P^T(t)$ に等しくなる性質を使えば，

$$P^{T^*}(t)A(\mathring{\tau})\left(\frac{2}{\sigma^2 B(\mathring{\tau})B(\tau^*)+2}\right)^{(2\kappa\theta/\sigma^2)}$$
$$\cdot\exp\left\{-\frac{2B(\mathring{\tau})\{B(\tau^*)\}^2\gamma^2 e^{\gamma\tau^*}r}{\{\sigma^2 B(\mathring{\tau})B(\tau^*)+2\}(e^{\gamma\tau^*}-1)^2}\right\} = P^T(t)$$

が成立するから，これを（37）式へ代入すると評価式は簡潔に表示され，

$$C^{T^*}(t) = P^T(t)\chi^2\left[2\left\{B(\mathring{\tau})+\frac{2}{\sigma^2 B(\tau^*)}\right\}\hat{r}\ ;\ \frac{4\kappa\theta}{\sigma^2}, \beta^*\right]$$
$$-P^{T^*}(t)K\,\chi^2\left[\frac{4}{\sigma^2 B(\tau^*)}\hat{r}\ ;\ \frac{4\kappa\theta}{\sigma^2}, \beta\right] \qquad (38)$$

を得る．ここで $\tau^*=T^*-t$，$\mathring{\tau}=T-T^*$，$P^T(t)$ および $B(\cdot)$ の関数形は（28）式，$\hat{r}$ は（32）式，β は（30）式，β^* は（36）式で与えられている．

上式は CIR の評価式と異なっているようにみえるが，

$$\phi^* = \frac{2\gamma}{\sigma^2(e^{\gamma\tau^*}-1)}, \qquad \psi = \frac{\kappa+\lambda^*+\gamma}{\sigma^2}$$

とおけば，容易に

$$B(\tau^*) = \frac{2}{\sigma^2(\phi^*+\psi)}, \qquad \frac{2}{\sigma^2\{\sigma^2 B(\mathring{\tau})B(\tau^*)+2\}} = \frac{\phi^*+\psi}{\phi^*+\psi+B(\mathring{\tau})}$$

と表現できることを示せるので，これらを（38）式へ代入，整理すると，

$$C^{T^*}(t) = P^T(t)\chi^2\left[2\{\phi^*+\psi+B(\mathring{\tau})\}\hat{r}\ ;\ \frac{4\kappa\theta}{\sigma^2}, \frac{2\phi^{*2}re^{\gamma\tau^*}}{\phi^*+\psi+B(\mathring{\tau})}\right]$$
$$-KP^{T^*}(t)\chi^2\left[2(\phi^*+\psi)\hat{r}\ ;\ \frac{4\kappa\theta}{\sigma^2}, \frac{2\phi^{*2}re^{\gamma\tau^*}}{\phi^*+\psi}\right] \qquad (38')$$

を得る．この評価式の表現は CIR の結果に厳密に一致する．

4.2 イールド・カーブにたいするオプション

イールド・カーブ・オプション

債券の最終利回り（イールド）にたいして満期のペイオフが契約されるオプションはイールド・カーブ・オプションと呼ばれ，イールド・カーブの変動にたいする有効なヘッジ手段としてわが国の金融市場でも活発に取引されている．通常のオプションと異なり，対象資産としてのイールドは市場で直接には売買できない変数であるという特徴がある．すでにLongstaff (1990)が利子率がガンマ過程に従うときの評価式を偏微分方程式を解く方法で導出しているので，本節ではいまだ評価式が知られていない，利子率がOU過程に従う場合の評価式を確率的な方法で導くことにする．

契約の対象となるイールドは権利行使時点から T 後に満期を迎える純粋割引債の最終利回りとし，オプション契約の満期が T^*，権利行使イールドが K のヨーロッパ型コール・オプションを評価する．割引債は満期には確実に1円を支払うものとし，デフォルト・リスクは考えない．「対象資産」としての最終利回りが計算される債券は，満期までの残存期間がつねに同じ期間 T のものとし，時間が経過しても残存期間は減少しないことに注意する．また，記法の簡略化のため現在時点を $t=0$ とする．

まず利子率がOU過程に従う場合に満期が T 後の純粋割引債の均衡価格は (12) 式で求めたとおり，

$$P^T(0) = A(T)e^{-B(T)r},$$

ただし

$$B(T) = (1-e^{-\kappa T})/\kappa$$

$$A(T) = \exp\left\{\left(\theta+\frac{\sigma\lambda}{\kappa}-\frac{\sigma^2}{2\kappa^2}\right)\{B(T)-T\}-\frac{\sigma^2\{B(T)\}^2}{4\kappa}\right\}$$

であるから，現時点において期間 T 後に満期がくる割引債のイールド（以後「T-イールド」と呼ぶ）は，

$$Y^T(0) = \frac{-\ln A(T)}{T}+\frac{B(T)}{T}r \tag{39}$$

である．r は現在時点の安全な短期利子率である．また，オプションの満期

T^* での T-イールドは，時刻 T^*+T に満期を迎える割引債の最終利回りだから，T^* での利子率を $r(T^*)$ とすれば，

$$Y^{T^*+T}(T^*) = \frac{-\ln A(T)}{T} + \frac{B(T)}{T} r(T^*) \tag{40}$$

で与えられる．

コール・オプションの満期でのペイオフは

$$C^{T^*}(T^*) = \max[Y^{\bar{T}+T^*}(T^*) - K, 0]$$

であり，その現在価値はやはり命題3.2によって

$$C^{T^*}(0) = P^{T^*}(0) E^{T^*}\left[\max\left[\frac{-\ln A(T)}{T} + \frac{B(T)}{T} r(T^*) - K, 0\right]\right]$$

で求めることができる．上式で確率変数は $r(T^*)$ のみであることに注意する．確率測度 Q^{T^*} における確率計算には，(21) 式の確率微分方程式で表現した利子率の条件付き確率分布が必要であるが，既存の文献にはその結果が報告されていないので以下で求めることにする．OU 過程の場合には (21) 式で，$\mu_r = \kappa(\theta - r)$，$\sigma_r = \sigma$ と特定すればよいから，

$$dr = \{-\kappa r + (\kappa\theta + \sigma\lambda - \sigma^2 B)\}dt + \sigma dW^{T^*}, \quad r(0) = r \tag{41}$$

の推移密度を調べればよいが，ドリフトには時刻 t に依存する $B(t) = [1 - \exp\{-\kappa(T^* - t)\}]/\kappa$ が含まれているため，単純な変数の読みかえだけでは求めることはできない．そこで，Arnold (1974, p. 130) の Corollary (8. 2. 5) を用いて，上の確率微分方程式の解を具体的に導出すると，

$$\begin{aligned} r(s) &= e^{\int_0^s (-\kappa)du}\left[r + \int_0^s \{\kappa\theta + \sigma\lambda - \sigma^2 B(u)\} e^{-\int_0^u (-\kappa)dv} du \right. \\ &\qquad \left. + \int_0^s \sigma e^{-\int_0^u (-\kappa)dv} dW^{T^*}(u)\right] \\ &= re^{-\kappa s} + \frac{1 - e^{-\kappa s}}{\kappa}\left(\kappa\theta + \sigma\lambda - \frac{\sigma^2}{\kappa}\right) + \frac{\sigma^2}{2\kappa^2}\{e^{-\kappa(T^* - s)} - e^{-\kappa(T^* + s)}\} \\ &\quad + \sigma e^{-\kappa s}\int_0^s e^{\kappa u} dW^{T^*}(u) \end{aligned} \tag{42}$$

となる．上式の形から条件付き分布が正規分布に従うことがわかるので，$s = T^*$ として平均と分散を調べると，

$$E^{T^*}[r(T^*)] = re^{-\kappa T^*} + \frac{1 - e^{-\kappa T^*}}{\kappa}\left(\kappa\theta + \sigma\lambda - \frac{\sigma^2}{\kappa}\right) + \frac{\sigma^2(1 - e^{-2\kappa T^*})}{2\kappa^2}$$

$$\mathrm{Var}^{T*}[r(T^*)]=\sigma^2 e^{-2\kappa s}\int_0^s e^{2\kappa u}du\Big|_{s=T*}=\frac{\sigma^2}{2\kappa}(1-e^{-2\kappa T*})$$

がわかる[9]．したがって条件付き密度は，$\Phi(\cdot)$ を標準正規分布関数として

$$f(r_{T*})=\frac{\partial}{\partial r_{T*}}\Phi\left(\frac{1}{v}\left\{r_{T*}-re^{-\kappa T*}-B(T^*)\left(\kappa\theta+\sigma\lambda-\frac{\sigma^2}{\kappa}\right)\right\}-\frac{v}{\kappa}\right) \tag{43a}$$

ただし

$$v^2=\{\sigma^2/(2\kappa)\}(1-e^{-2\kappa T*}) \tag{43b}$$

で与えられる．$r(T^*)$ の平均は，(19) 式を利用して先渡利子率 $f_{T*}(t)=-\partial\ln P^{T*}(t)/\partial T^*$ を計算することによっても確認できる．

イン・ザ・マネーになる $r(T^*)$ の領域が

$$Y^{T*+T}(T^*)\geqq K\Leftrightarrow r(T^*)\geqq\frac{\ln A(T)+KT}{B(T)}\equiv\hat{r} \tag{44}$$

であることに注意して，(43) 式の密度によってオプションの均衡価格を計算し，(39) 式を使って現在時点の T-イールド $Y^T(0)$ を用いて r を消去すれば，

$$C^{T*}(0)=P^{T*}(0)\left[\left\{\left(\frac{-\ln A(T)}{T}-K+\frac{B(T)}{T}(vd+\hat{r})\right)\right\}\Phi(d)\right.$$
$$\left.+\frac{B(T)}{T}v\phi(d)\right] \tag{45a}$$

ただし

$$d=\frac{1}{v}\left\{\left(\frac{Y^T(0)T+\ln A(T)}{B(T)}\right)e^{-\kappa T*}-\hat{r}+B(T^*)\left(\kappa\theta+\sigma\lambda-\frac{\sigma^2}{\kappa}\right)\right\}+\frac{v}{\kappa} \tag{45b}$$

を得る．ここで $\phi(\cdot)$ は標準正規密度関数であり，$\hat{r}$ は (44) 式，v は (43b) 式，P^{T*}，$A(\cdot)$，$B(\cdot)$ の関数形は (12) 式で与えられている．

---

9) Arnold (1974) (pp. 142-143) の Theorem (8.5.5) を利用すれば，$E^{T*}[r(T^*)]$ の値は，確率微分方程式のドリフトにのみ着目し，線形常微分方程式

$$dr=[-\kappa r+\{\kappa\theta+\sigma\lambda-\sigma^2B(t)\}]dt$$
$$\Leftrightarrow r'(t)+\kappa r=Q(t),\quad Q(t)=\left(\kappa\theta+\sigma\lambda-\frac{\sigma^2}{\kappa}\right)+\frac{\sigma^2}{\kappa}e^{-\kappa T*}\cdot e^{\kappa t}$$

を解くことによっても求められる．すなわち，

$$r(t)=e^{-\kappa t}\left(\int Q(t)e^{\kappa t}dt+C\right)\quad C\text{は任意定数}$$

を初期条件 $r(0)=r$ を用いて表現し，$t=T^*$ とすればよい．

イールド・スプレッド・オプションとイールド・スロープ・オプション

現在もっとも取引量が多いイールド・カーブ・オプションは，長期イールドと短期イールドの差をあらわすスプレッドを対象とするもので，イールド・スプレッド・オプションと呼ばれる金融商品である．そのオプション・プレミアムはつぎのように求めることができる．

まず現在時点でのイールド・カーブ上の異なる2点，T_1-イールドと T_2-イールド（$T_1 < T_2$）の垂直方向の差がスプレッドであるから，これを $H(0)$ とあらわし，オプションの満期 T^* におけるスプレッドを $H(T^*)$ とする．このとき，権利行使スプレッドが K のコール・オプション保有者が満期において受け取る金額は

$$C^{T^*}(T^*) = \max[H(T^*) - K, 0]$$

である．満期が T_i $(i=1,2)$ の純粋割引債の現在時点0におけるイールドは，現在の短期金利を r として

$$Y^{T_i}(0) = \frac{-\ln A(T_i)}{T_i} + \frac{B(T_i)}{T_i} r$$

であるから，現時点でのイールド・スプレッドは

$$\begin{aligned} H(0) &= Y^{T_2}(0) - Y^{T_1}(0) \\ &= \Psi_A + \Psi_B r \end{aligned} \tag{46a}$$

ただし

$$\Psi_A = \frac{\ln A(T_1)}{T_1} - \frac{\ln A(T_2)}{T_2} \tag{46b}$$

$$\Psi_B = \frac{B(T_2)}{T_2} - \frac{B(T_1)}{T_1} \tag{46c}$$

である．Ψ_B の符号は，κ，T が正であるので

$$\frac{B(T)}{T} = \frac{1 - e^{-\kappa T}}{\kappa T}$$

が T の単調増加関数となることを使えば，$T_2 > T_1$ ゆえ $\Psi_B > 0$ である．

オプションの満期 T^* では各イールドは $r(T^*)$ に依存する確率変数

$$Y^{T^*+T_i}(T^*) = \frac{-\ln A(T_i)}{T_i} + \frac{B(T_i)}{T_i} r(T^*)$$

となるので，スプレッドは単一の確率変数 $r(T^*)$ に依存して決定され，

$$H(T^*) = \Psi_A + \Psi_B\, r(T^*)$$

とあらわせるので命題3.2を適用できる．イン・ザ・マネーとなる $r(T^*)$ の領域を調べると，$\Psi_B>0$ より，

$$r(T^*) \geqq \frac{K-\Psi_A}{\Psi_B} \equiv \hat{r} \tag{47}$$

であり，(43) 式の密度を用いて評価すれば

$$\begin{aligned} C^{T^*}(0) &= P^{T^*}(0)\left[(\Psi_A - K)\int_{\hat{r}}^{+\infty} f(r_{T^*})\,dr_{T^*} + \Psi_B \int_{\hat{r}}^{+\infty} r_{T^*} f(r_{T^*})\,dr_{T^*}\right] \\ &= P^{T^*}(0)[\{\Psi_A - K + \Psi_B(vd' + \hat{r})\}\Phi(d') + \Psi_B v\phi(d')] \end{aligned} \tag{48a}$$

ただし

$$d' = \frac{1}{v}\left\{\frac{H(0)-\Psi_A}{\Psi_B} e^{-\kappa T^*} - \hat{r} + B(T^*)\left(\kappa\theta + \sigma\lambda - \frac{\sigma^2}{\kappa}\right)\right\} + \frac{v}{\kappa} \tag{48b}$$

を得る．Ψ_A，Ψ_B は (46) 式，$\hat{r}$ は (47) 式で与えられており，その他の変数はイールド・カーブ・オプションの評価式と同じである．

つぎにイールド・カーブの傾きを対象資産とする契約である，イールド・カーブ・スロープ・オプションを評価してみよう．このオプションについては Duffie (1996, p. 139) にその仕組みにかんする解説があるが，評価式は示されていない．オプション保有者は満期 T^* においてつぎのペイオフを得る．

$$C^{T^*}(T^*) = \max[s(T^*) - K, 0]$$

$s(T^*)$ はイールド・カーブ上の異なる2点，すなわち T_1-イールドと T_2-イールド ($T_1 < T_2$) を直線で結んだ傾きである．満期におけるイールド・カーブの傾きがあらかじめ設定された値 K より大きければ，オプション保有者はその差額を受け取ることができるので，このオプションはイールド・カーブの傾きが変化するリスクをヘッジできる利点がある．現時点でのイールド・カーブの傾きは，イールドの差 $H(0) = Y^{T_2}(0) - Y^{T_1}(0)$ を $T_2 - T_1$ で除したものであるから，$s(0) = H(0)/(T_2 - T_1)$ ゆえ，オプションの満期では，

$$s(T^*) = H(T^*)/(T_2 - T_1)$$

となる．満期のペイオフは

$$C^{T^*}(T^*) = \max\left[\frac{H(T^*)}{T_2 - T_1} - K, 0\right]$$

$$= \frac{1}{T_2 - T_1} \max[H(T^*) - (T_2 - T_1)K, 0] \tag{49}$$

で与えられるので，権利行使スプレッドが $K^* = (T_2 - T_1)K$ のスプレッド・オプションを $1/(T_2 - T_1)$ 枚購入すれば，完全にスロープ・オプションのペイオフを複製することができる．

したがって，スロープ・オプションの評価式は（48）式の権利行使価格を $K(T_2 - T_1)$ と読みかえ，全体を $1/(T_2 - T_1)$ 倍すれば求めることができる．

4.3　フォワード・レートにたいするオプション

金利先渡契約とフラップション

1994年10月から，大蔵省の金融市場の規制緩和措置のひとつとして，金利先渡契約（forward rate agreement；FRA）が解禁された．この契約は，主として銀行と企業の間で将来特定の期日に融資契約をすると想定して金利を設定し，期日の市場金利が約定金利より高い場合にはその金利差分を銀行から企業へ支払い，その反対の場合には企業から銀行に金利差分を支払うというものである．契約締結時点で資金の移動が起こらないように，すなわち契約の現在価値がゼロとなるように約定金利は設定される．この約定金利が先渡金利になることは，われわれの分析枠組みのうえでも簡単に確かめることができる．

現在時点を0として，将来時点 T^* の短期金利 $r(T^*)$ にかんして約定金利 K で金利先渡契約を結ぶとしよう．企業側にとって期日 T^* でのペイオフは想定元本1円あたり $r(T^*) - K$ 円であるから，その現在価値は命題3.2によって，

$$C^{T^*}(0) = P^{T^*}(0)\{E^{T^*}[r(T^*)] - K\} \tag{50}$$

である．先渡利子率をマルチンゲールにするような確率測度のもとでは，将来の短期利子率の期待値は現在の先渡金利として与えられることが（19）式によってわかっているから，利子率の確率過程がどのようなものであれ，上式の期待値部分はつねに $f_{T^*}(0)$ である．したがって，契約の現在価値 $C^{T^*}(0)$ をゼロとするためには $K = f_{T^*}(0)$，すなわち約定金利は先渡金利に等しくなるように決定されなければならない．

Smith, Smithon, and Wilford (1990) によれば，米国では金利先渡契約にたいするオプションもすでに取引されており，FRA にたいするオプションという意味からフラップション（fraption）と呼ばれている．この契約は金利先渡契約を実行する権利であって義務ではないので，満期 T^* におけるオプション保有者のペイオフは想定元本1円あたり $\max[r(T^*)-f_{T^*}(0), 0]$ 円であり，短期金利を対象資産とし先渡金利を権利行使価格とする特殊なコール・オプションである．いま権利行使価格を一般的に K とすれば，契約保有者の満期でのペイオフは

$$C^{T^*}(T^*) = \max[r(T^*)-K, 0]$$

であるが，このペイオフの形は（支払い回数が1回だけの）固定金利支払い・変動金利受取りの金利スワップションや，キャップ契約のペイオフと解することも可能である．その際に，スワップションにおいては K は約定固定金利であり，キャップ契約では K がキャップ・レートである．このペイオフの評価はやはり命題3.2によって行うことができる．短期金利が OU 過程の場合では，契約の現在価値は簡単な計算の結果，

$$C^{T^*}(0) = P^{T^*}(0)\{vd^*\Phi(d^*)+v\phi(d^*)\} \tag{51}$$

ただし

$$d^* = \frac{1}{v}\left\{re^{-\kappa T^*}-K+B(T^*)\left(\kappa\theta+\sigma\lambda-\frac{\sigma^2}{\kappa}\right)\right\}+\frac{v}{\kappa}$$

で与えられる．上式を先渡金利を用いて表現してみると，まず期日 T^* の先渡金利は（12）式の債券価格式に先渡金利の定義式（4）式を適用して，

$$f_{T^*}(0) = \alpha(T^*)+e^{-\kappa T^*}r \tag{52a}$$

ただし

$$\begin{aligned}\alpha(T^*) &= (1-e^{-\kappa T^*})\left\{\theta+\frac{\sigma\lambda}{\kappa}-\frac{\sigma^2}{2\kappa^2}(1-e^{-\kappa T^*})\right\}\\ &= B(T^*)\left\{\kappa\theta+\sigma\lambda-\frac{\sigma^2}{2}B(T^*)\right\}\end{aligned} \tag{52b}$$

であり，

$$v^2 = \frac{\sigma^2}{2}B(T^*)\{2-\kappa B(T^*)\}$$

の関係があるので，上式を（51）式へ代入して r を消去すると評価式は大幅

に簡略化され,

$$C^{T^*}(0) = P^{T^*}(0)[\{f_{T^*}(0) - K\}\Phi(d^*) + v\phi(d^*)],$$

ただし

$$d^* = \{f_{T^*}(0) - K\}/v \tag{51'}$$

となる．v^2 は (43b) 式で与えたOU過程の分散である．フラップションは権利行使価格が先渡利子率に等しく設定されるのであるから，その現在価値は (51′) 式で $K=f_{T^*}(0)$ とおくと $d^*=0$ となり,

$$C^{T^*}(0) = \{P^{T^*}(0)v\}/\sqrt{2\pi} \tag{53}$$

となる．短期金利がガンマ過程に従う場合も，命題3.2により容易に評価できる[10)]．

フォワード・カーブ・オプション

利子率の期間構造の記述には純粋割引債の最終利回りによるイールド・カーブがもっともよく利用されているが，債券評価においては，Ho and Lee (1986), Heath, Jarrow and Morton (1992) のように先渡金利を使ったフォワード・カーブよる期間構造の記述が重要性を増している．そこで，ここではフォワード・カーブを対象とするオプションを考え評価してみよう．

短期金利がOU過程に従うとして，満期が T^*，権利行使利率が K のコール・オプションを考えると，現時点での T-先渡金利は (52) 式であり，将来時点 T^* において T 後に実行される先渡金利，すなわち (T^*+T)-先渡金利は,

$$f_{T+T^*}(T^*) = \alpha(T) + e^{-\kappa T}r(T^*)$$

である．したがって，T-先渡金利を対象とするコール・オプションの満期のペイオフは,

$$C^{T^*}(T^*) = \max[\alpha(T) - K + e^{-\kappa T}r(T^*), 0]$$

であり，イン・ザ・マネーになるような $r(T^*)$ の領域は,

$$r(T^*) \geqq e^{\kappa T}\{K - \alpha(T^*)\} \equiv \hat{r} \tag{54}$$

である．このオプションのプレミアムは，命題3.2の計算を実行すると

10) 短期金利がガンマ過程に従うときのフラップション，金利デジタル・オプション，条件付きペイオフ金利オプションの評価式は池田 (1998) を参照されたい．

$$C^{T^*}(0) = P^{T^*}(0)[\{\alpha(T) - K + e^{-\kappa T}(vh + \hat{r})\}\Phi(h) + e^{-\kappa T}v\phi(h)] \quad (55)$$

ただし

$$h = \frac{1}{v}\left[e^{\kappa(T-T^*)}\{f_T(0) - \alpha(T)\} - \hat{r} + B(T^*)\left(\kappa\theta + \sigma\lambda - \frac{\sigma^2}{\kappa}\right)\right] + \frac{v}{\kappa}$$

である．$\hat{r}$ は (54) 式で与えてある．

また，短期金利がCIRのガンマ過程に従う場合には，現在時点および将来時点 T^* での T-先渡金利は，(28) 式の債券価格式と先渡金利の定義から，

$$f_T(0) = \alpha(T) + \beta^{\circ}(T)r,$$

$$f_{T+T^*}(T^*) = \alpha(T) + \beta^{\circ}(T)r(T^*) \quad (56a)$$

ただし

$$\alpha(T) = \frac{\kappa\theta(e^{\gamma T} - 1)}{C(e^{\gamma T} - 1) + \gamma} \quad (56b)$$

$$\beta^{\circ}(T) = \frac{\gamma^2 e^{\gamma T}}{\{C(e^{\gamma T} - 1) + \gamma\}^2} \quad (56c)$$

である．イン・ザ・マネーになる利子率の領域は，

$$r(T^*) \geqq \frac{C(e^{\gamma T^*} - 1) + \gamma}{\gamma^2}[Ke^{-\gamma T^*}\{C(e^{\gamma T^*} - 1) + \gamma\} - \kappa\theta(1 - e^{-\gamma T^*})]$$
$$\equiv \hat{r} \quad (57)$$

であるから，フォワード・カーブ・オプションは (30) 式で与えた非心 χ^2 分布密度関数を用いて

$$C^{T^*}(0) = P^{T^*}(0)\left[\{\alpha(T^*) - K\}\int_{\hat{r}}^{+\infty} f(r_{T^*})\,dr_{T^*} + \beta(T)\int_{\hat{r}}^{+\infty} r_{T^*} f(r_{T^*})\,dr_{T^*}\right]$$

を計算すれば現在価値を求めることができる．括弧のなかの第1項の積分は (34) 式より，

$$\int_{\hat{r}}^{+\infty} f(r_{T^*})\,dr_{T^*} = 1 - \chi^2\left[\frac{4}{\sigma B(T^*)}\,;\,\frac{4\kappa\theta}{\sigma^2},\beta\right]$$
$$= Q\left[\frac{4}{\sigma B(T^*)}\,;\,\frac{4\kappa\theta}{\sigma^2},\beta\right] \quad (58)$$

であり，第2項の積分は，$y = 4r(T^*)/\{\sigma^2 B(T^*)\}$ が，自由度 $n = 4\kappa\theta/\sigma^2$，非心度 β ((30 式) 参照) の非心 χ^2 分布になることを使い，数学付録Bの補助

定理1における (B1) 式の結果を適用すると

$$\int_{\hat{r}}^{+\infty} r_{T^*} f(r_{T^*})\, dr_{T^*} = \frac{\sigma^2 B(T^*)}{4} \int_{4\hat{r}/\{\sigma^2 B(T^*)\}}^{+\infty} yh(y\,;\, n, \beta)\, dy$$

$$= \frac{\sigma^2 B(T^*)}{4} \left\{ \beta Q\left[\frac{4\hat{r}}{B(T^*)}\,;\, n+4, \beta\right] + nQ\left[\frac{4\hat{r}}{\sigma^2 B(T^*)}\,;\, n+2, \beta\right]\right\}$$

$$= \frac{\gamma^2 \{B(T^*)\}^2 e^{\gamma T^*} r}{(e^{\gamma T^*}-1)^2} Q\left[\frac{4\hat{r}}{\sigma^2 B(T^*)}\,;\, \frac{4\kappa\theta}{\sigma^2}+4, \beta\right]$$

$$+ \kappa\theta B(T^*) Q\left[\frac{4\hat{r}}{\sigma^2 B(T^*)}\,;\, \frac{4\kappa\theta}{\sigma^2}+2, \beta\right] \tag{59}$$

を得る．なお，$Q[z\,;\, n, \beta]$ は，自由度 n，非心度 β の補非心 χ^2 分布関数であり，$Q[z\,;\, n, \beta] = 1-\chi^2[z\,;\, n, \beta]$ と定義される．

現在時点の先渡金利 $f_T(0)$ を用いて現在の利子率 r を消去すると，

$$C^{T^*}(0) = P^{T^*}(0)\left[\{\alpha(T)-K\} Q\left[\frac{4\hat{r}}{\sigma B(T^*)}\,;\, \frac{4\kappa\theta}{\sigma^2}, \beta\right]\right.$$

$$+ \{f_T(0)-\alpha(T)\}\left\{\frac{\gamma^2\{B(T^*)\}^2 e^{\gamma T^*}}{(e^{\gamma T^*}-1)^2} Q\left[\frac{4\hat{r}}{\sigma B(T^*)}\,;\, \frac{4\kappa\theta}{\sigma^2}+4, \beta\right]\right.$$

$$\left.\left. + \beta^{\circ}(T)\kappa\theta B(T^*) Q\left[\frac{4\hat{r}}{\sigma B(T^*)}\,;\, \frac{4\kappa\theta}{\sigma^2}+2, \beta\right]\right\}\right] \tag{59}$$

ただし

$$\beta \equiv \frac{4\gamma^2\{B(T^*)\}^2 e^{\gamma T^*}}{\sigma^2 (e^{\gamma T^*}-1)^2}\left\{\frac{f_T(0)-\alpha(T)}{\beta^{\circ}(T)}\right\}$$

を得る．T は対象となる先渡利子率の期日，T^* はオプション契約の満期であり，$\hat{r}$ は (57) 式，$\alpha(T)$ および $\beta^{\circ}(T)$ は (56) 式，C および $B(\cdot)$ は (28) 式で与えられている．2つの先渡金利のスプレッド，あるいは傾きにたいするオプション契約も，イールド・カーブ・オプションの場合と同様にして容易に評価できる．

5. むすび

本章は，利子率が確率的に変動する場合の派生証券評価の考え方を，複数の均衡表現の同一性を検討する方法によって明らかにした．とくに，Jamshidian (1990) が提案した先渡利子率をマルチンゲールにするような確率測度を利用して，Longstaff (1990) の分離定理をより一般的な状況で導き，短期利子率がガンマ過程，およびOU過程に従う場合について，分離定理を成立させるような利子率の条件付き分布を明示的に導出した．また派生証券評価に有益な，非心 χ^2 分布の期待値計算にかんする新たな結果が数学付録にまとめられている．

具体的な応用として，Cox, Ingersoll and Ross（1985）の債券オプションなど，既存の金利派生証券の評価式を偏微分方程式を解かずに簡単な期待値計算で導出する方法を提示し，さらにフラップションやフォワード・カーブ・オプションなど，いまだ評価式が知られていない金利派生証券の評価式を導いたが，これらは本章のオリジナルな結果である．

第 3 章数学付録

数学付録 A（(15) 式の証明）

債券価格の確率過程 $P^T(t)$ を記述するパラメターで，先渡利子率の確率過程を表現してみる．先渡利子率の定義より，

$$f_T(t) = -\frac{\partial}{\partial T}\ln P^T(t)$$

であるが，この偏微分という操作にたいしては，伊藤の補題を直接に適用することはできないので，以下のように考える．まず，

$$df_T(t) = -d\left\{\frac{\partial}{\partial T}\ln P^T(t)\right\}$$

の瞬間的な期待値と標準偏差は，フビニ（Fubini）の定理によって微分，積分の順序を交換することができるので，

$$\begin{aligned}\mu_T(t) &= E_t\left[-d\left\{\frac{\partial}{\partial T}\ln P^T(t)\right\}\right] = -E_t\left[\frac{\partial}{\partial T}d\{\ln P^T(t)\}\right]\\ &= -\frac{\partial}{\partial T}E_t[d\{\ln P^T(t)\}]\end{aligned}$$

$$\begin{aligned}\sigma_T(t) &= \mathrm{Std}_t\left[-d\left\{\frac{\partial}{\partial T}\ln P^T(t)\right\}\right] = \mathrm{Std}_t\left[\frac{\partial}{\partial T}d\{\ln P^T(t)\}\right]\\ &= \frac{\partial}{\partial T}\mathrm{Std}_t[d\{\ln P^T(t)\}]\end{aligned}$$

を得る．$d\{\ln P^T(t)\}$ は，本文の (2) 式の確率過程に伊藤の補題を適用して

$$d\{\ln P^T(t)\} = \left\{\mu^T(t) - \frac{\sigma^T(t)^2}{2}\right\}dt - \sigma^T(t)\,dW(t)$$

となるので，

$$\begin{aligned}\mu_T(t) &= -\frac{\partial}{\partial T}E_t[d\{\ln P^T(t)\}] = -\frac{\partial}{\partial T}\left\{\mu^T(t) - \frac{\sigma^T(t)^2}{2}\right\}\\ &= -\frac{\partial}{\partial T}\mu^T(t) + \sigma^T(t)\frac{\partial}{\partial T}\sigma^T(t) \qquad \text{(A1)}\end{aligned}$$

$$\sigma_T(t) = \frac{\partial}{\partial T}\mathrm{Std}_t[d\{\ln P^T(t)\}] = \frac{\partial}{\partial T}\sigma^T(t) \qquad \text{(A2)}$$

がわかる．ここで，(A1)，(A2) 式を，満期 T にかんして t から T まで積分してみると，(混乱を避けるべく積分変数を T から U に書きかえて)

$$\int_t^T \mu_U(t)\,dU = -\int_t^T \frac{\partial}{\partial U}\{\mu^U(t)\}dU + \frac{1}{2}\int_t^T \frac{\partial}{\partial U}\{\sigma^U(t)\}^2 dU$$

$$= -\{\mu^T(t) - \mu^t(t)\} + \frac{1}{2}[\{\sigma^T(t)\}^2 - \{\sigma^t(t)\}^2]$$

$$= -\mu^T(t) + \mu^t(t) + \frac{1}{2}\{\sigma^T(t)\}^2 \quad (\because \sigma^t(t) = 0) \tag{A3}$$

$$\int_t^T \sigma_U(t)\,dU = \int_t^T \frac{\partial}{\partial U}\sigma^U(t)\,dU = \sigma^T(t) - \sigma^t(t) = \sigma^T(t) \tag{A4}$$

を得る．上式を使うと (A1) 式は，

$$\mu_T(t) = -\frac{\partial}{\partial T}\mu^T(t) + \sigma^T(t)\,\sigma_T(t) \tag{A1'}$$

と表現できるので，ここへ均衡条件 $\mu^T(t) = r(t) + \lambda(t)\sigma^T(t)\ \forall T$ を適用すると，証明すべき

$$\mu_T(t) = -\frac{\partial}{\partial T}\{r(t) + \lambda(t)\sigma^T(t)\} + \sigma^T(t)\,\sigma_T(t)$$

$$= -\lambda(t)\frac{\partial}{\partial T}\left\{\int_t^T \sigma_U(t)\,dU\right\} + \sigma^T(t)\,\sigma_T(t)$$

$$= \sigma_T(t)\{\sigma^T(t) - \lambda(t)\} \tag{A5}$$

が得られる．

先渡利子率の確率微分表現に上式を代入し，$\tilde{W}(t)$ を使って表現すると

$$df_T(t) = [\sigma_T(t)\{\sigma^T(t) - \lambda(t)\}]dt + \sigma_T(t)\,dW(t)$$

$$= \sigma_T(t)\{\sigma^T(t)\,dt + d\tilde{W}(t)\} \tag{A6}$$

となるが，これを積分表現にすると

$$\int_0^t df_T(s) = \int_0^t \sigma_T(s)\{\sigma^T(s)\,ds + d\tilde{W}(s)\}$$

$$\Leftrightarrow f_T(t) - f_T(0) = \int_0^t \sigma_T(s)\{\sigma^T(s)\,ds + d\tilde{W}(s)\} \tag{A7}$$

を得る．■

数学付録 B (非心 χ^2 分布の演算)

以下では，自由度 n，非心度 β の非心 χ^2 分布の密度関数を $h(y\,;\,n, \beta)$，分布関数を

$$\chi^2[z\,;\,n,\beta]=\int_0^z h(y\,;\,n,\beta)\,dy$$

と表記するとともに，補非心 χ^2 分布関数（complementary non-central χ^2 distribution）をつぎのように定義，表記する．

$$Q[z\,;\,n,\beta]=\int_z^{+\infty} h(y\,;\,n,\beta)\,dy=1-\chi^2[z\,;\,n,\beta]$$

補助定理 1　$\tilde{y}\sim\chi^2(n,\beta)$ のとき，

$$\int_a^{+\infty} yh(y\,;\,n,\beta)\,dy=\beta Q[a\,;\,n+4,\beta]+nQ[a\,;\,n+2,\beta], \tag{B1}$$

$$\int_0^{b} yh(y\,;\,n,\beta)\,dy=\beta\chi^2[b\,;\,n+4,\beta]+n\chi^2[b\,;\,n+2,\beta] \tag{B2}$$

が成立する．

証 明　非心 χ^2 分布の密度関数は本文の（31）式に与えられているので，（B1）式を計算すると，

$$\int_a^{+\infty} yh(y\,;\,n,\beta)\,dy=\int_a^{+\infty}\frac{\beta}{2}\left(\frac{y}{\beta}\right)^{\{(n+4)-2\}/4} I_{\{(n/2)-1\}}(\sqrt{\beta y})\,e^{-(\beta+y)/2}dy \tag{B3}$$

となるが，第1種変型ベッセル関数はつぎのように分解できる性質がある．（証明は Arfken（1970, p. 51）をみよ．）

$$I_{\{(n/2)-1\}}(\sqrt{\beta y})=I_{[\{(n+4)/2\}-1]}(\sqrt{\beta y})+\frac{n}{\sqrt{\beta y}}I_{[\{(n+2)/2\}-1]}(\sqrt{\beta y}) \tag{B4}$$

したがって，（B3）式の被積分関数はつぎのように変形できる．

$$\begin{aligned} yh(y\,;\,n,\beta) &= \beta\left\{\frac{1}{2}\left(\frac{y}{\beta}\right)^{\{(n+4)-2\}/4\}} I_{[\{(n+4)/2\}-1]}(\sqrt{\beta y})\,e^{-(\beta+y)/2}\right\} \\ &\qquad + n\left\{\frac{1}{2}\left(\frac{y}{\beta}\right)^{\{(n+2)-2\}/4} I_{[\{(n+2)/2\}-1]}(\sqrt{\beta y})\,e^{-(\beta+y)/2}\right\} \\ &= \beta h(y\,;\,n+4,\beta)+nh(y\,;\,n+2,\beta) \end{aligned} \tag{B5}$$

これより証明すべき

$$\begin{aligned} \int_a^{+\infty} yh(y\,;\,n,\beta)\,dy &= \beta\int_a^{+\infty} h(y\,;\,n+4,\beta)\,dy+n\int_a^{+\infty} h(y\,;\,n+2,\beta)\,dy \\ &= \beta Q[a\,;\,n+4,\beta]+nQ[a\,;\,n+2,\beta] \end{aligned} \tag{B1}$$

を得る．同様にして

$$\begin{aligned} \int_0^{b} yh(y\,;\,n,\beta)\,dy &= \beta\int_0^{b} h(y\,;\,n+4,\beta)\,dy+n\int_0^{b} h(y\,;\,n+2,\beta)\,dy \\ &= \beta\chi^2[b\,;\,n+4,\beta]+n\chi^2[b\,;\,n+2,\beta] \end{aligned} \tag{B2}$$

を得る．■

補助定理2 k を正の定数，$\tilde{y}\sim\chi^2(n,\beta)$ とする．このとき，

$$\int_a^{+\infty} e^{-ky}h(y\,;\,n,\beta)\,dy=\left(\frac{1}{1+2k}\right)^{n/2}e^{-k\beta^*}Q[(1+2k)a\,;\,n,\beta^*] \tag{B6}$$

$$\int_0^{b} e^{-ky}h(y\,;\,n,\beta)\,dy=\left(\frac{1}{1+2k}\right)^{n/2}e^{-k\beta^*}\chi^2[(1+2k)b\,;\,n,\beta^*] \tag{B7}$$

ただし，$\beta^*=\beta/(1+2k)$

が成立する．

証 明 (B6) 式を証明する．

$$\int_a^{+\infty} e^{-ky}h(y\,;\,n,\beta)\,dy=\int_a^{+\infty}\frac{1}{2}\left(\frac{y}{\beta}\right)^{(n-2)/4}I_{(n/2-1)}(\sqrt{\beta y})\,e^{-\{\beta+(1+2k)y\}/2}dy$$

であるが，ここで $q=(1+2k)y$ へ変数変換すると，上式は，

$$\int_{(1+2k)a}^{+\infty}\frac{1}{2}\left\{\frac{q}{(1+2k)\beta}\right\}^{(n-2)/4}I_{(n/2-1)}\left(\frac{\beta}{1+2k}q\right)^{1/2}e^{-(\beta+q)/2}\frac{dq}{1+2k} \tag{B8}$$

となる．ベッセル関数のなかの非心度に着目して $\beta^*=\beta/(1+2k)$ とおき，被積分関数を変形すると，

$$\begin{aligned}
&\int_{(1+2k)a}^{+\infty}\frac{1}{2}\left(\frac{q}{\beta^*}\right)^{(n-2)/4}I_{(n/2-1)}(\sqrt{\beta^* q})\,e^{-(\beta^*+q)/2}dq\left(\frac{1}{1+2k}\right)^{n/2}e^{-k\beta^*}\\
&\qquad=\left(\frac{1}{1+2k}\right)^{n/2}e^{-k\beta^*}\int_{(1+2k)a}^{+\infty}h(q\,;\,n,\beta^*)\,dq\\
&\qquad=\left(\frac{1}{1+2k}\right)^{n/2}e^{-k\beta^*}Q[(1+2k)a\,;\,n,\beta^*]
\end{aligned}$$

を得る．(B7) 式も同様に証明できる．■

第4章

バリアー・オプションの評価

1. はじめに

近年の派生証券市場におけるオプション取引の発展には目を見張るものがあり，多種多様なオプション契約が売買されている．通常のヨーロッパ型オプションのペイオフは満期の対象資産価格によって一意的に決定されるが，過去の価格経路にも依存してペイオフが定まるオプション契約も登場しており，そのいくつかは Cox and Rubinstein (1985) などの代表的な教科書に紹介されている．ペイオフが対象資産価格の確率過程に吸収壁が設定される形で契約されるオプションは，ノックアウト・オプションあるいはバリアー・オプションと呼ばれている．これらのオプション契約は，ノックアウト・バウンダリーとよばれる水準に対象資産価格が到達するや否や無効になる特徴がある．Merton (1973) は，対象資産の下方にフロアー・バウンダリーとよばれる下方バリアーが存在するコール・オプションについて，偏微分方程式を解くことによって均衡価格を導出することに成功している．対象資産価格が下落して (down)，バリアーに達すると同時に契約が無効 (out) になることから，このようなコール・オプションはダウン・アンド・アウト・コールと呼ばれる．Cox and Rubinstein (1985) でもう 1 つ評価式が与えられているバリアー・オプションは，対象資産価格が上昇して上方バリアーに達すると同時に契約が無効になるプット・オプションであり，アップ・アンド・アウト・プットと呼ばれるものである．

わが国の金融機関は世界でもっともバリアー型の金融商品開発が進んでおり，上方と下方に同時に 2 つのバリアーをもつオプションが登場している[1)]．

---

* 本章は，Kunitomo and Ikeda (1992)，池田 (1993) を加筆・修正したものである．

1) 日経金融新聞によれば，わが国で開発されたバリアー・オプションにはつぎのようなものがある．

1990 年 7 月富士銀行「ワンタッチ」(為替レートが約定された水準に到達すると同時に，権利行使水準との差額が支払われる)．1991 年 1 月三和銀行「デュエット」(権利行使価格の上下に 2 つのバリアーが設定され，満期前であっても，為替レートがいずれかのバリアーに達すると同時に無効になるか，あるいは権利行使を行わねばならない)．1991 年 7 月日本債券信用銀行「ファントム」(2 つのバリアーをもつオプション契約で，1 つはノックアウト，もう 1 つはノックイン・バリアーである)．

このオプション契約は，上方あるいは下方バリアーのどちらであれ対象資産価格が初めてバリアーに到達すると同時に権利が失効する．バリアーが1つだけ設定された既存のオプション契約を組み合わせても，このオプションのペイオフは複製できないことに注意する．したがって，既存のノックアウト・オプションに加えて，この新型のオプション契約はより効率的なリスク管理戦略を求める企業にたいして新たな手段を提供するものである．しかしこのようなオプション契約の評価式はわれわれの知るかぎりいまだ導出されていない[2)]．本章では，バリアーが時間の経過とともに指数関数的に変化するような2つの非線形バリアーを想定して評価式を導出する．

本章の目的は，2つのノックアウト・バウンダリーをもつオプション契約を評価することをつうじて，さまざまな経路依存型派生証券を統一的に評価する方法を提示し，既存の評価式を特殊ケースとして位置づけることである．本章の特殊例あるいは具体例として次章では多くのエキゾチック・オプション契約の評価式が導出されるが，本章はそれらの理論的基礎を与える役割をもつ．

2つの吸収壁で制約される幾何ブラウン運動の推移密度を導くため，まずLevy (1948) によって導出された確率論における著名な公式を拡張する．その一般化には統計学の逐次解析においてAnderson (1960) が導出した，ブラウン運動にかんするいくつかの結果を利用する．一般化されたレビ(Levy) 公式を用いて，2つのノックアウト・バウンダリーをもつオプション契約の解析解が導出されるが，その解は正規分布関数の無限級数を含んでいる．そこで無限級数の収束のスピードを調べるため数値実験を行ったが，収束は非常にはやく，実用の目的からは級数の最初の数項だけを計算すれば十分であることが示される．またヘッジのためのオプション・デルタも導出したが，それは非常に簡潔な関数形をしており，本章が提示する評価式は実務上のリスク管理目的にも十分に対応できることが明らかになった．

本章の構成はつぎのとおりである．第2節では一般化されたレビ公式を導

2)　McConnell and Schwartz (1986) は，LYON (Liquidity Yield Option Note) と呼ばれる証券を評価する際に，2つの非線形境界を課して分析を行っている．彼らは数値解析による分析を行っており，本章のような解析解を得るには至っていない．

出する．第3節で2つの非線形バリアーをもつオプションの評価式を導き，第4節は評価式に含まれる無限級数の収束について数値実験が行われる．第5節では導出された評価式を，より一般的な形の非線形バリアーのもとで拡張する方法が示される．第6節はリスク・ヘッジのためのオプション・デルタが導かれ，第7節で本章の結論が述べられる．なお，主要な結果の証明は数学付録にまとめられている．

2. レビ公式の一般化

以下では，時刻 t における資産価格を $S(t)$ とあらわし，その確率過程は幾何ブラウン運動

$$dS(t) = \mu S(t) + \sigma S dW(t),\quad S(0) = S_0 \tag{1}$$

に従うと仮定する．ここで，$W(t)$ は標準ブラウン運動であり，μ はオプションの対象となる資産の瞬間的な期待収益率をあらわすドリフト，σ はボラティリティーである．このような確率過程をもつ資産にたいするオプションとして，2つの非線形なバリアー，すなわち吸収壁をもつ契約を考えることにする．$t \in [0, T]$ として，上方吸収壁を $y = Be^{\delta_1 t}$，下方吸収壁を $y = Ae^{\delta_2 t}$

図 4.1　2つの非線形境界で制約されたオプション契約（$\delta_1 > 0 > \delta_2$）

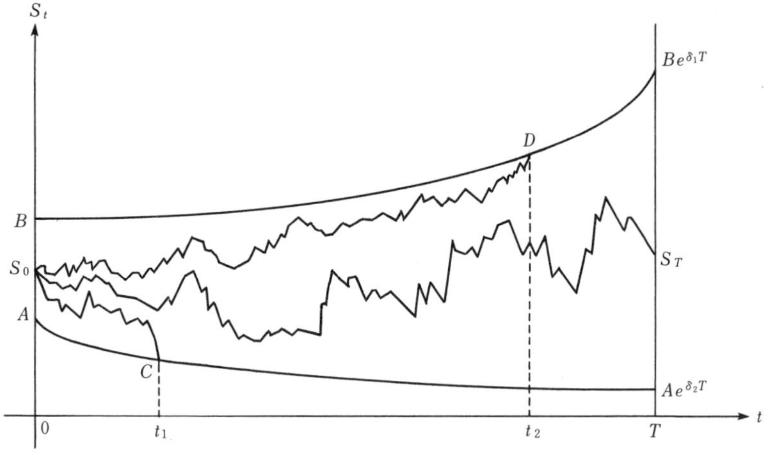

とする．$B \geqq A > 0$, $Be^{\delta_1 t} \geqq Ae^{\delta_2 t}$, $\forall t \in [0, T]$ を仮定すれば，2つの非線形な吸収壁をあらわす曲線は期間 $[0, T]$ において交わることはない．つまり上方あるいは下方のいずれのバリアーであれ，最初にオプションの対象資産の価格が到達した時点で契約が無効になってしまうオプションを考えるのである．図4.1はこのような状況でのバリアー・オプションを図示したものであるが，この例では δ_1 は正，δ_2 は負なので，上方バリアーは時間の経過とともに指数的に上昇する一方，下方バリアーは指数的に減少している．またこの図では，S_0 から出発した資産価格が時刻 t_1 に初めて点 C で下方吸収壁に到達してオプション契約が無効になったケース，時刻 t_2 に初めて点 D で上方吸収壁に到達してオプション契約が無効になったケース，そして満期 T までいずれの吸収壁にも1度も到達することなく，オプションが満期で権利行使可能になったケースが例示されている[3)]．

このようなオプション契約の現在価値を評価するためには，時間にかんして指数的に変化する2つの吸収壁で同時に制限された確率過程 $S(t)$ の推移密度が必要であるが，それはつぎの定理で与えられる．

定理 4.1 $S(t)$ が (1) 式で与えられる幾何ブラウン運動に従い，$S(0)=S_0$，任意の区間 $I \subset [Ae^{\delta_2 T}, Be^{\delta_1 T}]$ とする．このとき，$\forall t \in [0, T]$, $Ae^{\delta_2 t} < S(t) < Be^{\delta_1 t}$ かつ $S(T) \in I$ となる確率はつぎの P_1 で与えられる．

$$P_1 = \int_I \sum_{n=-\infty}^{\infty} k_n(y)\, dy, \tag{2}$$

ただし

$$k_n(y) = \left(\frac{B^n}{A^n}\right)^{c_{1n}} \left(\frac{A^n}{S_0}\right)^{c_{2n}} \frac{\partial}{\partial y} \Phi\left(\frac{\ln y - \ln(S_0 B^{2n}/A^{2n}) - \{\mu - (\sigma^2/2)\} T}{\sigma\sqrt{T}}\right) - \left(\frac{A^{n+1}}{S_0 B^n}\right)^{c_{3n}} \frac{\partial}{\partial y} \Phi\left(\frac{\ln y - \ln\{A^{2n+2}/(S_0 B^{2n})\} - \{\mu - (\sigma^2/2)\} T}{\sigma\sqrt{T}}\right) \tag{3}$$

3) 現実に取引されているバリアー・オプションのなかには，契約が無効になると同時にリベートと呼ばれる現金が支払われるものがある．リベートの現在価値は，バリアーへの初到達時刻を求めれば評価できる．次章でこの問題をとりあげる．

$$c_{1n} = \frac{\mu - \delta_2 - n(\delta_1 - \delta_2)}{\sigma^2} - 1, \tag{4}$$

$$c_{2n} = 2n\frac{\delta_1 - \delta_2}{\sigma^2} \tag{5}$$

$$c_{3n} = 2\frac{\mu - \delta_2 + n(\delta_1 - \delta_2)}{\sigma^2} - 1 \tag{6}$$

である．$\Phi(\cdot)$ は標準正規分布関数であるが，(3)式では y について偏微分しており対数正規分布の密度関数になっている．

証 明　数学付録をみよ．■

定理 4.1 は，確率論において有名な Paul Levy の公式を一般化したものである．(Levy (1948)，飛田 (1974) などを参照のこと．) Levy は 2 つの線形の吸収壁で制約された標準ブラウン運動の推移密度を導出しているが，それは上記定理の特殊ケースとして導出できる．まず変数変換 $X(t) = \ln S(t)$ を加えると，伊藤の補題によって $dX = \mu' dt + \sigma dW$ で表される (μ', σ)-ブラウン運動に変換され，そのドリフトは $\mu' = \mu - (\sigma^2/2)$ になるのでつぎの定理を得る．

定理 4.2　ドリフトが μ'，拡散係数が σ であらわされるブラウン運動 $X(t)$ の初期値を $X(0) = x_0$，任意の区間 $I \subset [\gamma_2 + \delta_2 T, \gamma_1 + \delta_1 T]$ とする．このとき $\forall t \in [0, T]$，$\gamma_2 + \delta_2 t < X(t) < \gamma_1 + \delta_1 t$ かつ $X(T) \in I$ となる確率は

$$P_2 = \int_I \sum_{n=-\infty}^{\infty} k'_n(x)\, dx, \tag{7}$$

ただし

$$\begin{aligned} k'_n(x) = \frac{1}{\sqrt{2\pi T}} \exp\Big\{ -\frac{1}{2T\sigma^2} [\{x - x_0 - \mu' T - 2n(\gamma_1 - \gamma_2)\}^2 \\ + 4nT\{n(\gamma_1 - \gamma_2)(\delta_1 - \delta_2) + \gamma_1\delta_2 - \gamma_2\delta_1 \\ - \mu'(\gamma_1 - \gamma_2) + x_0(\delta_1 - \delta_2)\}] \Big\} \\ - \frac{1}{\sqrt{2\pi T}} \exp\Big\{ -\frac{1}{2T\sigma^2} [\{x + x_0 - \mu' T - 2\gamma_2 - 2n(\gamma_1 - \gamma_2)\}^2 \end{aligned}$$

$$+4nT\{n(\gamma_1-\gamma_2)-\gamma_2+x_0\}$$
$$\cdot\{n(\delta_1-\delta_2)-\delta_2+\mu'\}\bigg]\bigg\} \tag{8}$$

である．

証明　数学付録をみよ．　■

上式において $x_0=\delta_1=\delta_2=\mu'=0$，$\sigma=1$ とすれば推移密度の核関数は，

$$k'_n(x)=\frac{\partial}{\partial x}\Phi\left(\frac{x-2n(\gamma_1-\gamma_2)}{\sqrt{T}}\right)-\frac{\partial}{\partial x}\Phi\left(\frac{x-2\gamma_2+2n(\gamma_1-\gamma_2)}{\sqrt{T}}\right) \tag{9}$$

となり，有名なレビ公式に帰着する．

系 4.1　$S(t)$ は (1) 式で与えられる幾何ブラウン運動で，$S(0)=S_0$ とする．このとき，(i) 任意の区間 $I\subset[Ae^{\delta_2 T},+\infty]$ $(A>0)$ にたいして $S(T)\in I$ かつ $Ae^{\delta_2 t}<S(t)$，$\forall t\in[0,T]$ となる確率は

$$P_3=\int_I\left\{\frac{\partial}{\partial y}\Phi\left(\frac{\ln y-\ln S_0-\{\mu-(\sigma^2/2)\}T}{\sigma\sqrt{T}}\right)-\left(\frac{A}{S_0}\right)^{2\{\mu-\delta_2-(\sigma^2/2)\}/\sigma^2}\right.$$
$$\left.\cdot\frac{\partial}{\partial y}\Phi\left(\frac{\ln y-\ln(A^2/S_0)-\{\mu-(\sigma^2/2)\}T}{\sigma\sqrt{T}}\right)\right\}dy \tag{10}$$

で与えられ，(ii) 任意の区間 $I\subset[0,Be^{\delta_1 T}]$ $(B>0)$ にたいして $S(T)\in I$ かつ $S(t)<Be^{\delta_1 t}$，$\forall t\in[0,T]$ となる確率は

$$P_4=\int_I\left\{\frac{\partial}{\partial y}\Phi\left(\frac{\ln y-\ln S_0-\{\mu-(\sigma^2/2)\}T}{\sigma\sqrt{T}}\right)-\left(\frac{B}{S_0}\right)^{2\{\mu-\delta_1-(\sigma^2/2)\}/\sigma^2}\right.$$
$$\left.\cdot\frac{\partial}{\partial y}\Phi\left(\frac{\ln y-\ln(B^2/S_0)-\{\mu-(\sigma^2/2)\}T}{\sigma\sqrt{T}}\right)\right\}dy \tag{11}$$

である．

証明　数学付録をみよ．　■

この系は定理 4.1 において，$B\uparrow+\infty$ あるいは $A\downarrow 0$ とすることによっても導出できるが，その証明は数学付録に譲る．なお第5章で示されることで

あるが，Merton (1973) が導出した下方に非線形バリアーをもつオプションの評価式は，系 4.1 前半の直接的な応用になっている．

3. 2つの非線形指数バリアーをもつオプションの評価

本節では資産価格の確率過程 $S(t)$, $t \in [0, T]$ が (1) 式の幾何ブラウン運動に従うとき，指数関数で表現される 2 つの非線形バリアーで制約されるオプション契約を考察し，その評価式を導出する．S_t は対象資産の現在価格，σ^2 はボラティリティーをあらわす瞬間的な分散，T はオプション契約の満期，X は権利行使価格をあらわすものとする．S_t の下付きの添え字は時刻が明白なときには省略する．安全利子率は r とし本章では確定値である．

このコール・オプション価値は，第 2 章で論じた Cox and Ross (1976) および Harrison and Kreps (1979) のリスク中立化法を適用して次式の確率計算で評価できる．

$$
\begin{aligned}
C(t) &= \hat{E}[e^{-r(T-t)}\max[S(T)-X, 0] \mid S(t) = S] \\
&= \int_X^F e^{-r(T-t)} s(T) \hat{f}(s(T))\, ds(T) \\
&\quad - X \int_X^F e^{-r(T-t)} \hat{f}(s(T))\, ds(T)
\end{aligned}
\tag{12}
$$

ここで $F = Be^{\delta_1 T}$ であり，$\hat{E}[\cdot]$ は $S(t) = S$ を条件としてリスク中立化された $S(T)$ の条件付き確率密度 $\hat{f}(s(T))$ による期待値演算をあらわすが，これは定理 4.1 において $\mu = r$ とおいたものにほかならない．

定理 4.3 満期以前の任意の時刻 $u \in [t, T]$ において，対象資産価格が上方バリアー $Be^{\delta_1 u}$ あるいは下方バリアー $Ae^{\delta_2 u}$ のいずれかに到達すると同時に失効するコール・オプションを考える．権利行使価格を X とすれば，時刻 t における価値はつぎのとおりである．

$$
\begin{aligned}
C(t) = S \sum_{n=-\infty}^{\infty} \Bigg[& \left(\frac{B^n}{A^n}\right)^{c_{1n}^*} \left(\frac{A}{S}\right)^{c_{2n}} \{\Phi(d_{1n}) - \Phi(d_{2n})\} \\
& - \left(\frac{A^{n+1}}{B^n S}\right)^{c_{3n}^*} \{\Phi(d_{3n}) - \Phi(d_{4n})\} \Bigg]
\end{aligned}
$$

$$-Xe^{-r\tau}\sum_{n=-\infty}^{\infty}\left[\left(\frac{B^n}{A^n}\right)^{c_{1n}^*-2}\left(\frac{A}{S}\right)^{c_{2n}}\right.$$
$$\cdot\{\Phi(d_{1n}-\sigma\sqrt{\tau})-\Phi(d_{2n}-\sigma\sqrt{\tau})\}$$
$$\left.-\left(\frac{A^{n+1}}{B^n S}\right)^{c_{3n}^*-2}\{\Phi(d_{3n}-\sigma\sqrt{\tau})-\Phi(d_{4n}-\sigma\sqrt{\tau})\}\right] \quad (13a)$$

ただし,

$$d_{1n}=\frac{\ln\{SB^{2n}/(XA^{2n})\}+\{r+(\sigma^2/2)\}\tau}{\sigma\sqrt{\tau}}, \quad (13b)$$

$$d_{2n}=\frac{\ln\{SB^{2n}/(FA^{2n})\}+\{r+(\sigma^2/2)\}\tau}{\sigma\sqrt{\tau}}, \quad (13c)$$

$$d_{3n}=\frac{\ln\{A^{2n+2}/(XSB^{2n})\}+\{r+(\sigma^2/2)\}\tau}{\sigma\sqrt{\tau}}, \quad (13d)$$

$$d_{4n}=\frac{\ln\{A^{2n+2}/(FSB^{2n})\}+\{r+(\sigma^2/2)\}\tau}{\sigma\sqrt{\tau}}, \quad (13e)$$

$$c_{1n}^*=[2\{r-\delta_2-n(\delta_1-\delta_2)\}/\sigma^2]+1,$$
$$c_{3n}^*=[2\{r-\delta_2+n(\delta_1-\delta_2)\}/\sigma^2]+1,$$
$$F=Be^{\delta_1 T}, \qquad \tau=T-t$$

であり, $\Phi(\cdot)$ は標準正規分布関数である. c_{2n} は定理 4.1 の (5) 式で与えられている.

上の評価式は一見すると非常に複雑にみえるが, $A\downarrow 0$, $B\uparrow +\infty$ とするとバリアーは消失し, 同時に d_{2n}, d_{3n}, d_{4n} も消え去って d_{1n} の $n=0$ に対応する項のみが残る. これは Black and Scholes (1973) のオプション価格公式にほかならない. バリアーが存在するときには総和記号において $n\neq 0$ の項の存在を無視できないが, それは後述する鏡像法の原理と深く結びついている.

コール・オプションと同様に, プット・オプションもリスク中立化法で評価することができる. すなわち $F'=Ae^{\delta_2 T}$ とおけば,

$$P(t)=\hat{E}[e^{-r(T-t)}\max[X-S(T),0]\,|\,S(t)=S]$$
$$=X\int_{F'}^{X}e^{-r(T-t)}\hat{f}(s(T))\,ds(T)$$

$$-\int_{F'}^{X} e^{-r(T-t)}s(T)\hat{f}(s(T))\,ds(T) \tag{14}$$

を計算してつぎの定理を得る．

定理 4.4　満期以前の任意の時刻 $u\in[t,T]$ において，対象資産価格が上方バリアー $Be^{\delta_1 u}$ あるいは下方バリアー $Ae^{\delta_2 u}$ のいずれかに到達すると同時に失効するプット・オプションを考える．権利行使価格を X とすれば，時刻 t における価値はつぎのとおりである．

$$\begin{aligned}P(t)=&-S\sum_{n=-\infty}^{\infty}\left[\left(\frac{B^n}{A^n}\right)^{c_{1n}^*}\left(\frac{A}{S}\right)^{c_{2n}}\{\Phi(d'_{1n})-\Phi(d'_{2n})\}\right.\\&\left.-\left(\frac{A^{n+1}}{B^nS}\right)^{c_{3n}^*}\{\Phi(d'_{3n})-\Phi(d'_{4n})\}\right]\\&+Xe^{-r\tau}\sum_{n=-\infty}^{\infty}\left[\left(\frac{B^n}{A^n}\right)^{c_{1n}^*-2}\left(\frac{A}{S}\right)^{c_{2n}}\right.\\&\cdot\{\Phi(d'_{1n}-\sigma\sqrt{\tau})-\Phi(d'_{2n}-\sigma\sqrt{\tau})\}\\&\left.-\left(\frac{A^{n+1}}{B^nS}\right)^{c_{3n}^*-2}\{\Phi(d'_{3n}-\sigma\sqrt{\tau})-\Phi(d'_{4n}-\sigma\sqrt{\tau})\}\right]\end{aligned} \tag{15a}$$

ただし

$$d'_{1n}=\frac{\ln\{SB^{2n}/(F'A^{2n})\}+\{r+(\sigma^2/2)\}\tau}{\sigma\sqrt{\tau}}, \tag{15b}$$

$$d'_{2n}=\frac{\ln\{SB^{2n}/(XA^{2n})\}+\{r+(\sigma^2/2)\}\tau}{\sigma\sqrt{\tau}}, \tag{15c}$$

$$d'_{3n}=\frac{\ln\{A^{2n+2}/(F'SB^{2n})\}+\{r+(\sigma^2/2)\}\tau}{\sigma\sqrt{\tau}}, \tag{15d}$$

$$d'_{4n}=\frac{\ln\{A^{2n+2}/(XSB^{2n})\}+\{r+(\sigma^2/2)\}\tau}{\sigma\sqrt{\tau}}, \tag{15e}$$

$$F'=Ae^{\delta_2 T},\qquad \tau=T-t$$

である．c_{1n}^*，c_{2n}，c_{3n}^* は定理 4.1 および定理 4.3 で与えられている．

初到達時間は停止時刻であり，期間 $[t,T]$ において上方バリアーあるいは下方バリアーに資産価格が到達し吸収される正の確率が存在する．したがってここで導出したコール・オプションとプット・オプションについては，通常のプット・コール・パリティは成立しない．バリアー・オプションに代表される吸収壁で制約されたオプションについてプット・コール・パリティーを拡張するとつぎの命題を導くことができる.

命題 4.1 (一般化されたプット・コール・パリティ) 非線形な2つのバリアーであらわされる停止価格をもつプット・オプションとコール・オプションは, つぎの関係を満たす.

$$P(t)=C(t)+e^{-r\tau}X\int_{F'}^{F}\hat{f}(s(T))\,ds(T)$$
$$-e^{-r\tau}\int_{F'}^{F}s(T)\hat{f}(s(T))\,ds(T) \qquad (16)$$

証 明 (14) 式はつぎのように変形することができる.

$$\begin{aligned}P(t)&=e^{-r\tau}X\left\{\int_{F'}^{F}\hat{f}(s(T))\,ds(T)-\int_{X}^{F}\hat{f}(s(T))\,ds(T)\right\}\\&\quad-e^{-r\tau}\left\{\int_{F'}^{F}s(T)\hat{f}(s(T))\,ds(T)-\int_{X}^{F}s(T)\hat{f}(s(T))\,ds(T)\right\}\\&=e^{-r\tau}\left\{\int_{X}^{F}s(T)\hat{f}(s(T))\,ds(T)-X\int_{X}^{F}\hat{f}(s(T))\,ds(T)\right\}\\&\quad+e^{-r\tau}X\int_{F'}^{F}\hat{f}(s(T))\,ds(T)-e^{-r\tau}\int_{F'}^{F}s(T)\hat{f}(s(T))\,ds(T)\end{aligned} \qquad (17)$$

上式の第1項は, (12) 式で与えられる2つの非線形バリアーで制限されたコール・オプションの均衡価格 $C(t)$ になっており, (16) 式が証明された. ■

命題 4.1 の (16) 式の第2項と第3項は,「吸収確率を考慮した権利行使価格と将来の対象資産の現在価値」を表現しており, $A\downarrow 0$, $B\uparrow +\infty$ とすれば吸収確率はゼロとなり, よく知られたプット・コール・パリティに帰着する. したがって, 命題 4.1 は既存のプット・コール・パリティを拡張したものであることがわかる. この結果は (13) 式, (15) 式において直接 $A\downarrow 0$, $B\uparrow +\infty$ としても確認することができる. このときコール・オプションについてはBS公式に帰着することは述べたが, プット・オプションについても

d'_{1n} の $n=0$ の項のみが残り，他の d'_{2n}，d'_{3n}，d'_{4n} の項はすべて消失する．

4. 数値実験

定理 4.3 および定理 4.4 で示されたオプション評価式には，加重された正規分布の無限級数が含まれている．数学付録では上記定理の無限級数が導出されることを厳密に証明してあるが，実務上でオプション評価式を利用するにあたっては実際の収束の速さが重要になるであろう．そこで収束スピードを調べるため本節では数値実験を行う．

表 4.1 は (13) 式のコール・オプション評価式に現実的なパラメターの値を代入し，さまざまなタイプの上方および下方バリアーの組み合わせを想定してオプション理論価格を求めたものである．表のすべての例において $S=1000$, $r=5\%$ (年率), $X=1000$ を仮定している．ボラティリティーは，年率で 20%，30%，40% の 3 つのケースを想定し，満期までの期間 τ に 1 か月，3 か月，6 か月をそれぞれ年表示した 0.833 年，0.25 年，0.5 年の 3 通りの場合を考えた．

表で (a) 列は $(\delta_1, \delta_2)=(0.1, -0.1)$ のケースであり，凸型で時間とともに上昇する上方バリアーと指数的に減少する下方バリアーを組み合わせたものである．これは前出の図 4.1 のケースである．(b) 列は $(\delta_1, \delta_2)=(0, 0)$ の場合であり，図 4.2 のように両方のバリアーがフラットなケースである．(c) 列は $(\delta_1, \delta_2)=(-0.1, 0.1)$ とした場合で，図 4.3 のように上方バリアーが時間とともに指数的に減少する一方，下方バリアーは指数的に上昇している．すべてのケースにおいて，$A=0$，$B=+\infty$ としたときには前述したとおり BS 公式による理論価格に一致することが予想される．実際，その値は各ケースの第 1 行に示したとおりであり，すべてが同一の数値になっていることを確認できる．

この数値実験の結果をみると，2 つの非線形な吸収壁が接近するにつれオプションの理論価格が急速に低下することが読みとれる．これは満期にいたるまでの吸収確率が増大することが原因である．2 つのバリアーが十分に離れている場合には，満期までの期間 τ が大きくなるほど通常のオプションと

表 4.1 2つの非線形バリアーをもつコール・オプションの価値
($S=1000$, $r=0.05$, $X=1000$)

		$\tau=1/12$			$\tau=1/4$			$\tau=1/2$		
A	B	(a)	(b)	(c)	(a)	(b)	(c)	(a)	(b)	(c)
					$\sigma=0.2$					
0	$+\infty$	25.12	25.12	25.12	46.15	46.15	46.15	68.89	68.89	68.89
400	1600	25.12	25.12	25.12	46.15	46.15	46.14	68.64	68.14	66.93
500	1500	25.12	25.12	25.12	46.14	46.12	46.07	67.78	66.13	62.75
600	1400	25.12	25.12	25.12	45.97	45.76	45.35	64.63	60.06	52.50
700	1300	25.12	25.12	25.12	44.38	42.99	40.81	55.20	45.65	33.45
800	1200	24.88	24.76	24.58	35.13	30.39	24.67	34.58	22.08	10.86
850	1150	23.21	22.54	21.69	24.52	18.49	12.47	20.88	10.22	2.52
900	1100	16.17	14.40	12.50	11.06	6.21	2.60	7.55	1.79	0.01
930	1070	8.53	6.69	4.96	3.77	1.23	0.15	1.83	0.10	0.00
950	1050	3.39	2.15	1.17	0.76	0.08	0.00	0.23	0.00	0.00
					$\sigma=0.3$					
0	$+\infty$	36.59	36.59	36.59	65.83	65.83	65.83	96.35	96.35	96.35
400	1600	36.59	36.59	36.59	65.18	64.77	64.17	85.88	80.06	72.22
500	1500	36.58	36.58	36.58	63.49	62.34	60.75	76.57	67.88	57.31
600	1400	36.56	36.54	36.53	58.47	55.72	52.28	61.48	50.23	38.10
700	1300	36.01	35.84	35.62	46.29	41.31	35.78	40.54	28.90	18.22
800	1200	30.55	29.45	28.21	24.94	19.31	14.02	17.48	9.26	3.54
850	1150	22.14	20.36	18.51	13.01	8.60	4.99	7.26	2.50	0.37
900	1100	10.01	8.31	6.71	3.14	1.29	0.00	0.96	0.08	0.03
930	1070	3.28	2.27	1.45	0.37	0.05	0.00	0.05	0.00	0.00
950	1050	0.58	0.27	0.11	0.01	0.00	0.00	0.00	0.00	0.00
					$\sigma=0.4$					
0	$+\infty$	48.05	48.05	48.05	85.53	85.53	85.53	123.9	123.9	123.9
400	1600	48.03	48.03	48.02	77.56	75.28	72.52	81.60	71.53	59.60
500	1500	47.89	47.85	47.79	69.54	65.84	61.63	64.85	53.35	41.70
600	1400	46.95	46.72	46.44	55.90	50.76	45.26	45.23	34.22	24.05
700	1300	42.32	41.67	40.52	36.34	30.69	25.15	25.08	16.45	9.44
800	1200	27.63	25.84	24.01	14.81	10.69	7.17	7.34	3.14	0.76
850	1150	16.14	14.35	12.61	5.67	3.26	1.59	1.74	0.37	0.02
900	1100	5.08	3.97	2.99	0.57	0.15	0.00	0.05	0.00	0.00
930	1070	0.88	0.52	0.27	0.01	0.00	0.00	0.00	0.00	0.00
950	1050	0.05	0.02	0.00	0.00	0.00	0.00	0.00	0.00	0.00

(注) (a)～(c) 列は $(\delta_1, \delta_2)=(0.1, -0.1)$, $(\delta_1, \delta_2)=(0.0, 0.0)$, および $(\delta_1, \delta_2)=(-0.1, 0.1)$ の場合のコール・オプション価値をあらわす.

図 4.2　2 つの非線形境界で制約されたオプション契約（$\delta_1=\delta_2=0$）

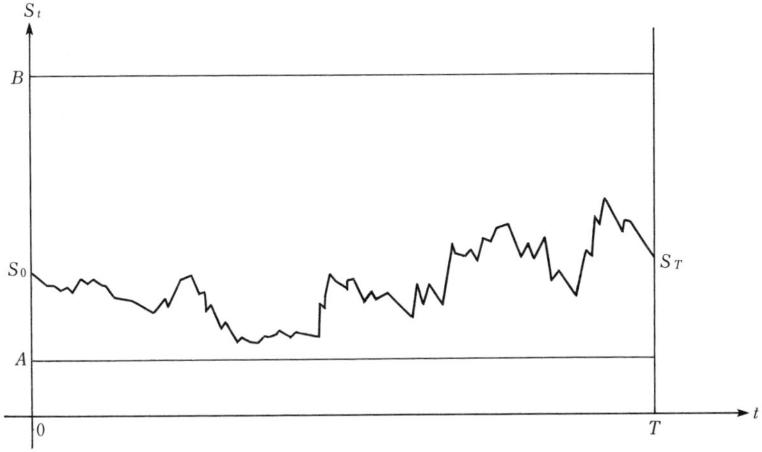

図 4.3　2 つの非線形境界で制約されたオプション契約（$\delta_1<0<\delta_2$）

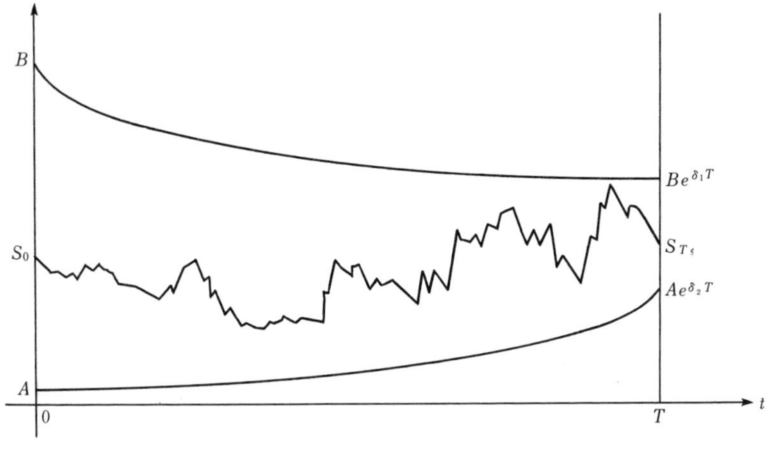

同様にオプション価格は高くなる．ところが2つのバリアーが接近してくる場合には，満期が長いコール・オプションほど吸収確率の増加の効果のほうが優越する結果，理論価格は減少するのである．またボラティリティーの水準もオプション価格にたいして複雑な効果を及ぼす．通常のコール・オプションでは，対象資産のボラティリティーが増加するほどイン・ザ・マネーになる確率が増加し，オプションの価値が上昇する．ところが吸収壁が存在する場合では，ボラティリティーの増加は吸収確率の増大をつうじてオプションの価値を減少させる効果ももつのである．

2つのバリアーの間隔の目安として B/A の値を考えることができるが，表4.1の結果によれば，B/A が減少するとコール・オプションの理論価格は徐々に減少していくが，B/A が一定の水準まで減少すると理論価格は急激に減少し始める．この減少パターンは正規分布の裾の性質によって説明することができる．よく知られているように，確率論におけるレビ公式は，吸収壁で制限されたブラウン運動を鏡像法によって無限個の制約のないブラウン運動に分解することで導出される．上方と下方の吸収壁の間隔が広がると吸収確率は急速に減少していくが，鏡像法において吸収壁で制約されたブラウン運動の経路に対応する無制約のブラウン運動を考えたとき，これらが上方あるいは下方の境界壁に達する確率が壁の間隔の拡大に応じて指数級数的に減少するためにこのような現象が起こるのである．

表4.2は収束の速度を調べるため，表4.1から18ケースについてオプション価格を取り出し，各ケースについて無限級数において $n=0$，$n=+1$，$n=-1$，$n=+2$，$n=-2$，…という順序でオプション価格を計算し合算した値を小数点第5桁まで表示したものである．たとえば $(A, B)=(400, 1600)$ のときには，小数点第5位程度の正確性を得るために，ボラティリティーあるいは満期までの期間が変化しても $n=0$ の項だけ計算すれば十分であることがわかる．つぎに $(A, B)=(900, 1100)$ のケースでは $\tau=1/2$ のコラムをみると，小数点第5位での正確性を確保するためには $n=0$ の項だけでは不十分であり，3項から6項程度の計算が必要である．ところが満期までの長さが $\tau=1/12$ 年，すなわち1か月程度の短いオプションでは，多くの場合 $n=0$ の項だけで十分に正確な理論価格を算出できることがわかる．最後に

表 4.2 バリアー・オプション価値と無限級数の収束
($S=1000$, $r=0.05$, $X=1000$, $\delta_1=0.1$, $\delta_2=-0.1$)

	$A=400$		$A=900$		$A=950$	
	$B=1600$		$B=1100$		$B=1050$	
n	$\tau=1/2$	$\tau=1/12$	$\tau=1/2$	$\tau=1/12$	$\tau=1/2$	$\tau=1/12$
			$\sigma=0.2$			
0	68.63629	25.12067	9.04900	16.17595	1.88621	3.82211
+1	68.63629	25.12067	7.54197	16.17484	−0.26278	3.39105
−1	68.63629	25.12067	7.55348	16.17484	0.26271	3.39233
+2	68.63629	25.12067	7.55348	16.17484	0.22598	3.39233
−2	68.63629	25.12067	7.55348	16.17484	0.22702	3.39233
+3	68.63629	25.12067	7.55348	16.17484	0.22701	3.39233
−3	68.63629	25.12067	7.55348	16.17484	0.22701	3.39233
+4	68.63629	25.12067	7.55348	16.17484	0.22701	3.39233
−4	68.63629	25.12067	7.55348	16.17484	0.22701	3.39233
+5	68.63629	25.12067	7.55348	16.17484	0.22701	3.39233
−5	68.63629	25.12067	7.55348	16.17484	0.22701	3.39233
			$\sigma=0.3$			
	$\tau=1/2$	$\tau=1/12$	$\tau=1/2$	$\tau=1/12$	$\tau=1/2$	$\tau=1/12$
0	85.88228	36.58566	3.32389	10.15675	0.60315	1.47683
+1	85.88228	36.58566	0.59860	10.00883	−0.58860	0.49392
−1	85.88228	36.58566	0.97271	10.00884	0.24209	0.58034
+2	85.88228	36.58566	0.96384	10.00884	−0.06087	0.57914
−2	85.88228	36.58566	0.96393	10.00884	0.00866	0.57914
+3	85.88228	36.58566	0.96392	10.00884	−0.00029	0.57914
−3	85.88228	36.58566	0.96392	10.00884	0.00051	0.57914
+4	85.88228	36.58566	0.96392	10.00884	0.00047	0.57914
−4	85.88228	36.58566	0.96392	10.00884	0.00048	0.57914
+5	85.88228	36.58566	0.96392	10.00884	0.00048	0.57914
−5	85.88228	36.58566	0.96392	10.00884	0.00048	0.57914
			$\sigma=0.4$			
0	81.59726	48.03399	1.51228	5.84362	0.26059	0.68685
+1	81.59726	48.03399	−0.71756	5.07620	−0.36595	−0.19725
−1	81.59726	48.03399	0.16767	5.08000	0.26839	0.07544
+2	81.59726	48.03399	0.04559	5.08000	−0.14840	0.04795
−2	81.59726	48.03399	0.05486	5.08000	0.05340	0.04919
+3	81.59726	48.03399	0.05463	5.08000	−0.01587	0.04917
−3	81.59726	48.03399	0.05463	5.08000	0.00315	0.04917
+4	81.59726	48.03399	0.05463	5.08000	−0.00054	0.04917
−4	81.59726	48.03399	0.05463	5.08000	0.00006	0.04917
+5	81.59726	48.03399	0.05463	5.08000	−0.00001	0.04917
−5	81.59726	48.03399	0.05463	5.08000	0.00000	0.04917

$(A, B)=(950, 1050)$ の場合をみてみよう．これは現在時点で考えると対象資産価格が50変動するだけで，いいかえれば現在価格の5%変動するだけで契約が無効になってしまうケースである．そのようなオプション契約は吸収確率が非常に大きく，ほとんどゼロの現在価値しかもたないことは容易に予測できる．表から明らかなとおり，満期までの期間が半年のときには n は6項から10項くらい，満期までの期間が1か月のときには n として3項から6項程度を計算しなければ，小数点5位での正確性は得られない．しかしながら，このような極端なケースでさえ実用上の目的のためには，せいぜい数項の計算だけで十分に正確な理論価格を計算できることは特筆に値する．

2つのバリアーのもとにおける吸収確率は，壁の間隔が狭く，満期が長く，また対象資産のボラティリティーが大きいほど増大する．吸収確率が大きくなるケースでは，鏡像法で吸収される経路に対応するブラウン運動の個数が増大するために，より多くの項を計算することがオプション評価上要請されることになる．しかしながら現実的なパラメターの値のもとでは，せいぜい5，6項もあれば十分に実用に耐えるのである．表4.2では上方バリアーが時間とともに上昇し下方バリアーが下降する，前表の (a) 列のケースの結果しか表示していないが，他のケースでも同じ傾向を確認することができる．

以上の数値実験により，本章で導出したオプション評価式は正規分布の無限級数を含み，その表現は複雑にみえるものの，十分実用にも耐えるものであることが示されたのである．

5. 非線形バリアーの拡張

前節では2つの指数的に変化する非線形なバリアーで制約されたオプション評価式を導いたが，その導出において用いた方法は，より一般的な非線形バリアーの場合にも拡張することができる．一般に滑らかな非線形関数を指数関数により小区間ごとに近似することができる場合には，各区間ごとに対象資産価格がバリアーで吸収されずに生き残る確率を近似することが可能だから，バリアーが滑らかな任意の非線形関数で与えられるようなバリアー・オプションの理論価格を近似することができる．

期間$[0, T]$をk個の小区間$[T_0, T_1)$，$[T_1, T_2)$，…，$[T_{k-1}, T_k)$に分割し，$T_0=0$，$T_k=T$としよう．滑らかな任意の非線形上方バリアーが与えられたとき，これをつぎの関数で近似する．

$$B_i(t) = B_i e^{\delta_1(i)t},\quad t \in [T_i, T_{i+1}),\quad i = 0, 1, \cdots, k-1 \tag{18}$$

同様にして，下方バリアーも

$$A_i(t) = A_i e^{\delta_2(i)t},\quad t \in [T_i, T_{i+1}),\quad i = 0, 1, \cdots, k-1 \tag{19}$$

で近似する．定理 4.1 を用いれば，$S(T_{k-1})=S_{k-1}$を条件として$A_{k-1}(t)<S(t)<B_{k-1}(t)$，$\forall t \in [T_{k-1}, T_k)$かつ$S(T_k) \in I_k=[A_{k-1}(T), B_{k-1}(T)]$であるような条件付き確率を求めることができるから，この確率を，

$$P_1(k-1) = \int_{I_k} p_{k-1}(s_k | s_{k-1})\, ds_k \tag{20}$$

とあらわすことにする．$p_{k-1}(s_k | s_{k-1})$は条件付き確率密度である．定理 4.1 を用いて同様の手続きを繰り返せば，$S(T_{k-2})=S_{k-2}$のもとで，$A_{k-2}(t)<S(t)<B_{k-2}(t)$，$\forall t \in [T_{k-2}, T_{k-1})$かつ$S(T_{k-1}) \in I_{k-1}=[A_{k-2}(T), B_{k-2}(T)]$となる条件付き確率とその確率密度$p_{k-2}(s_{k-1} | s_{k-2})$を求めることができる．

つぎに$S(T_{k-2})=S_{k-2}$のもとで，$A_i(t)<S(t)<B_i(t)$，$\forall t \in [T_i, T_{i+1})$，$i=k-2, k-1$，かつ$S(T_{k-2})=S_{k-2}$のもとで$S(T_k) \in I_k$となる条件付き確率は

$$P_1(k-1) = \int_{I_k} \int_{I_{k-1}} p_{k-1}(s_k | s_{k-1})\, p_{k-2}(s_{k-1} | s_{k-2})\, ds_{k-1} ds_k \tag{21}$$

と計算できる．後は帰納的に，$A_i(t)<S(t)<B_i(t)$，$\forall t \in [T_i, T_{i+1})$，$i=0, \cdots, k-1$，かつ$S(0)=S_0$のもとで$S(T_k) \in I_k$となる条件付き確率を求めればよい．この確率がわかれば，リスク中立化法によって任意の 2 つの滑らかな非線形バリアーをもつバリアー・オプション評価が原理的には可能である．ただし，評価式は非常に複雑になることが予想され，なんらかの数値解法に依らざるをえないであろう．

6. デルタ・ヘッジング

定理 4.3 および定理 4.4 で導出したオプション価格式は一見すると複雑であるため，実務上のリスク管理でもっとも重要なオプション・デルタも非常に複雑なのではないかと予想される．しかしながら，実際に計算を実行してみると，それは比較的簡潔な関数形をしており実務上の応用も容易である．たとえば，コール・オプションについてデルタを計算すると，

$$\begin{aligned}\frac{\partial C(t)}{\partial S} = & \sum_{n=-\infty}^{\infty}\left[(1-c_{2n})\left(\frac{B^n}{A^n}\right)^{c_{1n}^*}\left(\frac{A}{S}\right)^{c_{2n}}\{\Phi(d_{1n})-\Phi(d_{2n})\}\right. \\ & \left. -(1-c_{3n}^*)\left(\frac{A^{n+1}}{B^n S}\right)^{c_{3n}^*}\{\Phi(d_{3n})-\Phi(d_{4n})\}\right] \\ & -\frac{X}{S}e^{-r\tau}\sum_{n=-\infty}^{\infty}\left[(-c_{2n})\left(\frac{B^n}{A^n}\right)^{c_{1n}^*-2}\left(\frac{A}{S}\right)^{c_{2n}}\right. \\ & \cdot\{\Phi(d_{1n}-\sigma\sqrt{\tau})-\Phi(d_{2n}-\sigma\sqrt{\tau})\} \\ & -(2-c_{3n}^*)-\left(\frac{A^{n+1}}{B^n S}\right)^{c_{3n}^*-2} \\ & \left.\cdot\{\Phi(d_{3n}-\sigma\sqrt{\tau})-\Phi(d_{4n}-\sigma\sqrt{\tau})\}\right] \\ & -\frac{1}{\sigma\sqrt{\tau}}\left(1-\frac{X}{F}\right)\sum_{n=-\infty}^{\infty}\left\{\left(\frac{B^n}{A^n}\right)^{c_{1n}^*}\left(\frac{A}{S}\right)^{c_{2n}}\Phi'(d_{2n})\right. \\ & \left.+\left(\frac{A^{n+1}}{B^n S}\right)^{c_{3n}^*}\Phi'(d_{4n})\right\} \end{aligned} \tag{22}$$

を得る．

上式の無限級数の収束速度についても，定理 4.3，定理 4.4 で示したオプション評価式同様に，実務上の目的のためにはせいぜい 5 項程度計算すれば十分である．上式において，$n=0$ の項を計算すると 4 つの項しか残らないことがわかる．また，$A\downarrow 0$，$B\uparrow +\infty$ とすれば，

$$\frac{\partial C(t)}{\partial S}\rightarrow \Phi(d_{1n}) \tag{23}$$

となり，BS 公式におけるデルタに極限において一致することを確認できる．

7. むすび

本章は対象資産価格が幾何ブラウン運動に従うとき，時間にかんして指数的に変化する2つの非線形な吸収壁によって，同時に制約されたヨーロッパ型のバリアー・オプションの評価式を導出した．導出された評価式は既存のすべてのバリアー型オプション評価式を特殊ケースとして含むものである．

評価式の導出にあたって，Anderson (1960) が統計学の逐次解析において発見したブラウン運動にかんするいくつかの性質を利用した．そして確率論のレビ公式を非線形の吸収壁に拡張し，幾何ブラウン運動が上方の吸収壁にも下方の吸収壁にも1度も到達することなく，オプションの満期に特定の領域に達する確率を求めた．この一般化されたレビ公式は本章が初めて示すものである．

本章が提示したオプション評価式は正規分布関数を含んだ無限級数によって表現される特徴があるが，現実的な数値をパラメターに設定した計算結果では，無限級数の収束は非常に速く，ごく少数の項の計算で十分に実用に利用できることが示された．さらに，2つの吸収壁が任意の滑らかな曲線であらわされるときにも近似による評価が可能であること，実務上のヘッジのためのオプション・デルタの計算も容易であることが示された．

第 4 章数学付録

定理 4.1 を証明するために，まず定理 4.2 を $\mu'=0$ かつ $\sigma=1$ の場合について証明する．$Y(t)$ を標準ブラウン運動とし，$E[Y(t)]=0$，$E[Y(t)^2]=t$，および $Y(0)=0$ とする．実数 T，γ_1，γ_2，δ_1，δ_2 は $\gamma_1<\gamma_2$，$\gamma_2+\delta_2 T\leqq\gamma_1+\delta_1 T$，$T>0$ を満たすとする．$0\leqq t\leqq T$ のとき，τ_1，τ_2 はこのブラウン運動が線形の上方境界壁 $x=\gamma_1+\delta_1 t$ あるいは下方境界壁 $x=\gamma_2+\delta_2 t$ への初到達時刻をあらわす．つぎに，

$$P_1(T, y) = P(\tau_1 < \tau_2 < T \mid Y(T) = y) \tag{A1}$$

と定義する．この確率は $Y(T)=y(\leqq\gamma_1+\delta_1 T)$ という条件のもとで，$Y(t)\leqq\gamma_2+\delta_2 t$ となるどのような時刻 t よりも小さい t（ただし $t\leqq T$）において，$Y(t)\geqq\gamma_1+\delta_1 t$ となる条件付き確率である．すなわち，標準ブラウン運動が時刻 T 以前に下方境界壁に到達する場合，それより先にまず上方境界壁に到達し，時刻 T には上方境界壁の下側の点 y に到達する確率である．$P_1(T, y)$ は Anderson (1960) の Theorem 4.2 で与えられており，

$$\begin{aligned} P_1(T, y) = & \sum_{n=1}^{\infty}\exp\Big\{-\frac{2}{T}[n^2\gamma_1(\gamma_1+\delta_1 T-y)+(n-1)^2\gamma_2(\gamma_2+\delta_2 T-y) \\ & \quad -n(n-1)\{\gamma_1(\gamma_2+\delta_2 T-y)+\gamma_2(\gamma_1+\delta_1 T-y)\}]\Big\} \\ & -\sum_{n=1}^{\infty}\exp\Big\{-\frac{2}{T}[n^2\{\gamma_1(\gamma_1+\delta_1 T-y)+\gamma_2(\gamma_2+\delta_2 T-y)\} \\ & \quad -n(n-1)\gamma_1(\gamma_2+\delta_2 T-y)-n(n+1)\gamma_2(\gamma_1+\delta_1 T-y)]\Big\} \end{aligned} \tag{A2}$$

である．

この確率を用いて $0\leqq t<T$ において $Y(t)$ の経路が下方境界壁に到達する前に上方境界壁に到達し，時刻 T において $Y(T)$ が領域 $I\subset[\gamma_2+\delta_2 T, \gamma_1+\delta_1 T]$ の内部にある確率を求めることができる．$Y(t)$ の時刻 $t=T$ における無条件の確率密度は $\partial\Phi(y/\sqrt{T})/\partial y$ であることに注意して，

$$P(\tau_1 < \tau_2 < T \mid Y(T) \in I) = \int_I \frac{\partial}{\partial y}\Phi'\Big(\frac{y}{\sqrt{T}}\Big)P_1(T, y)\,dy$$

$$= \frac{1}{\sqrt{2\pi T}} \int_I \Biggl(\sum_{n=1}^{\infty} \exp\Biggl\{ -\frac{1}{2T} [\{y-2\gamma_2-2n(\gamma_1-\gamma_2)\}^2$$

$$+4T\{(\gamma_1-\gamma_2)n+\gamma_2\}\{(\delta_1-\delta_2)n+\delta_2\}]\Biggr\}$$

$$-\sum_{n=1}^{\infty} \exp\Biggl\{ -\frac{1}{2T} [\{y-2n(\gamma_1-\gamma_2)\}^2$$

$$+4Tn\{n(\gamma_1-\gamma_2)(\delta_1-\delta_2)+(\gamma_1\delta_2-\gamma_2\delta_1)\}]\Biggr\}\Biggr) dy \quad \text{(A3)}$$

である．

つぎに，

$$P_2(T, y) = P(\tau_2 < \tau_1 < T \mid Y(T) = y) \quad \text{(A4)}$$

と定義する．この確率は，$Y(T)=y(\geqq \gamma_2+\delta_2 T)$ という条件のもとで，$Y(t) \geqq \gamma_1 + \delta_1 t$ となるどのような時刻 t よりも小さい t（ただし $t \leqq T$）において，$Y(t) \leqq \gamma_2 + \delta_2 t$ となる条件付き確率である．$P_1(T, y)$ とは反対に，標準ブラウン運動が時刻 T 以前に上方境界壁に到達する場合，その前にまず下方境界壁に到達し，時刻 T には下方境界壁の上側の点 y に到達する確率である．この確率は (A3) において y を $-y$ と読みかえて，(γ_1, δ_1) を $(-\gamma_2, -\delta_2)$ で，(γ_2, δ_2) を $(-\gamma_1, -\delta_1)$ でおきかえれば求められる．

したがって，$Y(T) \in I$ で $Y(t) \geqq \gamma_1 + \delta_1 t$ となるどのような時刻 t よりも小さい t（ただし $t \leqq T$）において，$Y(t) \leqq \gamma_2 + \delta_2 t$ となる条件付き確率を求めると，

$$P(\tau_2 < \tau_1 < T \mid Y(T) \in I) = \int_I \frac{\partial}{\partial y} \Phi\left(\frac{y}{\sqrt{T}}\right) P_2(T, y)\, dy$$

$$= \frac{1}{\sqrt{2\pi T}} \int_I \Biggl(\sum_{n=1}^{\infty} \exp\Biggl\{ -\frac{1}{2T} [\{y-2\gamma_2+2(n-1)(\gamma_1-\gamma_2)\}^2$$

$$+4T\{(\gamma_1-\gamma_2)n-\gamma_1\}\{(\delta_1-\delta_2)n-\delta_1\}]\Biggr\}$$

$$-\sum_{n=1}^{\infty} \exp\Biggl\{ -\frac{1}{2T} [\{y+2n(\gamma_1-\gamma_2)\}^2$$

$$+4Tn\{n(\gamma_1-\gamma_2)(\delta_1-\delta_2)+(\gamma_2\delta_1-\gamma_1\delta_2)\}]\Biggr\}\Biggr) dy \quad \text{(A 5)}$$

となる．

以上より $Y(T) \in I$，かつ $\tau_1 > T$，$\tau_2 > T$ となる確率，すなわち期間 $[0, T]$ においてブラウン運動が1度も上方壁にも下方壁にも到達せずに，時刻 T には区間 I に到達する確率を求めることができる．この確率は，

$$P(T) = P(\tau_1 > T,\ \tau_2 > T, Y(T) \in I)$$

$$= P(Y(T) \in I) - \int_I \frac{\partial}{\partial y} \Phi\left(\frac{y}{\sqrt{T}}\right) P_1(T, y)\, dy$$

$$- \int_I \frac{\partial}{\partial y} \Phi\left(\frac{y}{\sqrt{T}}\right) P_2(T, y)\, dy \qquad \text{(A6)}$$

で与えられるから上式に (A 3), (A 5) 式を代入・整理すると,

$$P(T) = \frac{1}{\sqrt{2\pi T}} \int_I \left(\sum_{n=-\infty}^{\infty} \exp\left\{ -\frac{1}{2T} [\{y - 2n(\gamma_1 - \gamma_2)]^2 \right.\right.$$
$$\left. + 4Tn\{n(\gamma_1 - \gamma_2)(\delta_1 - \delta_2) + (\gamma_1\delta_2 - \gamma_2\delta_1)\}] \right\}$$
$$- \sum_{n=-\infty}^{\infty} \exp\left\{ -\frac{1}{2T} [\{y - 2\gamma_2 + 2n(\gamma_1 - \gamma_2)\}^2 \right.$$
$$\left.\left. + 4T\{n(\gamma_1 - \gamma_2) - \gamma_2\}\{n(\delta_1 - \delta_2) - \delta_2\}] \right\} \right) dy \qquad \text{(A7)}$$

を得る.

ここで初期値が x_0, ドリフトが μ^*, 瞬間的な分散が σ^2 のブラウン運動 $X(t)$ $(0 \leqq t \leqq T)$ を考える. $X(T) \subset I$ かつ $\gamma_2 + \delta_2 t < X(t) < \gamma_1 + \delta_1 t$, $\forall t \in [0, T]$ となる確率は, 丸山-ギルサノフの確率測度の変換定理を $X(t)$ に適用して求めることができ,

$$P^*(T) = P(\gamma_2 + \delta_2 t < X(t) < \gamma_1 + \delta_1 t,\ \forall t \in [0, T],\ X(T) \subset I)$$
$$= \int_I \frac{1}{\sigma} \exp\left\{ \frac{\mu^*}{\sigma^2}(x - x_0) - \frac{\mu^{*2} T}{2\sigma^2} \right\}$$
$$\cdot k\left(\frac{\gamma_1 - x_0 + \delta_1 T}{\sigma}, \frac{\gamma_2 - x_0 + \delta_2 T}{\sigma}, \frac{x - x_0}{\sigma} \right) dx \qquad \text{(A8)}$$

ただし

$$k(\gamma_1 + \delta_1 T, \gamma_2 + \delta_2 T, x)$$
$$= \frac{1}{\sqrt{2\pi T}} \left(\sum_{n=-\infty}^{\infty} \exp\left\{ -\frac{1}{2T} [\{x - 2n(\gamma_1 - \gamma_2)\}^2 \right.\right.$$
$$\left. + 4Tn\{n(\gamma_1 - \gamma_2)(\delta_1 - \delta_2) + (\gamma_1\delta_2 - \gamma_2\delta_1)\}] \right\}$$
$$- \sum_{n=-\infty}^{\infty} \exp\left\{ -\frac{1}{2T} [\{x - 2\gamma_2 + 2n(\gamma_1 - \gamma_2)\}^2 \right.$$
$$\left.\left. + 4T\{n(\gamma_1 - \gamma_2) - \gamma_2\}\{n(\delta_1 - \delta_2) - \delta_2\}] \right\} \right) \qquad \text{(A9)}$$

である. これを計算・整理すると, 本文の定理 4.2, すなわち

$$P^*(T) = \int_I \left(\sum_{n=-\infty}^{\infty} \frac{\partial}{\partial x} \Phi\left(\frac{x - x_0 - 2n(\gamma_1 - \gamma_2) - \mu^* T}{\sigma\sqrt{T}} \right) \right.$$

$$\cdot \exp\left\{\frac{2n}{\sigma^2}\{\mu^*(\gamma_1-\gamma_2)-n(\gamma_1-\gamma_2)(\delta_1-\delta_2)\right.$$
$$\left.-(\gamma_1-x_0)\delta_2+(\gamma_2-x_0)\delta_1\}\right\}$$
$$-\sum_{n=-\infty}^{\infty}\frac{\partial}{\partial x}\Phi\left(\frac{x+x_0-2\gamma_2+2n(\gamma_1-\gamma_2)-\mu^* T}{\sigma\sqrt{T}}\right)$$
$$\cdot \exp\left\{\frac{2\mu^*}{\sigma^2}\{\gamma_2-x_0-n(\gamma_1-\gamma_2)\}\right\}$$
$$\left.\cdot \exp\left\{\frac{2}{\sigma^2}\{-n(\gamma_1-\gamma_2)+\gamma_2-x_0\}\{n(\delta_1-\delta_2)-\delta_2\}\right\}\right)dx \qquad \text{(A10)}$$

を導出できる．最後に変数変換 $S(t)=\exp\{X(t)\}$ を行う．伊藤の補題を適用するとドリフトは $\mu=\mu^*+(\sigma^2/2)$ に変換されることを確認できる．また，線形の境界壁は指数関数であらわされる非線形境界に変換される．$A=e^{\gamma_2}$，$B=e^{\gamma_1}$ とおけば，変換後の境界は $Ae^{\delta_2 t}$，$B\,e^{\delta_1 t}$ である．結局，

$$P^{**}(T)=P(Ae^{\delta_2 t}<S(t)<Be^{\delta_1 t},\ \forall t\in[0,T],\ S(T)\in I)$$
$$=\int_I\left\{\sum_{n=-\infty}^{\infty}\left(\frac{B^n}{A^n}\right)^{(2\mu/\sigma^2)-1}\left\{\left(\frac{A^n}{B^n}\right)^{(\delta_1-\delta_2)}\left(\frac{S_0}{B}\right)^{\delta_2}\left(\frac{A}{S_0}\right)^{\delta_1}\right\}^{2n/\sigma^2}\right.$$
$$\cdot\frac{\partial}{\partial y}\Phi\left(\frac{\ln y-\ln(S_0B^{2n}/A^{2n})-\{\mu-(\sigma^2/2)\}T}{\sigma\sqrt{T}}\right)$$
$$-\sum_{n=-\infty}^{\infty}\left(\frac{A^{n+1}}{S_0B^n}\right)^{(2\mu/\sigma^2)-1}\left(\frac{A^n}{B^nS_0}\right)^{2\{n(\delta_1-\delta_2)-\delta_2\}/\sigma^2}$$
$$\left.\cdot\frac{\partial}{\partial y}\Phi\left(\frac{\ln y-\ln\{A^{2n+2}/(S_0B^{2n})\}-\{\mu-(\sigma^2/2)\}T}{\sigma\sqrt{T}}\right)\right\}dy$$

となり，定理 4.1 が証明できる．■

第 5 章

経路依存型エキゾチック・オプションの評価

1. はじめに

最近のオプション市場では，エキゾチック・オプションの名前で複雑なペイオフをもつさまざまなオプションが取引されている．その多くの契約は，過去の対象資産の価格や経路の性質にペイオフが依存するように設計されており，経路依存型オプションと呼ばれるものである．前章でとりあげたバリアー型オプションのほかにも，対象資産価格があらかじめ定められた価格水準に到達した時点で契約者へリベートと呼ばれる一定の現金が支払われる契約や，経路の最大値・最小値を用いてペイオフが決定されるルックバック・オプションなどがある．

本章の目的は，前章で提示した2つの吸収壁で制約されたオプション評価の方法を利用して，既存の文献で示されている経路依存型エキゾチック・オプションの評価式を前章の評価式の特殊ケースとして導出することである．本章で示されるさまざまなエキゾチック・オプションの評価式の大半は，本章の基礎論文である池田（1990, 1991a, 1991b, 1993）によって初めて導出されたものである．

本章では，まず第2節で片側にバリアーをもつエキゾチック・オプションをとりあげる．第3節はリベートの価値を求めるが，同時に2つのバリアーがある場合の初到達時刻密度とリベート評価式は本章が初めて導くものである．そして，エキゾチック・オプションのなかには，リベート価値の応用として評価できるものがあることも示される．第4節はステイ・オプションと呼ばれるタイプの経路依存型オプションを分析し，第5節はルックバック・オプションの評価を行う．なお，対象資産価格として過去の最大・最小値を採用する契約の評価式は，本章が初めて示すものである[1)]．第5節では本章

＊ 本章は，池田（1991a, 1991b, 1993），Kunitomo and Ikeda（1992）を加筆・修正したものである．なお，池田（1991 a）は池田（1990）のディスカッション・ペーパーと基本的に同じ内容のものである．

1） 対象資産価格として過去の最大・最小値を利用できるオプション契約の評価は，池田（1990, 1991a）とほぼ同じ時期に Conze and Viswanathan（1991）によっても導出されている．

の結論が述べられる.

2. 片側バリアー・オプション

現在取引されているノックアウト・オプションのなかで，満期以前に対象資産の価格が下落（down）し，下方の停止価格に達したとき契約が失効（out）するダウン・アンド・アウト・コール・オプションと，対象資産価格が上昇（up）し，上方に設定された停止価格に達したとき契約が失効するアップ・アンド・アウト・プット・オプションについては，すでに Merton (1973)，Cox and Rubinstein (1985) によって評価式が示されている．これらは1つの吸収壁で制約されるオプションであるが，前章の定理 4.3 と定理 4.4 は，それらを含め片側にバリアーをもつすべてのオプション評価式を特殊ケースとして含むはずである．以下では，実際にすべての評価式を導出してみる．

まず，下方だけに非線形バリアーをもつオプション評価式を求める．前章の定理 4.3 において $B\uparrow+\infty$ とすれば，無限級数の $n=0$ 以外の項はすべてゼロに収束し，次式が得られる．

例 5.1 下方に非線形バリアー $Ae^{\delta_2 u}(u\in[t,T], A<S)$ をもつダウン・アンド・アウト・コール・オプション価格は，$\tau=T-t$ として

$$\begin{aligned}C^{DO}=S\Biggl\{&\Phi\left(\frac{\ln(S/X)+\{r+(\sigma^2/2)\}\tau}{\sigma\sqrt{\tau}}\right)\\&-\left(\frac{A}{S}\right)^{\{2(r-\delta_2)/\sigma^2\}+1}\Phi\left(\frac{\ln\{A^2/(SX)\}+\{r+(\sigma^2/2)\}\tau}{\sigma\sqrt{\tau}}\right)\Biggr\}\\-Xe^{-r\tau}\Biggl\{&\Phi\left(\frac{\ln(S/X)+\{r-(\sigma^2/2)\}\tau}{\sigma\sqrt{\tau}}\right)\\&-\left(\frac{A}{S}\right)^{\{2(r-\delta_2)/\sigma^2\}-1}\Phi\left(\frac{\ln\{A^2/(SX)\}+\{r-(\sigma^2/2)\}\tau}{\sigma\sqrt{\tau}}\right)\Biggr\}\end{aligned}\tag{1}$$

である．

Merton (1973, p. 175) が偏微分方程式を解いて導出した結果は，上式に

おいて $A=bXe^{-\eta\tau}$，$\delta_2=\eta$ とし，正規分布関数のかわりに誤差関数を用いて表現したものにほかならない．また，Cox and Rubinstein (1985) が提示しているフラットな下方バリアーをもつオプションは，(1) 式において $\delta_2=0$ としたものである．

非線形な上方バリアーをもつコール・オプションは，前章の定理 4.3 で $A\downarrow 0$ とすれば求めることができるが，無限級数において $n=0$ と $n=-1$ 以外のすべての項はゼロに収束するので次式を得る．

例 5.2 上方に非線形バリアー $Be^{\delta_1 u}(u\in[t,\ T], B>S\}$ をもつアップ・アンド・アウト・コール・オプション価格は，

$$\begin{aligned}C^{UO}=S\Bigg[&\Phi\left(\frac{\ln(S/X)+\{r+(\sigma^2/2)\}\tau}{\sigma\sqrt{\tau}}\right)-\Phi\left(\frac{\ln(S/B)+\{r+(\sigma^2/2)\}\tau}{\sigma\sqrt{\tau}}\right)\\&-\left(\frac{B}{S}\right)^{\{2(r-\delta_1)/\sigma^2\}+1}\Bigg\{\Phi\left(\frac{\ln\{B^2/(SX)\}+\{r+(\sigma^2/2)\}\tau}{\sigma\sqrt{\tau}}\right)\\&-\Phi\left(\frac{\ln(B/S)+\{r+(\sigma^2/2)\}\tau}{\sigma\sqrt{\tau}}\right)\Bigg\}\Bigg]\\-Xe^{-r\tau}\Bigg[&\Phi\left(\frac{\ln(S/X)+\{r-(\sigma^2/2)\}\tau}{\sigma\sqrt{\tau}}\right)-\Phi\left(\frac{\ln(S/B)+\{r-(\sigma^2/2)\}\tau}{\sigma\sqrt{\tau}}\right)\\&-\left(\frac{B}{S}\right)^{\{2(r-\delta_1)/\sigma^2\}+1}\Bigg\{\Phi\left(\frac{\ln\{B^2/(SX)\}+\{r-(\sigma^2/2)\}\tau}{\sigma\sqrt{\tau}}\right)\\&-\Phi\left(\frac{\ln(B/S)+\{r-(\sigma^2/2)\}\tau}{\sigma\sqrt{\tau}}\right)\Bigg\}\Bigg]\end{aligned}\tag{2}$$

である．

プット・オプションについても，前章の定理 4.4 で $B\uparrow+\infty$ としてやれば，無限級数において $n=0$ と $n=-1$ 以外の項はすべてゼロに収束し，次式を得る．

例 5.3 下方に非線形バリアー $Ae^{\delta_2 u}(u\in[t,\ T], A<S)$ をもつダウン・アンド・アウト・プット・オプション価格は，

$$P^{DO}=-S\Bigg[\Phi\left(\frac{\ln(X/S)-\{r+(\sigma^2/2)\}\tau}{\sigma\sqrt{\tau}}\right)-\Phi\left(\frac{\ln(A/S)-\{r+(\sigma^2/2)\}\tau}{\sigma\sqrt{\tau}}\right)$$

$$-\left(\frac{A}{S}\right)^{\{2(r-\delta_2)/\sigma^2\}+1}\left\{\Phi\left(\frac{\ln(SX/A^2)-\{r+(\sigma^2/2)\}\tau}{\sigma\sqrt{\tau}}\right)\right.$$
$$\left.\left.-\Phi\left(\frac{\ln(S/A)-\{r+(\sigma^2/2)\}\tau}{\sigma\sqrt{\tau}}\right)\right\}\right]$$
$$+Xe^{-r\tau}\left[\Phi\left(\frac{\ln(X/S)-\{r-(\sigma^2/2)\}\tau}{\sigma\sqrt{\tau}}\right)-\Phi\left(\frac{\ln(A/S)-\{r-(\sigma^2/2)\}\tau}{\sigma\sqrt{\tau}}\right)\right.$$
$$-\left(\frac{A}{S}\right)^{\{2(r-\delta_2)/\sigma^2\}-1}\left\{\Phi\left(\frac{\ln(SX/A^2)-\{r-(\sigma^2/2)\}\tau}{\sigma\sqrt{\tau}}\right)\right.$$
$$\left.\left.-\Phi\left(\frac{\ln(S/A)-\{r-(\sigma^2/2)\}\tau}{\sigma\sqrt{\tau}}\right)\right\}\right] \tag{3}$$

で与えられる．

つぎに前章の定理4.4で $A\downarrow 0$ とすれば，無限級数の $n=0$ 以外の項はすべてゼロに収束し次式を得る．

例5.4　上方に非線形バリアー $Be^{\delta_1 u}(u\in[t, T], B>S)$ をもつアップ・アンド・アウト・プット・オプション価格は，

$$P^{UO}=-S\left\{\Phi\left(\frac{\ln(X/S)-\{r+(\sigma^2/2)\}\tau}{\sigma\sqrt{\tau}}\right)\right.$$
$$\left.-\left(\frac{B}{S}\right)^{\{2(r-\delta_1)/\sigma^2\}+1}\Phi\left(\frac{\ln(SX/B^2)-\{r+(\sigma^2/2)\}\tau}{\sigma\sqrt{\tau}}\right)\right\}$$
$$+Xe^{-r\tau}\left\{\Phi\left(\frac{\ln(X/S)-\{r-(\sigma^2/2)\}\tau}{\sigma\sqrt{\tau}}\right)\right.$$
$$\left.-\left(\frac{B}{S}\right)^{\{2(r-\delta_1)/\sigma^2\}-1}\Phi\left(\frac{\ln(SX/B^2)-\{r-(\sigma^2/2)\}\tau}{\sigma\sqrt{\tau}}\right)\right\} \tag{4}$$

である．

この評価式で $\delta_1=0$ とすれば，Cox and Rubinstein (1985) の結果を特殊ケースとして導出できる．

将来，対象資産の価格があらかじめ設定された価格に達したときにかぎり，オプションが発効する契約もわが国の外国為替市場を中心に取引されており，deferred start option，あるいは開始条件付きオプションなどと呼ばれてい

る．このオプション契約は，すでに導出したバリアー・オプション，すなわち停止条件付きオプションの評価式から容易に導出できる．例として，アップ・アンド・イン・コール・オプションを考えてみよう．この契約は，対象資産の価格が上昇 (up) して開始価格に達すると同時に契約が開始 (in) するコール・オプションである．このオプション契約1単位と，対象資産，権利行使価格および満期がそれぞれ同一で，かつ開始価格と同一の停止価格が設定されたアップ・アンド・アウト・コールを1単位ずつ保有するとする．もし対象資産価格が契約期間中に開始（停止）価格まで上昇しない場合には，アップ・アンド・イン・コールは紙屑となるが，アップ・アンド・アウト・コールは満期において通常のコール・オプションとして機能する．反対に資産価格が契約期間中に開始（停止）価格に達する場合には，アップ・アンド・アウト・コールは失効してしまうがアップ・アンド・イン・コールが通常のコール・オプションとして利用できる．したがって，いずれの場合でも投資家は通常のコール・オプション1単位を保有したときと同一のペイオフを実現することができるので，つぎの関係が成立する．

例 5.5 将来，上方あるい下方のバリアーに対象資産価格が到達した場合にのみ契約が発効する開始条件付きオプション契約の価値は，C，P を同一の対象資産，権利行使価格と満期をもつ通常のコール，プット・オプションの投資価値とすれば，以下のとおり与えられる．

アップ・アンド・イン・コール	$C^{UI}=C-C^{UO}$
ダウン・アンド・イン・プット	$P^{DI}=P-P^{DO}$
ダウン・アンド・イン・コール	$C^{DI}=C-C^{DO}$
アップ・アンド・イン・プット	$P^{UI}=P-P^{UO}$
両側開始条件つきコール	$C^{I}\ =C-C^{O}$
両側開始条件つきプット	$P^{I}\ =P-P^{O}$

上式で C^O，P^O は2つのバリアーで制約された両側停止条件付きコール，両側停止条件付きプット・オプションの評価式であり，前章の定理 4.3，定

理 4.4 で示したものである．C^{UO}，P^{DO}，C^{DO}，P^{UO} は例 5.1 から例 5.4 まで掲げた評価式であり，これらは開始条件付きオプションと同一の対象資産，バリアー，権利行使価格，および満期をもつものとする．

3. リベート価値の評価

フラットなバリアーをもつオプションのなかには，対象資産価格が上方バリアーあるいは下方バリアーに達して契約が失効する場合に，リベートという名称の払戻金が支払われるものがある．このリベート価値を評価するためには，対象資産価格が初めてある水準に到達する停止時刻，すなわち初到達時刻の確率分布を知ることが必要となる．

定理 5.1　$W(s)$，$s \in [t, T]$ を標準ブラウン運動とするとき，幾何ブラウン運動

$$dS/S = \mu dt + \sigma dW, \quad S(t) = S \tag{5}$$

の経路が，下方壁 $A(<S)$ には1度も達することなく，初めて上方壁 $B(>S)$ に到達する時刻の確率密度を $g_B(u)$，上方壁 B には1度も達することなく，初めて下方壁 A に到達する時刻の密度を $g_A(u)$ とすれば，

$$\begin{aligned} g_A(u) = & \sum_{n=0}^{\infty}\left(\frac{A^{n+1}}{B^nS}\right)^{(2\mu/\sigma^2)-1}\frac{\partial}{\partial u}\Phi\left(\frac{\{\mu-(\sigma^2/2)\}u+\ln\{A^{2n+1}/(B^{2n}S)\}}{\sigma\sqrt{u}}\right) \\ & +\sum_{n=0}^{\infty}\left(\frac{B^n}{A^n}\right)^{(2\mu/\sigma^2)-1}\frac{\partial}{\partial u}\Phi\left(\frac{-\{\mu-(\sigma^2/2)\}u+\ln\{A^{2n+1}/(B^{2n}S)\}}{\sigma\sqrt{u}}\right) \\ & -\sum_{n=0}^{\infty}\left(\frac{A^{n+1}}{B^{n+1}}\right)^{(2\mu/\sigma^2)-1} \\ & \cdot\frac{\partial}{\partial u}\Phi\left(\frac{\{\mu-(\sigma^2/2)\}u+\ln(A^{2n+1}S/B^{2n+2})}{\sigma\sqrt{u}}\right) \\ & -\sum_{n=0}^{\infty}\left(\frac{B^{n+1}}{A^nS}\right)^{(2\mu/\sigma^2)-1} \\ & \cdot\frac{\partial}{\partial u}\Phi\left(\frac{-\{\mu-(\sigma^2/2)\}u+\ln(A^{2n+1}S/B^{2n+2})}{\sigma\sqrt{u}}\right) \end{aligned} \tag{6}$$

$$g_B(u) = \sum_{n=0}^{\infty}\left(\frac{B^{n+1}}{A^nS}\right)^{(2\mu/\sigma^2)-1}\frac{\partial}{\partial u}\Phi\left(\frac{-\{\mu-(\sigma^2/2)\}u+\ln(A^{2n}S/B^{2n+1})}{\sigma\sqrt{u}}\right)$$

$$+\sum_{n=0}^{\infty}\left(\frac{A^n}{B^n}\right)^{(2\mu/\sigma^2)-1}\frac{\partial}{\partial u}\Phi\left(\frac{\{\mu-(\sigma^2/2)\}u+\ln(A^{2n}S/B^{2n+1})}{\sigma\sqrt{u}}\right)$$

$$-\sum_{n=0}^{\infty}\left(\frac{B^{n+1}}{A^{n+1}}\right)^{(2\mu/\sigma^2)-1}$$

$$\cdot\frac{\partial}{\partial u}\Phi\left(\frac{-\{\mu-(\sigma^2/2)\}u+\ln\{A^{2n+2}/(B^{2n+1}S)\}}{\sigma\sqrt{u}}\right)$$

$$-\sum_{n=0}^{\infty}\left(\frac{A^{n+1}}{B^nS}\right)^{(2\mu/\sigma^2)-1}\frac{\partial}{\partial u}\Phi\left(\frac{\{\mu-(\sigma^2/2)\}u+\ln\{A^{2n+2}/(B^{2n+1}S)\}}{\sigma\sqrt{u}}\right) \tag{7}$$

である．

証 明　Anderson (1960, p. 191) の Theorem 4. 3 は，2 つの線形吸収壁で制限される標準ブラウン運動について，各吸収壁への初到達時刻密度を与えている．ドリフトの水準に応じて吸収壁の傾きを調整し，適宜，変数変換を加えると (6)，(7) 式を得る（詳細は本章の数学付録を参照されたい）．■

なお定理 5. 1 において $A\downarrow 0$，あるいは $B\uparrow +\infty$ とすれば，$g_A(u)$，$g_B(u)$ はよく知られた吸収壁が 1 つの場合の初到達時刻密度に収束する．

定理 5. 2　現在の対象資産価格を S とし，2 つの停止価格を A，$B(B<S<A)$ とする．対象資産価格が下方停止価格 B に到達する前に，初めて上方停止価格 A に到達したときには R_A が支払われ，上方停止価格 A に到達する前に，初めて下方停止価格 B に到達したときには R_B が支払われるリベート契約を考える．R_B，R_A を定数として，それぞれの現在価値を求めるとつぎのようになる．

$$V_A{}^* = R_A\left[\sum_{n=0}^{\infty}\left(\frac{A^{n+1}}{B^nS}\right)^{(2r/\sigma^2)-1}p_n\left\{k_1\Phi\left(\frac{\ln p_n+\{r+(\sigma^2/2)\}\tau}{\sigma\sqrt{\tau}}\right)\right.\right.$$

$$\left.+k_2p_n{}^{-(2r/\sigma^2)-1}\Phi\left(\frac{\ln p_n-\{r+(\sigma^2/2)\}\tau}{\sigma\sqrt{\tau}}\right)\right\}$$

$$+\sum_{n=0}^{\infty}\left(\frac{B^n}{A^n}\right)^{(2r/\sigma^2)-1}p_n{}^{-1}\left\{k_1\Phi\left(\frac{\ln p_n-\{r+(\sigma^2/2)\}\tau}{\sigma\sqrt{\tau}}\right)\right.$$

$$+k_2 p_n{}^{(2r/\sigma^2)+1}\Phi\left(\frac{\ln p_n+\{r+(\sigma^2/2)\}\tau}{\sigma\sqrt{\tau}}\right)\Bigg\}$$

$$-\sum_{n=0}^{\infty}\left(\frac{A^{n+1}}{B^{n+1}}\right)^{(2r/\sigma^2)-1} q_n\Bigg\{k_1\Phi\left(\frac{\ln q_n+\{r+(\sigma^2/2)\}\tau}{\sigma\sqrt{\tau}}\right)$$

$$+k_2 q_n{}^{-(2r/\sigma^2)-1}\Phi\left(\frac{\ln q_n-\{r+(\sigma^2/2)\}\tau}{\sigma\sqrt{\tau}}\right)\Bigg\}$$

$$-\sum_{n=0}^{\infty}\left(\frac{B^{n+1}}{A^n S}\right)^{(2r/\sigma^2)-1} q_n{}^{-1}\Bigg\{k_1\Phi\left(\frac{\ln q_n-\{r+(\sigma^2/2)\}\tau}{\sigma\sqrt{\tau}}\right)$$

$$+k_2 q_n{}^{(2r/\sigma^2)+1}\Phi\left(\frac{\ln q_n+\{r+(\sigma^2/2)\}\tau}{\sigma\sqrt{\tau}}\right)\Bigg\}\Bigg] \tag{8}$$

$$V_B{}^* = R_B\Bigg[\sum_{n=0}^{\infty}\left(\frac{B^{n+1}}{A^n S}\right)^{(2r/\sigma^2)-1} c_n\Bigg\{k_1\Phi\left(\frac{-\ln c_n-\{r+(\sigma^2/2)\}\tau}{\sigma\sqrt{\tau}}\right)$$

$$+k_2 c_n{}^{-(2r/\sigma^2)-1}\Phi\left(\frac{-\ln c_n+\{r+(\sigma^2/2)\}\tau}{\sigma\sqrt{\tau}}\right)\Bigg\}$$

$$+\sum_{n=0}^{\infty}\left(\frac{A^n}{B^n}\right)^{(2r/\sigma^2)-1} c_n{}^{-1}\Bigg\{k_1\Phi\left(\frac{-\ln c_n+\{r+(\sigma^2/2)\}\tau}{\sigma\sqrt{\tau}}\right)$$

$$+k_2 c_n{}^{(2r/\sigma^2)+1}\Phi\left(\frac{-\ln c_n-\{r+(\sigma^2/2)\}\tau}{\sigma\sqrt{\tau}}\right)\Bigg\}$$

$$-\sum_{n=0}^{\infty}\left(\frac{B^{n+1}}{A^{n+1}}\right)^{(2r/\sigma^2)-1} d_n\Bigg\{k_1\Phi\left(\frac{-\ln d_n-\{r+(\sigma^2/2)\}\tau}{\sigma\sqrt{\tau}}\right)$$

$$+k_2 d_n{}^{-(2r/\sigma^2)-1}\Phi\left(\frac{-\ln d_n+\{r+(\sigma^2/2)\}\tau}{\sigma\sqrt{\tau}}\right)\Bigg\}$$

$$-\sum_{n=0}^{\infty}\left(\frac{A^{n+1}}{B^n S}\right)^{(2r/\sigma^2)-1} d_n{}^{-1}\Bigg\{k_1\Phi\left(\frac{-\ln d_n+\{r+(\sigma^2/2)\}\tau}{\sigma\sqrt{\tau}}\right)$$

$$+k_2 d_n{}^{(2r/\sigma^2)+1}\Phi\left(\frac{-\ln d_n-\{r+(\sigma^2/2)\}\tau}{\sigma\sqrt{\tau}}\right)\Bigg\}\Bigg] \tag{9}$$

ただし

$$p_n = \frac{A^{2n+1}}{B^{2n}S},\quad q_n = \frac{A^{2n+1}S}{B^{2n+2}},\quad c_n = \frac{B^{2n+1}}{A^{2n}S},\quad d_n = \frac{B^{2n+1}S}{A^{2n+2}},$$

$$k_1 = \frac{2r}{2r+\sigma^2},\quad k_2 = \frac{\sigma^2}{2r+\sigma^2},\quad \tau = T-t$$

であり，両リベートの現在価値合計は $V^* = V_A{}^* + V_B{}^*$ で与えられる．

証 明 定理 5.1 で与えられた初到達時刻密度 $g_A(u)$, $g_B(u)$ において, $\mu=r$ とおいてリスク中立化法を用いる. 初到達時刻から現在までの期間についてリベート価値を安全利子率 r で割り引き,

$$V_A^* = \int_t^T e^{-ru} R_A g_A(u)\,du, \quad V_B{}^* = \int_t^T e^{-ru} R_B g_B(u)\,du$$

を計算すれば, 各リベートの現在価値が得られる. ■

定理 5.1 で与えられる V_A^* および V_B^* は, $\tau\downarrow 0$ とすれば $\ln p_n<0$, $\ln q_n<0$, $\ln c_n<0$, $\ln d_n<0$ であるからいずれも 0 に収束し, 満期が短いリベート契約は価値が低く, 極限では無価値になることを確認することができる. また定理 5.1 は, つぎの 2 つの有名な結果を特殊ケースとして含んでいる.

例 5.6 (Merton (1973), Cox and Rubinstein (1985)) ダウン・アンド・アウト・オプションのリベートの現在価値は,

$$V_A = \frac{R_A S}{A}\left\{\Phi\left(\frac{\ln(A/S)-\{r+(\sigma^2/2)\}\tau}{\sigma\sqrt{\tau}}\right)\right.$$
$$\left.+\left(\frac{A}{S}\right)^{(2r/\sigma^2)+1}\Phi\left(\frac{\ln(A/S)+\{r+(\sigma^2/2)\}\tau}{\sigma\sqrt{\tau}}\right)\right\} \tag{10}$$

で与えられる.

証 明 (8) 式において $B\uparrow+\infty$. (無限級数の $n=0$ 以外の項はすべて 0 へ収束する.) ■

例 5.7 (Cox and Rubinstein (1985)) アップ・アンド・アウト・オプションのリベートの現在価値は,

$$V_B = \frac{R_B S}{B}\left\{\Phi\left(\frac{\ln(S/B)+\{r+(\sigma^2/2)\}\tau}{\sigma\sqrt{\tau}}\right)\right.$$
$$\left.+\left(\frac{B}{S}\right)^{(2r/\sigma^2)-1}\Phi\left(\frac{\ln(S/B)-\{r+(\sigma^2/2)\}\tau}{\sigma\sqrt{\tau}}\right)\right\} \tag{11}$$

で与えられる.

証 明　(9) 式においてA ↓ 0. ■

つぎに述べるデュエットと呼ばれるオプションは，東京市場で開発された金融商品である[2)].

例5.8　デュエット・コール・オプションは，対象資産価格が上昇して権利行使価格 X より高く設定された価格 B に達したときにはその時点で権利行使が自動的におこり，反対に対象資産価格が下落して停止価格 A に達した場合には契約が無効になるオプションである．このオプション価値 C^{Du} は次式で与えられる．

$$C^{Du} = C^{o} + V_B^* \tag{12}$$

ただし，C^o は前章の定理4.3の2つの停止バリアーをもつコール・オプションで $\delta_1=\delta_2=0$ とした評価式であり，V_B^* は定理5.2 ((9) 式) のリベート現在価値で $R_B=B-X$ と設定したものである．

デュエット・プット・オプションは，対象資産価格が下落して権利行使価格 X より低く設定された価格 A に達したときにはその時点で権利行使が自動的におこり，反対に対象資産価格が上昇して停止価格 B に達した場合には契約が無効になるオプションである．このオプション価値 P^{Du} は次式で与えられる．

$$P^{Du} = P^{o} + V_A^* \tag{13}$$

ただし，P^o は前章の定理4.4の2つの停止バリアーをもつプット・オプションで，$\delta_1=\delta_2=0$ とした評価式であり，V_A^* は定理5.2 ((8) 式) のリベート現在価値で $R_A=X-A$ と設定したものである．

証 明　このコール・オプションは対象資産価格が B に達すると同時に権利行使がおこり，$B-X$ の正の定数で与えられるペイオフが生じるが，資産価格が下方価格 A に達した場合にはペイオフはゼロである．満期までどちらの価格にも達しない場合には満期にコール・オプションとして機能するから，

2)　日経金融新聞 (1991.1.21) による．

上方停止価格に到達したさいのリベートが $B-X$ の両側停止条件つきオプション契約とみなすことができる．同様にプット・オプションについても，下方停止価格に到達した場合のリベートが $X-A$ の両側停止条件つきオプション契約とみなすことができる．■

4. ステイ・オプションの評価

本節では，契約期間中に対象資産価格があらかじめ設定された水準に１度でも達した場合には，満期にその水準と権利行使価格との差額をペイオフとして受け取ることができるオプション契約を考察する．この契約は，対象資産価格が１度でも設定された価格に到達したならば，満期までその水準にとどまる（stay）とみなすので，本書ではステイ・オプションと呼ぶことにする．わが国においてもこのタイプのオプションが開発，販売されている[3)]．

ノックアウト・オプションは設定された価格水準に対象資産価格が達すると無効になるのにたいして，ステイ・オプションは設定価格に達すると正のペイオフが確定する点に違いがある．また前節で考察したリベート契約は，設定された価格水準に達すると同時に支払いが発生するのにたいして，ステイ・オプションではペイオフが発生するのは満期にかぎられる点が異なる．

Sondermann (1987) は，外国為替のプロセスは通貨当局による介入のため，介入水準を吸収壁をとする拡散過程であると考えて，その場合の為替オプションの評価を行っている．為替水準が１度でも吸収壁に触れたならば，満期においてもその値をとり続けることが仮定されているので，彼の導出したオプション評価式は本章のステイ・オプションにほかならない[4)]．

このタイプのオプションを評価するためには，設定された価格水準での吸収確率の評価が必要であるが，前章の方法で容易に導出できるので，まずその結果をまとめておく．

---

3) 日本経済新聞（1990. 6. 12）によれば，為替リスク消滅条件付きローンと呼ばれる，外貨建てローンと組み合わせた外国為替を対象資産とするダウン・アンド・ステイ・オプションが開発されている．

4) Sondermann (1987) は導出の過程を示していないが，提示されている評価式は本章の結果とは異なるようである．

系 5.1　$W(s)$，$s \in [t, T]$ を標準ブラウン運動とし，幾何ブラウン運動

$$dS/S = \mu dt + \sigma dW, \quad S(t) = S$$

が下方壁 $A(<S)$ で制約されるとき，$\tau = T-t$，下方壁で吸収される確率を p_A とあらわせば

$$p_A = \Phi\left(\frac{\ln(A/S) + \{\mu - (\sigma^2/2)\}\tau}{\sigma\sqrt{\tau}}\right) + \left(\frac{A}{S}\right)^{(2\mu/\sigma^2)-1} \Phi\left(\frac{\ln(A/S) + \{\mu - (\sigma^2/2)\}\tau}{\sigma\sqrt{\tau}}\right) \tag{14}$$

である．また，上方壁 $B(>S)$ で制約されるとき，上方壁で吸収される確率を p_B とあらわせば

$$p_B = \Phi\left(\frac{\ln(S/B) + \{\mu - (\sigma^2/2)\}\tau}{\sigma\sqrt{\tau}}\right) + \left(\frac{B}{S}\right)^{(2\mu/\sigma^2)-1} \Phi\left(\frac{\ln(S/B) + \{\mu - (\sigma^2/2)\}\tau}{\sigma\sqrt{\tau}}\right) \tag{15}$$

である．

証明　前章の系 4.1 の (i) は，非線形な下方バリアーで制約された幾何ブラウン運動が時刻 T まで吸収されずに生き残る確率 P_3 を与えているから，$\delta_2=0$ として積分区間を $I=[A, +\infty]$ と設定すればフラットな下方吸収壁 A で吸収されずに生き残る確率が得られる．これを 1 から差し引くと吸収確率 p_A を導出できる．同様に，系 4.1 の (ii) は非線形な上方バリアーで制約された幾何ブラウン運動が時刻 T まで吸収されずに生き残る確率 P_4 を与えているから，$\delta_1=0$ として積分区間を $I=[0, B]$ と設定し，これを 1 から差し引くと B における吸収確率 p_B を導出できる．■

図 5.1 は積分区間を $I=[A, +\infty]$ に設定して，時刻 T まで生き残った経路と吸収された経路を図示したものである．前者について，後述する経路の最大値 $\widetilde{M}_T$ と最小値 $\widetilde{L}_T$ も示してあるが，吸収されずに生き残る確率は最小値 $\widetilde{L}_T$ が A より大きい確率に等しいことがわかるであろう．図 5.2 は積分区間を $I=[0, B]$ に設定した場合であり，吸収されずに生き残る確率は最大値 $\widetilde{M}_T$ が B より小さい確率に等しいことがみてとれる．

図 5.1 幾何ブラウン運動の下方壁での吸収確率

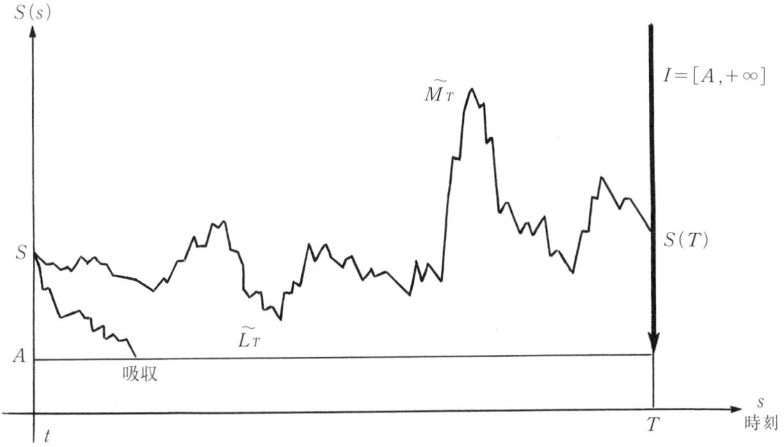

図 5.2 幾何ブラウン運動の上方壁での吸収確率

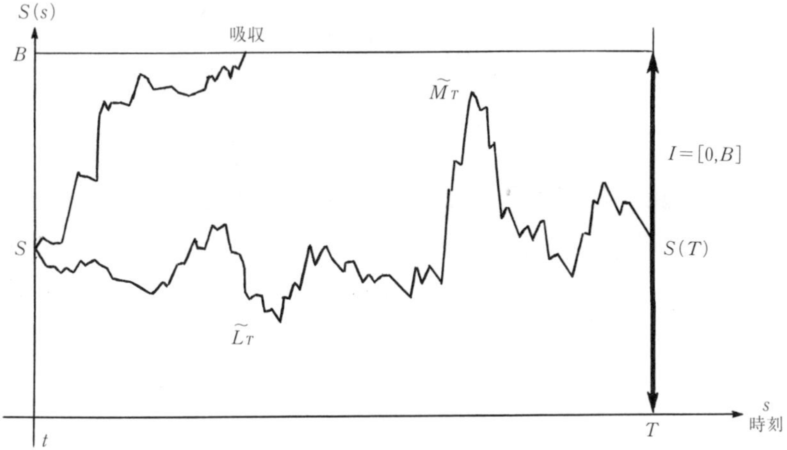

以上の吸収確率とバリアー・オプションを組み合わせると，さまざまなステイ・オプションの評価が可能である．

例 5.9　権利行使価格 X と下方吸収壁 A が $X<A$ のとき，ダウン・アンド・ステイ・コール・オプションの均衡価格 C^{DS} は

$$C^{DS} = p_A{}^* e^{-r\tau}(A-X) + C^{DO} \tag{16}$$

である．ただし，$p_A{}^*$ は系 5.1 (14) 式において $\mu=r$ としたリスク中立化確率であり，C^{DO} は例 5.1 で与えたダウン・アンド・アウト・コール・オプションで $\delta_2=0$ のときの評価式である．

証 明　満期以前に対象資産の価格プロセスが下方壁で吸収されるときには，このコール・オプションの満期のペイオフは $A-X$ である．また，吸収されていなければ満期ではつねにイン・ザ・マネーとなり，必ず権利行使が起こる．吸収確率が p_A だから，下方壁で吸収されたときのペイオフの現在価値はリスク中立化法によって $p_A{}^* e^{-r\tau}(A-X)$ である．対象資産価格が吸収されず，生き残った場合のコール・オプションの価値は，権利行使価格が下方吸収壁より低く設定された，バリアーがフラットな特殊なダウン・アンド・アウト・コール・オプションと考えればよい．■

例 5.10　権利行使価格 X と下方吸収壁 A が $X>A$ のとき，ダウン・アンド・ステイ・プット・オプションの均衡価格 P^{DS} は

$$P^{DS} = p_A{}^* e^{-r\tau}(X-A) + P^{DO} \tag{17}$$

である．ただし，$p_A{}^*$ は系 5.1 (14) 式において $\mu=r$ としたリスク中立化確率であり，P^{DO} は例 5.3 で与えたダウン・アンド・アウト・プット・オプションで $\delta_2=0$ のときの評価式である．

証 明　このオプションの満期におけるペイオフは，それまでに価格プロセスが下方吸収壁に達していれば $X-A$ であり，吸収壁に達していない場合には通常のプット・オプション，すなわち吸収確率を考慮すればダウン・アンド・アウト・プット・オプションと同じである．この投資価値は $X-A$

のペイオフの現在価値を吸収確率でウェイトづけるとともに，権利行使価格 X でバリアーがフラットなダウン・アンド・アウト・プット・オプションの価値を合計すればよい．■

例 5.11 権利行使価格 X と上方吸収壁 B が $X<B$ のとき，アップ・アンド・ステイ・コール・オプションの均衡価格 C^{US} は

$$C^{US} = (B-X)e^{-r\tau}p_B{}^* + C^{UO} \tag{18}$$

である．ただし $p_B{}^*$ は系 5.1 (15) 式において $\mu=r$ としたリスク中立化確率であり，C^{UO} は例 5.4 で与えたアップ・アンド・アウト・プット・オプションで $\delta_1=0$ のときの評価式である．

証 明 このオプションの満期におけるペイオフを考えると，それまでに対象資産価格プロセスが上方吸収壁に達していれば $B-X$ であり，達していない場合には通常のコール・オプション，すなわち吸収される確率を考慮すればアップ・アンド・アウト・コール・オプションと同様のペイオフをもたらす．■

例 5.12 権利行使価格 X と上方吸収壁 B が $X>B$ のとき，アップ・アンド・ステイ・プット・オプションの均衡価格 P^{US} は

$$P^{US} = (B-X)e^{-r\tau}p_B{}^* + P^{UO} \tag{19}$$

である．ここで，$p_B{}^*$ は系 5.1 (15) 式において $\mu=r$ としたリスク中立化確率であり，P^{UO} は例 5.2 で与えたアップ・アンド・アウト・コール・オプションで $\delta_1=0$ のときの評価式である．

証 明 満期に正のペイオフ $B-X$ が生ずるリスク中立化確率が $p_B{}^*$ であり，それまでに吸収されない場合は権利行使価格が上方停止価格よりも高く設定された，バリアーがフラットなアップ・アンド・アウト・コール・オプションとして機能するから，これらの価値を合計すればよい．■

5. ルックバック・オプションの評価

ルックバック・オプションは，対象資産価格経路の最大値あるいは最小値を変数とするオプション契約である．

権利行使価格として，オプション契約期間中に実現した最大・最小値を選択できる（ルックバックできる）オプションの評価式は，Goldman, Sosin, and Gatto (1979) によって初めて示された．本節では，前章のバリアー・オプションの評価方法がルックバック・オプションの評価に直接に利用できることを明らかにするとともに，新しいタイプの経路依存型オプション契約についての評価式を示す．すなわち，既存のルックバック・オプションは権利行使価格についてルックバックを認めるのにたいして，ここでは権利行使価格は一定とするが，対象資産の価格にかんしてルックバックを許す契約について検討する．

以下ではオプションの発行日を時点0とし，現在時点を t，満期を T とする（$0 \leqq t \leqq T$）．そして現在時点から満期までの残存期間を $\tau \equiv T-t$ とあらわすことにする．またオプション発行時点から現在時点までの間に観測された対象資産の最小価格を L，最大価格を M とし，現在時点から満期までの間の最小価格を $\tilde{L}_T$，最大価格を $\tilde{M}_T$ とする．ここで現在時点 t において $\tilde{L}_T$ と $\tilde{M}_T$ は確率変数であるが，L と M はすでに実現した値であり，確定値であることに注意する．現在時点 t での対象資産価格は時刻を示す添え字を略して S とあらわし，満期 T の対象資産価格を $\tilde{S}(T)$ とし，対象資産の確率過程は前節までと同様にドリフトが μ，ボラティリティーが σ^2 の幾何ブラウン運動を仮定する．本節では混乱を避けるため確率変数にはティルダを付して確定値と区別することにする．

ルックバック・オプションを評価するためには $\tilde{L}_T$ と $\tilde{M}_T$ の確率分布が必要となるが，ここでも前章の結果を利用した系5.1を用いることができる．

定理5.3　幾何ブラウン運動経路の最小値の確率分布は

$$\mathrm{Prob}(\tilde{L}_T \leqq L) = \Phi\left(\frac{\ln(L/S)+\{\mu-(\sigma^2/2)\}\tau}{\sigma\sqrt{\tau}}\right)$$

$$+\left(\frac{L}{S}\right)^{(2\mu/\sigma^2)-1}\Phi\left(\frac{\ln(L/S)+\{\mu-(\sigma^2/2)\}\tau}{\sigma\sqrt{\tau}}\right) \tag{20}$$

で与えられる.

証 明 系5.1で与えられたp_Aは，幾何ブラウン運動に従う価格プロセスが時刻Tまでに下方バリアーAで吸収される確率であり，これは図5.1で明らかなとおり経路の最小値がAより小さくなる確率に一致する．したがって，

$$\mathrm{Prob}(\tilde{L}_T \leqq A) = p_A$$

であるから，(14) 式のAをLにかえれば定理5.3が得られる．■

定理5.4 幾何ブラウン運動経路の最大値の確率分布は

$$\mathrm{Prob}(\tilde{M}_T \leqq M) = \Phi\left(\frac{\ln(M/S)-\{\mu-(\sigma^2/2)\}\tau}{\sigma\sqrt{\tau}}\right)$$
$$-\left(\frac{S}{M}\right)^{-(2\mu/\sigma^2)+1}\Phi\left(\frac{\ln(S/M)-\{\mu-(\sigma^2/2)\}\tau}{\sigma\sqrt{\tau}}\right) \tag{21}$$

で与えられる.

証 明 系5.1のp_Bは，幾何ブラウン運動に従う価格プロセスが時刻Tまでに上方バリアーBに到達して吸収される確率を与えており，これは図5.2で明らかなとおり経路の最大値がBより大きくなる確率$\mathrm{Prob}(\tilde{M}_T \geqq B)$に一致する．したがって$\mathrm{Prob}(\tilde{M}_T < B) = 1-p_B$であり，(15) 式を用いて$B$を$M$に書きかえると定理を得る．■

例5.13(Goldman, Sossin and Gatto（1979）) 契約締結時点から満期までの対象資産の最小価格によって，満期に当該資産を購入する契約（ルックバック・コール・オプション）の現在時点の価値は，

$$C = S-Le^{-r\tau}\left\{\Phi\left(\frac{\ln(S/L)+\{r-(\sigma^2/2)\}\tau}{\sigma\sqrt{\tau}}\right)\right.$$
$$\left.-\frac{\sigma^2}{2r}\left(\frac{S}{L}\right)^{1-(2r/\sigma^2)}\Phi\left(\frac{\ln(L/S)+\{r-(\sigma^2/2)\}\tau}{\sigma\sqrt{\tau}}\right)\right\}$$

$$-S\left(1+\frac{\sigma^2}{2r}\right)\Phi\left(\frac{\ln(L/S)-\{r+(\sigma^2/2)\}\tau}{\sigma\sqrt{\tau}}\right) \quad (22)$$

である．

証 明　$L(t)$ を期間 $[0,t]$ における対象資産の最小価格とする．このコール・オプションの満期でのペイオフは，

$$\tilde{C}(T)=\tilde{S}(T)-\tilde{L}(T)$$

である．期間 $[0,t]$ においてすでに実現している最小値 L と，オプションの満期までの残存期間 $[t,T]$ における最小値 $\tilde{L}_T$ を用いれば $\tilde{L}(T)=\min[L,\tilde{L}_T]$ である．したがって，権利行使価格として L または $\tilde{L}_T$ が選択される確率を用いて，リスク中立化法で求めたペイオフの割引現在価値を加重すればオプションの理論価格が導出できる．すなわち，

$$\begin{aligned}C &= e^{-r\tau}\{\hat{E}[\tilde{S}(T)-L\,|\,\tilde{L}_T>L]\cdot\mathrm{Prob}(\tilde{L}_T>L)\\&\qquad+\hat{E}[\tilde{S}(T)-\tilde{L}_T\,|\,\tilde{L}_T\leqq L]\cdot\mathrm{Prob}(\tilde{L}_T\leqq L)\}\\&= e^{-r\tau}\{\hat{E}[\tilde{S}(T)]-L\cdot\mathrm{Prob}(\tilde{L}_T>L)\\&\qquad-\hat{E}[\tilde{L}_T\,|\,\tilde{L}_T\leqq L]\cdot\mathrm{Prob}(\tilde{L}_T\leqq L)\}\end{aligned}$$

であるが，上式において確率計算はすべてリスク中立化確率を用いており，$\mu=r$ としている．$\hat{E}[\cdot]$ のハットはそのことを強調して付してある．中括弧のなかの第3項にはつぎの補助定理を適用すればよい．■

補助定理 5.1

$$\begin{aligned}&\hat{E}[\tilde{L}_T\,|\,\tilde{L}_T\leqq L]\cdot\mathrm{Prob}(\tilde{L}_T\leqq L)\\&\quad=L\left(\frac{S}{L}\right)^{1-(2r/\sigma^2)}\left(1-\frac{\sigma^2}{2r}\right)\Phi\left(\frac{\ln(L/S)+\{r-(\sigma^2/2)\}\tau}{\sigma\sqrt{\tau}}\right)\\&\qquad+S\left(1+\frac{\sigma^2}{2r}\right)e^{r\tau}\Phi\left(\frac{\ln(L/S)-\{r+(\sigma^2/2)\}\tau}{\sigma\sqrt{\tau}}\right)\end{aligned} \quad (23)$$

証 明　数学付録をみよ．■

契約期間中の最小値 $\min(L,\tilde{L}_T)$ は，満期時の対象資産価格 $\tilde{S}(T)$ より確

率1で小さいから，このオプション契約は必ず行使されることに注意する．

例 5. 14(Goldman, Sossin and Gatto (1979)) 契約締結時点から満期までの対象資産の最大価格によって，満期に当該資産を売却する契約（ルックバック・プット・オプション）の現在時点の価値は，

$$P=-S+Me^{-r\tau}\left\{\Phi\left(\frac{\ln(M/S)-\{r-(\sigma^2/2)\}\tau}{\sigma\sqrt{\tau}}\right)\right.$$
$$\left.-\frac{\sigma^2}{2r}\left(\frac{S}{M}\right)^{1-(2r/\sigma^2)}\Phi\left(\frac{\ln(S/M)-\{r-(\sigma^2/2)\}\tau}{\sigma\sqrt{\tau}}\right)\right\}$$
$$+S\left(1+\frac{\sigma^2}{2r}\right)\Phi\left(\frac{\ln(S/M)+\{r+(\sigma^2/2)\}\tau}{\sigma\sqrt{\tau}}\right) \tag{24}$$

である．

証 明 満期のペイオフは，$\tilde{M}(T)$ を期間 $[0, T]$ における対象資産の最大価格とすれば，

$$\tilde{P}(T)=\tilde{M}(T)-\tilde{S}(T)$$

である．期間 $[0, t]$ において実現した最大値 M と，残存期間 $[t, T]$ における最大値 $\tilde{M}_T$ を用いれば $\tilde{M}(T)=\max[M, \tilde{M}_T]$ である．満期のペイオフをリスク中立化法で評価し，権利行使価格として M あるいは $\tilde{M}_T$ が選ばれる確率でウェイトづけると，オプションの投資価値を求めることができる．すなわち，

$$\begin{aligned}P&=e^{-r\tau}\{\hat{E}[\tilde{M}_T-\tilde{S}(T)\,|\,\tilde{M}_T\leqq M)\cdot\mathrm{Prob}(\tilde{M}_T\leqq M)\\&\qquad+\hat{E}[\tilde{M}_T-\tilde{S}(T)\,|\,\tilde{M}_T>M]\cdot\mathrm{Prob}(\tilde{M}_T>M)\}\\&=e^{-r\tau}\{M\cdot\mathrm{Prob}(\tilde{M}_T\leqq M)\\&\qquad-\hat{E}[\tilde{S}(T)]+\hat{E}[\tilde{M}_T\,|\,\tilde{M}_T>M]\cdot\mathrm{Prob}(\tilde{M}_T>M)\}\end{aligned}$$

であるが，上式の中括弧のなかの第3項はつぎの補助定理を適用すればよい．■

補助定理 5. 2

$$\hat{E}[\tilde{M}_T\,|\,\tilde{M}_T>M]\cdot\mathrm{Prob}(\tilde{M}_T>M)$$

$$= M\left(\frac{S}{M}\right)^{1-(2r/\sigma^2)}\left(1-\frac{\sigma^2}{2r}\right)\Phi\left(\frac{\ln(S/M)-\{r-(\sigma^2/2)\}\tau}{\sigma\sqrt{\tau}}\right)$$

$$+S\left(1+\frac{\sigma^2}{2r}\right)e^{r\tau}\Phi\left(\frac{\ln(S/M)+\{r+(\sigma^2/2)\}\tau}{\sigma\sqrt{\tau}}\right) \tag{25}$$

証 明　数学付録をみよ. ■

Goldman, Sosin, and Gatto (1979) が評価したルックバック・オプションは, 対象資産価格の経路の最大・最小値を権利行使価格として利用する契約であるが, 最大・最小値を満期における対象資産価格のかわりとして利用する契約も可能である. 以下ではそれらの評価式を導出してみよう.

例 5.15　契約の満期において, 対象資産価格の経路の最大値があらかじめ約定しておいた権利行使価格を超える場合にその差額を支払う契約の価値は,

(i) 現在時点までの資産価格の最大値 M が権利行使価格 X 以上のとき

$$C^* = -Xe^{-r\tau}+Me^{-r\tau}\left\{\Phi\left(\frac{\ln(M/S)-\{r-(\sigma^2/2)\}\tau}{\sigma\sqrt{\tau}}\right)\right.$$

$$\left.-\frac{\sigma^2}{2r}\left(\frac{S}{M}\right)^{1-(2r/\sigma^2)}\Phi\left(\frac{-\ln(M/S)-\{r-(\sigma^2/2)\}\tau}{\sigma\sqrt{\tau}}\right)\right\}$$

$$+S\left(1+\frac{\sigma^2}{2r}\right)\Phi\left(\frac{-\ln(M/S)+\{r+(\sigma^2/2)\}\tau}{\sigma\sqrt{\tau}}\right) \tag{26a}$$

(ii) 現在時点までの資産価格の最大値 M が権利行使価格 X 未満のとき

$$C^* = -Xe^{-r\tau}\left\{\frac{\sigma^2}{2r}\left(\frac{S}{X}\right)^{1-(2r/\sigma^2)}\Phi\left(\frac{\ln(S/X)-\{r-(\sigma^2/2)\}\tau}{\sigma\sqrt{\tau}}\right)\right.$$

$$\left.+\Phi\left(\frac{\ln(S/X)+\{r-(\sigma^2/2)\}\tau}{\sigma\sqrt{\tau}}\right)\right\}$$

$$+S\left(1+\frac{\sigma^2}{2r}\right)\Phi\left(\frac{\ln(S/X)+\{r+(\sigma^2/2)\}\tau}{\sigma\sqrt{\tau}}\right) \tag{26b}$$

で与えられる.

証 明　このオプションの満期におけるペイオフを $\tilde{C}_T^*$ とあらわせば,

$$\tilde{C}_T^* = \max[\max[M, \tilde{M}_T]-X, 0]$$

である．現在時点までの最大値 M が権利行使価格 X を超えている場合 (i) には満期で必ず権利行使が生ずるが，M が X に満たない場合 (ii) では満期に権利行使が生ずるとはかぎらない．

まず (i) $M \geqq X$ の場合には満期での「対象資産価格」は $\max(M, \tilde{M}_T)$ である．M あるいは $\tilde{M}_T$ が選択される確率で満期のペイオフの現在価値をウェイトづけると，

$$\begin{aligned}C^* &= e^{-r\tau}\{(M-X)\cdot\mathrm{Prob}(\tilde{M}_T \leqq M)\\&\quad +\hat{E}[\tilde{M}_T-X\,|\,\tilde{M}_T > M]\cdot\mathrm{Prob}(\tilde{M}_T > M)\}\\&= e^{-r\tau}\{-X+M\cdot\mathrm{Prob}(\tilde{M}_T \leqq M)\\&\quad +\hat{E}[\tilde{M}_T\,|\,\tilde{M}_T > M]\cdot\mathrm{Prob}(\tilde{M}_T > M)\}\end{aligned}$$

である．上式の経路の最大値の分布は定理 5.4 により，$\hat{E}[\tilde{M}_T\,|\,\tilde{M}_T > M]\cdot\mathrm{Prob}(\tilde{M}_T > M)$ は補助定理 5.2 で与えられており，(26a) 式を導出できる．

つぎに (ii) $M < X$ の場合には，現時点までの最大値 M は満期でのペイオフにはまったく影響を及ぼさないことに注意する．残存期間中に $\tilde{M}_T > X$ とならないかぎりは権利行使は起こらないから，

$$\begin{aligned}C^* &= e^{-r\tau}\hat{E}[\tilde{M}_T-X\,|\,\tilde{M}_T \geqq X]\cdot\mathrm{Prob}(\tilde{M}_T \geqq X)\\&= e^{-r\tau}\hat{E}[\tilde{M}_T\,|\,\tilde{M}_T \geqq X]\cdot\mathrm{Prob}(\tilde{M}_T \geqq X)\\&\quad -Xe^{-r\tau}\{1-\mathrm{Prob}(\tilde{M}_T < X)\}\end{aligned}$$

を評価すればよい．補助定理 5.2 と定理 5.4 を上式に適用すると (26b) 式を導くことができる．■

例 5.15 の (i) の評価式で $M = X$，すなわち過去の対象資産価格の最大値が権利行使価格に等しいとすれば (ii) の評価式に帰着する．

例 5.16 契約の満期において，あらかじめとり決めておいた権利行使価格より対象資産価格の経路の最小値が低い場合にその差額を支払うような契約の価値は，

(i) 現在時点までの資産価格の最小値 L が権利行使価格 X 以下のとき

$$P^* = Xe^{-r\tau} - Le^{-r\tau}\left\{\Phi\left(\frac{-\ln(L/S)+\{r-(\sigma^2/2)\}\tau}{\sigma\sqrt{\tau}}\right)\right.$$
$$\left. -\frac{\sigma^2}{2r}\left(\frac{S}{L}\right)^{1-(2r/\sigma^2)}\Phi\left(\frac{\ln(L/S)+\{r-(\sigma^2/2)\}\tau}{\sigma\sqrt{\tau}}\right)\right\}$$
$$-S\left(1+\frac{\sigma^2}{2r}\right)\Phi\left(\frac{\ln(L/S)-\{r+(\sigma^2/2)\}\tau}{\sigma\sqrt{\tau}}\right) \qquad (27a)$$

(ii) 現在時点までの資産価格の最小値 L が権利行使価格 X より高いとき

$$P^* = Xe^{-r\tau}\left\{\Phi\left(\frac{-\ln(S/X)-\{r-(\sigma^2/2)\}\tau}{\sigma\sqrt{\tau}}\right)\right.$$
$$\left. +\frac{\sigma^2}{2r}\left(\frac{S}{X}\right)^{1-(2r/\sigma^2)}\Phi\left(\frac{-\ln(S/X)+\{r-(\sigma^2/2)\}\tau}{\sigma\sqrt{\tau}}\right)\right\}$$
$$-S\left(1+\frac{\sigma^2}{2r}\right)\Phi\left(\frac{-\ln(S/X)-\{r+(\sigma^2/2)\}\tau}{\sigma\sqrt{\tau}}\right) \qquad (27b)$$

である．

証 明　このオプションの満期におけるペイオフは，

$$\tilde{P}_T^* = \max[X-[\min[L, \tilde{L}_T], 0]$$

である．オプション発行日から現在時点にいたるまでの対象資産価格の最小値 L が，すでに権利行使価格 X を下回る場合 (i) には必ず権利行使が生ずるが，L が X よりも大きい場合 (ii) では満期に権利行使がなされない可能性がある．

まず (i) $L \leqq X$ の場合には満期の「対象資産価格」は $\min(L, \tilde{L}_T)$ であるから，L あるいは $\tilde{L}_T$ が選択される確率でペイオフの現在価値を加重すれば，

$$P^* = e^{-r\tau}\{(X-L)\cdot\mathrm{Prob}(\tilde{L}_T > L)$$
$$+\hat{E}[X-\tilde{L}_T \,|\, \tilde{L}_T \leqq L]\cdot\mathrm{Prob}(\tilde{L}_T \leqq L)\}$$
$$= e^{-r\tau}\{X-L\cdot\mathrm{Prob}(\tilde{L}_T > L)-\hat{E}[\tilde{L}_T \,|\, \tilde{L}_T \leqq L]\cdot\mathrm{Prob}(\tilde{L}_T \leqq L)\}$$

である．ここで経路の最小値の分布については定理 5.3 を用い，$\hat{E}[\tilde{L}_T | \tilde{L}_T \leqq L]\cdot\mathrm{Prob}(L_T \leqq L)$ の計算には補助定理 5.1 を適用することで (27a) 式を導くことができる．

つぎに (ii) $L>X$ の場合では，現在までに観測された最小値 L は満期のペイオフには無関係であるから，現在から満期にいたるまでの最小値 $\tilde{L}_T$ と

権利行使価格 X の大小に注意して,

$$P^* = e^{-r\tau}\hat{E}[X-\tilde{L}_T \mid \tilde{L}_T \leqq X]\cdot\mathrm{Prob}(\tilde{L}_T \leqq X)$$
$$= Xe^{-r\tau}\mathrm{Prob}(\tilde{L}_T \leqq X) - e^{-r\tau}\hat{E}[\tilde{L}_T \mid \tilde{L}_T \leqq X]\cdot\mathrm{Prob}(\tilde{L}_T \leqq X)$$

を求めればよい．上式に定理 5.3 と補助定理 5.1 を適用すると (27b) を得る．■

例 5.16 の (i) において $L=X$ とすると，(ii) の評価式に帰着することを容易に確かめることができる．

Goldman, Sosin and Gatto (1979) は，既存のルックバック・オプションを組み合わせ，最安値で買って最高値で売るオプション契約の評価式も提示している．このようなオプションはまた，本節で紹介した新しいタイプのオプションを用いることによっても合成することができる．

例 5.17 最安値で買い最高値で売るオプション契約の価値は,

$$\begin{aligned}C^*+P^* = {} & e^{-r\tau}\Biggl\{M\Phi\left(\frac{\ln(M/S)-\{r-(\sigma^2/2)\}\tau}{\sigma\sqrt{\tau}}\right)\\ & \qquad -L\Phi\left(\frac{\ln(S/L)+\{r-(\sigma^2/2)\}\tau}{\sigma\sqrt{\tau}}\right)\Biggr\}\\ & +e^{-r\tau}\frac{\sigma^2}{2r}S^{1-(2r/\sigma^2)}\Biggl\{L^{2r/\sigma^2}\Phi\left(\frac{-\ln(S/L)+\{r-(\sigma^2/2)\}\tau}{\sigma\sqrt{\tau}}\right)\\ & \qquad -M^{2r/\sigma^2}\Phi\left(\frac{-\ln(M/S)-\{r-(\sigma^2/2)\}\tau}{\sigma\sqrt{\tau}}\right)\Biggr\}\\ & +S\left(1+\frac{\sigma^2}{2r}\right)\Biggl\{\Phi\left(\frac{-\ln(M/S)+\{r+(\sigma^2/2)\}\tau}{\sigma\sqrt{\tau}}\right)\\ & \qquad -\Phi\left(\frac{-\ln(S/L)-\{r+(\sigma^2/2)\}\tau}{\sigma\sqrt{\tau}}\right)\Biggr\}\end{aligned} \tag{28}$$

で与えられる．

証 明 例 5.15 と例 5.16 で示した「過去の実現値の最大値を対象資産価格とするコール・オプション」C^* と，「過去の実現値の最小値を対象資産価格とするプット・オプション」P^* について，同じ権利行使価格をもつ契約を 1

契約ずつ購入することを考える．このとき満期 T におけるペイオフは，

$$\tilde{C}^*(T)+\tilde{P}^*(T)=\max[\tilde{M}(T)-X,0]+\max[X-\tilde{L}(T),0]$$

であるから，例5.15の (i) および例5.16の (i) で述べたような，$\tilde{M}(T)\geqq X$ かつ $X\geqq\tilde{L}(T)$ を満たす権利行使価格 X をもつオプションが利用可能であれば，このとき上式は

$$\tilde{C}^*(T)+\tilde{P}^*(T)=\tilde{M}(T)-\tilde{L}(T)$$

となり，対象資産を契約期間中の最安値で買って最高値で売ることを保証する契約を合成できる．とくに $L<X<M$ の場合を想定し，例5.15および例5.16より C^*+P^* を計算すれば (28) 式を導出できる[5)]．　■

6. むすび

本章は，利子率が一定の場合に第2章で述べたリスク中立化法によって，エキゾチック・オプションと呼ばれる経路に依存してペイオフが設計された複雑なオプション契約の評価式を導いた．評価にあたり，前章の2つの吸収壁で制約されたオプションの確率的な評価方法が，多くの経路依存型エキゾチック・オプションの価格付けに直接に利用できることが示された．本章で明らかにした評価式の多くは，いまだ既存の文献では報告されていないものである．

本章ではまず片側にバリアーをもつタイプのオプション価格を求めたが，既存のバリアー・オプションの評価式はすべて前章の結果の特殊ケースとして導出することができた．つぎにリベート契約の価値を検討したが，同時に2つのバリアーがある場合の初到達時刻密度とそのときのリベート評価式は

---

5)　対象資産を契約期間中の最安値で買って最高値で売ることを保証する契約は，既存の権利行使価格についてのルックバック・オプションを用いても合成できる．すなわち，ルックバック・コール (C) とルックバック・プット・オプション (P) を1契約ずつ購入しておけば，満期日のペイオフは，

$$\begin{aligned}\tilde{C}(T)+\tilde{P}(T)&=\max[\tilde{S}(T)-\tilde{L}(T),0]+\max[\tilde{M}(T)-\tilde{S}(T),0]\\&=\tilde{M}(T)-\tilde{L}(T)\end{aligned}$$

となる．そこで (22) 式と (24) 式より $C+P$ を計算すると，(28) 式と同一の評価式を導出できる．このことは，間接的ながら本章で検討した新しいオプションの価格式が正しいことを確認するものである．

本章において初めて明らかにされたものである．さらに，エキゾチック・オプションのなかには，このリベート価値の応用として評価できるものがあることも示された．その他にも，本章ではステイ・オプションと呼ばれる経路依存型オプションとルックバック・オプションもとりあげたが，これらのオプション契約についても前章の結果を応用することによって，容易に評価式を導くことができた．

これらの評価式は，たんに複雑なオプションの理論価格を計算するだけの目的にとどまらず，ファイナンス理論上多くの応用が可能である．たとえば上方停止価格をもつオプション評価式は，Ingersoll (1977) により転換社債の償還リスクの評価に利用され，下方停止価格をもつオプション評価式はBlack and Cox (1976) によって企業のリストラクチャリングの分析に利用されている．2つのバリアーで制約されるオプションの評価式は，社債の倒産リスクと償還リスクを同時に分析することなどにも応用できるであろう．一般に将来価値が不確実な資産が存在するとき，その資産から派生する収益やサービスはすべてオプション理論によって分析することができる．とくに，なんらかの理由で収益水準が境界壁や過去の履歴で制約されるような契約の分析には，本章で検討した経路依存型エキゾチック・オプションの評価が有益であると期待され，今後の研究課題である．

第 5 章数学付録

数学付録 A（定理 5.1 の証明）

以下では，2 つの非線形吸収壁で制約された幾何ブラウン運動の各吸収壁への初到達時刻の確率密度を求める．まず Anderson（1960, p. 191）の Theorem 4.3 は，原点 $Y(0)=0$ から出発する標準ブラウン運動 $Y(t)$ が，$t\in[0, T]$，$\gamma_2<0<\gamma_1$ として，上方の直線 $Y(t)=\gamma_1+\delta_1 t$ および下方の直線 $Y(t)=\gamma_2+\delta_2 t$ で挟まれるとき $(\gamma_1+\delta_1 t\geqq\gamma_2+\delta_2 t)$，「下方の直線には 1 度も触れることなく，初めて上方の直線に到達する確率」$P_1(T)$ と，「上方の直線には 1 度も触れることなく，初めて下方の直線に到達する確率」$P_2(T)$ の分布を与えている．すなわち，

$$
\begin{aligned}
P_1(T) = 1-&\Phi\left(\frac{\delta_1 T+\gamma_1}{\sqrt{T}}\right)\\
&+\sum_{n=1}^{\infty} e^{-2\{n\gamma_1-(n-1)\gamma_2\}\{n\delta_1-(n-1)\delta_2\}}\Phi\left(\frac{\delta_1 T+2(n-1)\gamma_2-(2n-1)\gamma_1}{\sqrt{T}}\right)\\
&-\sum_{n=1}^{\infty} e^{-2\{n^2(\gamma_1\delta_1+\gamma_2\delta_2)-n(n-1)\gamma_1\delta_2-n(n+1)\gamma_2\delta_1\}}\Phi\left(\frac{\delta_1 T+2n\gamma_2-(2n-1)\gamma_1}{\sqrt{T}}\right)\\
&-\sum_{n=1}^{\infty} e^{-2\{(n-1)\gamma_1-n\gamma_2\}\{(n-1)\delta_1-n\delta_2\}}\left\{1-\Phi\left(\frac{\delta_1 T-2n\gamma_2+(2n-1)\gamma_1}{\sqrt{T}}\right)\right\}\\
&+\sum_{n=1}^{\infty} e^{-2\{n^2(\gamma_1\delta_1+\gamma_2\delta_2)-n(n-1)\gamma_2\delta_1-n(n+1)\gamma_1\delta_2\}}\left\{1-\Phi\left(\frac{\delta_1 T+(2n+1)\gamma_1-2n\gamma_2}{\sqrt{T}}\right)\right\}
\end{aligned}
\tag{A1}
$$

である．$P_2(T)$ は上式の δ_1 を $-\delta_2$，δ_2 を $-\delta_1$，γ_1 を $-\gamma_2$，γ_2 を $-\gamma_1$ へそれぞれおきかえたものであり，

$$
\begin{aligned}
P_2(T) = 1-&\Phi\left(\frac{-\delta_2 T-\gamma_2}{\sqrt{T}}\right)\\
&+\sum_{n=1}^{\infty} e^{-2\{-n\gamma_2+(n-1)\gamma_1\}\{-n\delta_2+(n-1)\delta_1\}}\Phi\left(\frac{-\delta_2 T-2n\gamma_1+(2n-1)\gamma_2}{\sqrt{T}}\right)\\
&-\sum_{n=1}^{\infty} e^{-2\{n^2(\gamma_1\delta_1+\gamma_2\delta_2)-n(n-1)\gamma_2\delta_1-n(n+1)\gamma_1\delta_2\}}\Phi\left(\frac{-\delta_2 T-2n\gamma_1+(2n-1)\gamma_2}{\sqrt{T}}\right)
\end{aligned}
$$

$$-\sum_{n=1}^{\infty} e^{-2\{-(n-1)\gamma_2+n\gamma_1\}\{-(n-1)\delta_2+n\delta_1\}}\left\{1-\Phi\left(\frac{-\delta_2 T+2n\gamma_1-(2n-1)\gamma_2}{\sqrt{T}}\right)\right\}$$
$$+\sum_{n=1}^{\infty} e^{-2\{n^2(\gamma_1\delta_1+\gamma_2\delta_2)-n(n-1)\gamma_1\delta_2-n(n+1)\gamma_2\delta_1\}}\left\{1-\Phi\left(\frac{-\delta_2 T-(2n+1)\gamma_2+2n\gamma_1}{\sqrt{T}}\right)\right\} \tag{A2}$$

である.

上式は，あらかじめ定められた特定の時刻 T において，標準ブラウン運動が上方あるいは下方の境界壁に少なくとも1度は到達する確率をあらわしている．初到達時刻 $\tilde{T}$ が特定の時刻 u よりも少ない（早い）確率は，上式において $T=u$ とした確率にほかならない．したがって，初期値0から出発する標準ブラウン運動の上方壁，下方壁への初到達時刻分布は

$$\mathrm{Prob}(\tilde{T}_1 \leqq u_1) = P_1(T)|_{T=u_1}, \quad \mathrm{Prob}(\tilde{T}_2 \leqq u_2) = P_2(T)|_{T=u_2}$$

であり，その密度は

$$\left.\frac{\partial P_1(T)}{\partial T}\right|_{T=u_1}, \quad \left.\frac{\partial P_2(T)}{\partial T}\right|_{T=u_2}$$

で与えられる．ここで $\tilde{T}_1$，u_1 は上方壁への初到達時刻を，$\tilde{T}_2$，u_2 は下方壁への初到達時刻をあらわしている.

さて，$X(0)=x_0$ から出発する (μ, σ^2)-ブラウン運動の場合を考えよう．いま上方壁を与える直線を $X(t)=d_1 t+c_1$，下方壁を与える直線を $X(t)=d_2 t+c_2$ とすれば，

Prob(原点から出発するドリフト μ，瞬間分散1のブラウン運動が，下方壁 $X(t)=d_2 t+c_2$ に触れることなく，上方壁 $X(t)=d_1 t+c_1$ に初めて到達する時刻 $\leqq u$)

$=$ Prob(原点から出発する標準ブラウン運動が，下方壁 $X(t)=(d_2-\mu)t+c_2$ に触れることなく，上方壁 $X(t)=(d_1-\mu)t+c_1$ に初めて到達する時刻 $\leqq u$)

であることに注意する．つぎに $X(0)=x_0$ から出発するドリフト μ，瞬間分散 σ^2 のブラウン運動の場合には，$X(t)$ から x_0 を差引き標準偏差 σ で除せばこのプロセスは標準ブラウン運動に変換され，対応する上方壁は $X(t)=\{(d_1-\mu)/\sigma\}t+\{(c_1-x_0)/\sigma\}$，下方壁は $X(t)=\{(d_2-\mu)/\sigma\}t+\{(c_2-x_0)/\sigma\}$ に移動する．したがって，この (μ, σ^2)-ブラウン運動にかんする上述の確率 $P_1(T)$，$P_2(T)$ は (A2)

式において

$$\delta_1 = (d_1 - \mu)/\sigma,\ \ \gamma_1 = (c_1 - x_0)/\sigma,\ \ \delta_2 = (d_2 - \mu)/\sigma,\ \ \gamma_2 = (c_2 - x_0)/\sigma$$

とおけば求めることができる．初到達時刻の分布とその密度も容易に得られる．

本文で利用した初到達時刻密度は $d_1 = d_2 = 0$ のフラット・バリアーのケースであるが，これをさらに指数変換すると，2つの吸収壁で制限された幾何ブラウン運動についての初到達時刻密度を導くことができる．$g_B(u)$ を $dS/S = \mu dt + \sigma dW$, $S(0) = S_0$ の幾何ブラウン運動が，下方壁 $s = A$ には1度も達することなく初めて上方の壁 $s = B$ に到達する時刻（$\tilde{T}_1$）の密度とし，$g_A(u)$ を同じ幾何ブラウン運動の経路が上方壁 $s = B$ には1度も達することなく，初めて下方壁 $s = A$ に到達する時刻（$\tilde{T}_2$）の密度とすれば，

$$\begin{aligned} g_B(u) = &\sum_{n=0}^{\infty}\left(\frac{B^{n+1}}{A^n S_0}\right)^{(2\mu/\sigma^2)-1}\frac{\partial}{\partial u}\Phi\left(\frac{-\{\mu-(\sigma^2/2)\}u+\ln(A^{2n}S_0/B^{2n+1})}{\sigma\sqrt{u}}\right) \\ &+\sum_{n=0}^{\infty}\left(\frac{A^n}{B^n}\right)^{(2\mu/\sigma^2)-1}\frac{\partial}{\partial u}\Phi\left(\frac{\{\mu-(\sigma^2/2)\}u+\ln(A^{2n}S_0/B^{2n+1}}{\sigma\sqrt{u}}\right) \\ &-\sum_{n=0}^{\infty}\left(\frac{B^{n+1}}{A^{n+1}}\right)^{(2\mu/\sigma^2)-1}\frac{\partial}{\partial u}\Phi\left(\frac{-\{\mu-(\sigma^2/2)\}u+\ln(A^{2n+2}/B^{2n+1}S_0}{\sigma\sqrt{u}}\right) \\ &-\sum_{n=0}^{\infty}\left(\frac{A^{n+1}}{B^n S_0}\right)^{(2\mu/\sigma^2)-1}\frac{\partial}{\partial u}\Phi\left(\frac{\{\mu-(\sigma^2/2)\}u+\ln(A^{2n+2}/B^{2n+1}S_0)}{\sigma\sqrt{u}}\right) \end{aligned} \tag{A3}$$

$$\begin{aligned} g_A(u) = &\sum_{n=0}^{\infty}\left(\frac{A^{n+1}}{B^n S_0}\right)^{(2\mu/\sigma^2)-1}\frac{\partial}{\partial u}\Phi\left(\frac{\{\mu-(\sigma^2/2)\}u+\ln(A^{2n+1}/B^{2n}S_0)}{\sigma\sqrt{u}}\right) \\ &+\sum_{n=0}^{\infty}\left(\frac{B^n}{A^n}\right)^{(2\mu/\sigma^2)-1}\frac{\partial}{\partial u}\Phi\left(\frac{-\{\mu-(\sigma^2/2)\}u+\ln(A^{2n+1}/B^{2n}S_0)}{\sigma\sqrt{u}}\right) \\ &-\sum_{n=0}^{\infty}\left(\frac{A^{n+1}}{B^{n+1}}\right)^{(2\mu/\sigma^2)-1}\frac{\partial}{\partial u}\Phi\left(\frac{\{\mu-(\sigma^2/2)\}u+\ln(A^{2n+1}S_0/B^{2n+2})}{\sigma\sqrt{u}}\right) \\ &-\sum_{n=0}^{\infty}\left(\frac{B^{n+1}}{A^n S_0}\right)^{(2\mu/\sigma^2)-1}\frac{\partial}{\partial u}\Phi\left(\frac{-\{\mu-(\sigma^2/2)\}u+\ln(A^{2n+1}S_0/B^{2n+2})}{\sigma\sqrt{u}}\right) \end{aligned} \tag{A4}$$

を得る．なお，(A1) 式，(A2) 式の n を上式では $n+1$ におきかえているので，総和記号の範囲は $n=0$ から開始している． ■

数学付録B（補助定理5.1の証明）

$\tilde{L}_T$ の分布関数を $G(l) = \mathrm{Prob}(\tilde{L}_T \leqq l)$ とおけば，部分積分公式を利用して

$$\hat{E}[\tilde{L}_T | \tilde{L}_T \leqq L]\cdot\mathrm{Prob}(\tilde{L}_T \leqq L)$$

$$
\begin{aligned}
&= \int_0^L lG'(l)\,dl \\
&= lG(l)\Big|_{\ell=0}^{L} - \int_0^L G(l)\,dl \\
&= LG(L) - \int_0^L \Phi\left(\frac{\ln(l/S) - \{r-(\sigma^2/2)\}\tau}{\sigma\sqrt{\tau}}\right)dl \\
&\quad - \int_0^L \left(\frac{S}{l}\right)^{1-(2r/\sigma^2)} \Phi\left(\frac{-\ln(l/S) + \{r-(\sigma^2/2)\}\tau}{\sigma\sqrt{\tau}}\right)dl
\end{aligned}
\tag{B1}
$$

を求めればよい．上式の第1項は

$$
\begin{aligned}
LG(L) &= L\Phi\left(\frac{\ln(L/S) - \{r-(\sigma^2/2)\}\tau}{\sigma\sqrt{\tau}}\right) \\
&\quad + L\left(\frac{S}{L}\right)^{1-(2r/\sigma^2)} \Phi\left(\frac{\ln(L/S) + \{r-(\sigma^2/2)\}\tau}{\sigma\sqrt{\tau}}\right)
\end{aligned}
\tag{B2}
$$

である．(B1) 式の第2項は変数を l から $k=[\ln(l/S)-\{r-(\sigma^2/2)\}\tau]/(\sigma\sqrt{\tau})$ に変換し，新しい積分区間 $(-\infty, [\ln(L/S)-\{r-(\sigma^2/2)\}\tau]/(\sigma\sqrt{\tau}) \equiv L^*)$ で部分積分と指数の肩の完全平方を完成すると，

$$
\begin{aligned}
&\int_0^L \Phi\left(\frac{\ln(l/S) - \{r-(\sigma^2/2)\}\tau}{\sigma\sqrt{\tau}}\right)dl \\
&= S\exp[\{r-(\sigma^2/2)\}\tau]\sigma\sqrt{\tau}\int_{-\infty}^{L^*} \Phi(k)\cdot\exp(\sigma\sqrt{\tau}k)\,dk \\
&= S\exp[\{r-(\sigma^2/2)\}\tau]\left\{\exp(\sigma\sqrt{\tau}k)\cdot\Phi(k)\Big|_{k=-\infty}^{L^*} \right. \\
&\qquad \left. - \int_{-\infty}^{L^*} \exp(\sigma\sqrt{\tau}k)\,\phi(k)\,dk\right\} \\
&= S\exp[\{r-(\sigma^2/2)\}\tau]\left\{\exp(\sigma\sqrt{\tau}L^*)\cdot\Phi(L^*) \right. \\
&\qquad \left. - \int_{-\infty}^{L^*} \phi(k-\sigma\sqrt{\tau})\exp(\sigma^2\tau/2)\,dk\right\} \\
&= L\Phi(L^*) - S\exp[\{r-(\sigma^2/2)\}\tau + \sigma^2\tau/2]\cdot\Phi(L^*-\sigma\sqrt{\tau}) \\
&= L\Phi\left(\frac{\ln(L/S) - \{r-(\sigma^2/2)\}\tau}{\sigma\sqrt{\tau}}\right) - Se^{r\tau}\Phi\left(\frac{\ln(L/S) - \{r+(\sigma^2/2)\}\tau}{\sigma\sqrt{\tau}}\right)
\end{aligned}
\tag{B3}
$$

が導出される．ここで大文字の $\Phi(\cdot)$ は標準正規分布関数であるが，小文字の $\phi(\cdot)$ はその密度関数である．

(B1) 式の第3項も同様にして計算すると，

$$
\int_0^L \left(\frac{S}{l}\right)^{1-(2r/\sigma^2)} \Phi\left(\frac{\ln(l/S) + \{r-(\sigma^2/2)\}\tau}{\sigma\sqrt{\tau}}\right)dl
$$

$$= S\left(\frac{S}{L}\right)^{-(2r/\sigma^2)}\frac{\sigma^2}{2r}\left\{\Phi\left(\frac{\ln(L/S)+\{r-(\sigma^2/2)\}\tau}{\sigma\sqrt{\tau}}\right)\right.$$

$$\left.-e^{-r\tau}\left(\frac{S}{L}\right)^{2r/\sigma^2}\Phi\left(\frac{\ln(L/S)-\{r+(\sigma^2/2)\}\tau}{\sigma\sqrt{\tau}}\right)\right\} \qquad \text{(B4)}$$

となり，(B1) 式へ (B2)，(B3)，(B4) 式を代入，整理すると補助定理 5.1 が導出できる．■

数学付録 C（補助定理 5.2 の証明）

幾何ブラウン運動経路の最大値 $\tilde{M}_T$ のリスク中立化された密度関数を $h(m)$，分布関数を $H(m)$ と表わせば，

$$h(m) = H'(m)$$

$$= \frac{\partial}{\partial m}\Phi\left(\frac{\ln(m/S)-\{r-(\sigma^2/2)\}\tau}{\sigma\sqrt{\tau}}\right)$$

$$+\left(1-\frac{2r}{\sigma^2}\right)\frac{1}{S}\left(\frac{S}{m}\right)^{2-(2r/\sigma^2)}\Phi\left(\frac{-\ln(m/S)-\{r-(\sigma^2/2)\}\tau}{\sigma\sqrt{\tau}}\right)$$

$$+\left(\frac{S}{m}\right)^{1-(2r/\sigma^2)}\frac{\partial}{\partial m}\Phi\left(\frac{\ln(m/S)+\{r-(\sigma^2/2)\}\tau}{\sigma\sqrt{\tau}}\right) \qquad \text{(C1)}$$

であるから，

$$\hat{E}[\tilde{M}_T|\tilde{M}_T>M]\cdot\mathrm{Prob}(\tilde{M}_T>M) = \int_M^\infty mh(m)\,dm$$

$$= \int_M^\infty m\frac{\partial}{\partial m}\Phi\left(\frac{\ln m-[\ln S+\{r-(\sigma^2/2)\}\tau]}{\sigma\sqrt{\tau}}\right)dm$$

$$+\left(1-\frac{2r}{\sigma^2}\right)S^{1-(2r/\sigma^2)}\int_M^\infty m^{(2r/\sigma^2)-1}\Phi\left(\frac{-\ln(m/S)-\{r-(\sigma^2/2)\}\tau}{\sigma\sqrt{\tau}}\right)dm$$

$$+S^{1-(2r/\sigma^2)}\int_M^\infty m^{2r/\sigma^2}\frac{\partial}{\partial m}\Phi\left(\frac{\ln m-[\ln S-\{r-(\sigma^2/2)\}\tau]}{\sigma\sqrt{\tau}}\right)dm \qquad \text{(C2)}$$

を評価すればよい．積分の評価にはつぎの補助定理を用意する．

補助定理　対数正規分布に従う確率変数 $\tilde{Z}$ の原点回り n 次の切断モーメントは，$\ln\tilde{Z}\sim\boldsymbol{N}(\mu^*, \sigma^{*2})$ とするとき，$a>0$ として

$$\int_a^\infty z^n f(z)\,dz = \exp\left\{\mu^* n+\frac{\sigma^{*2}n^2}{2}\right\}\Phi\left(\frac{-\ln a+\mu^*+n\sigma^{*2}}{\sigma^*}\right) \qquad \text{(C3)}$$

である．

証 明　対数正規密度

$$f(z)=\frac{1}{\sqrt{2\pi}\sigma^*z}\exp\left\{-\frac{(\ln z-\mu^*)^2}{2\sigma^{*2}}\right\}$$

を用い，$q=\ln z$ へ変数変換すると，

$$\begin{aligned}\int_a^\infty z^n f(z)\,dz &= \int_{\ln a}^\infty \exp\{nq\}\exp\left\{-\frac{(q-\mu^*)^2}{2\sigma^{*2}}\right\}\frac{dq}{\sqrt{2\pi}\sigma^*}\\ &= \int_{\ln a}^\infty \exp\left\{-\frac{\{q-(\mu^*+\sigma^{*2}n)\}^2}{2\sigma^{*2}}+\mu^*n+\frac{\sigma^{*2}n}{2}\right\}\frac{dq}{\sqrt{2\pi}\sigma^*}\\ &= \exp\left\{\mu^*n+\frac{\sigma^{*2}n^2}{2}\right\}\int_{\ln a}^\infty \frac{1}{\sigma^*}\phi\left(\frac{q-\mu^*-\sigma^{*2}n}{\sigma^*}\right)dq\\ &= \exp\left\{\mu^*n+\frac{\sigma^{*2}n^2}{2}\right\}\Phi\left(\frac{-\ln a+\mu^*+n\sigma^{*2}}{\sigma^*}\right)\end{aligned}$$

である．■

(C2) 式の第1項の積分は補助定理において $n=1$ の場合であり，$\mu^*=\ln S+\{r-(\sigma^2/2)\}\tau$，$\sigma^*=\sigma\sqrt{\tau}$ に注意すると，

$$(\text{第1項})=Se^{r\tau}\Phi\left(\frac{-\ln(M/S)+\{r+(\sigma^2/2)\}\tau}{\sigma\sqrt{\tau}}\right) \tag{C4}$$

である．(C2) 式の第2項の積分は，補助定理の証明と同じように分布関数の変数を変換し，部分積分と指数の肩の完全平方を組み合わせると，容易に

$$\begin{aligned}(\text{第2項}) &= \left(1-\frac{\sigma^2}{2r}\right)M\left(\frac{S}{M}\right)^{1-(2r/\sigma^2)}\Phi\left(\frac{-\ln(M/S)-\{r-(\sigma^2/2)\}\tau}{\sigma\sqrt{\tau}}\right)\\ &\quad -\left(1-\frac{\sigma^2}{2r}\right)Se^{r\tau}\Phi\left(\frac{-\ln(M/S)+\{r+(\sigma^2/2)\}\tau}{\sigma\sqrt{\tau}}\right)\end{aligned} \tag{C5}$$

が得られる．つぎに (C 2) 式の第3項の積分であるが，形式的には $2r/\sigma^2$ 次の切断モーメントを求めていると考えて，補助定理において $n=2r/\sigma^2$，$\mu^*=\ln S-\{r-(\sigma^2/2)\}\tau$，$\sigma^*=\sigma\sqrt{T}$，$a=M$ とすればよい．すなわち，

$$\begin{aligned}&\int_M^\infty m^{2r/\sigma^2}\frac{\partial}{\partial m}\Phi\left(\frac{\ln m-[\ln S-\{r-(\sigma^2/2)\}\tau]}{\sigma\sqrt{\tau}}\right)dm\\ &\quad = S^{2r/\sigma^2}e^{r\tau}\Phi\left(\frac{-\ln(M/S)+\{r+(\sigma^2/2)\}\tau}{\sigma\sqrt{\tau}}\right)\end{aligned}$$

であるから

$$(\text{第3項})=Se^{r\tau}\Phi\left(\frac{-\ln(M/S)+\{r+(\sigma^2/2)\}\tau}{\sigma\sqrt{\tau}}\right) \tag{C6}$$

となる．(C4)，(C5)，(C6) 式を (C2) 式へ代入，整理すると補助定理 5.2 を導出

できる. ■

第6章
資産価格のボラティリティーの推定問題

1. はじめに

連続時間を前提とする金融資産市場の分析の多くは，資産価格が対数正規分布で表現される幾何ブラウン運動に従うという前提をおいている．これらの理論的分析を実証したり実務に応用しようとするときには，資産価格の確率過程のパラメターの推定はもっとも基本的な作業である．Black-Scholes 公式に代表されるオプション評価理論にもとづき，オプション契約の理論価格を算出してヘッジ取引の戦略を構築するさいには，対象資産のボラティリティーの推定が決定的に重要である．本章では資産価格のボラティリティーをあらわす分散，あるいは拡散係数の推定に焦点を絞り，第1章で述べたヒストリカル法と呼ばれる推定方法のなかから実務でも利用されている極値法 (extreme value method) という推定方法をとりあげ，統計的な性質を比較，検討する．

いうまでもなく，幾何ブラウン運動の対数変換後の確率過程の条件付き確率分布は正規分布となる．したがってその分散は，たとえば株価について考えると，新聞紙上で観測できる終値を対数変換した値を標本として通常の不偏分散を求める手順によって容易に推定することができる．これにたいして 1980 年にフロリダ大学の物理学者 Parkinson 博士が提案した極値法と呼ばれる方法は，観測期間中に実現した最大値と最小値の値幅から分散を推定しようとするものである．これは株価でいえば1日の高値と安値の幅をデータとして利用するということになる．高値，安値は終値にくらべて確率過程にかんするより多くの情報を縮約していることは直感的には予想されることであるが，既存の研究論文ではこの方法は通常の分散推定方式にくらべ5倍以上も効率的であるとされている．すでに多くのファイナンスやオプションの教科書にも Parkinson 法の名称でとりあげられており，推定のためのプログラムも市販されているようである．後述するが，高値と安値に加えて始値と終値がもつ情報も併用する合成推定量も複数提案されており，修正 Parkin-

---

＊ 本章は池田 (1989) を加筆・修正したものである．

son 法，Garman-Klass 法，修正 Garman-Klass 法などと呼ばれている．

本章はこれらの分散推定量を効率性の観点からサーベイしていくが，その過程において各種の文献で紹介されている推定量の係数や効率性の値が誤っていることが示される．またこれらの推定量，とくに Parkinson 法はその結論のみが広く知られているが，Parkinson (1980) 自身の記述も正確さを欠くものである．その推定量の導出過程は必ずしも容易でなく，これを正しく示した文献もいまだみられないようである．そこで本章では，初等的な正規確率積分と若干の級数の知識にもとづいて Parkinson 法を導出する．さらにこれらの推定量のもつ実務上の問題点を明らかにする目的で，わが国の株式市場のデータを用いて実証分析を行う．

本章の構成であるが，第2節で Parkinson 法の導出の過程を通常の分散推定方法と対比させつつ明らかにする．第3節は修正 Parkinson 法，Garman-Klass 法，修正 Garman-Klass 法をとりあげる．第4節ではわが国の株式市場においてこれらの推定値の比較を行い，その結果をふまえて実務における利用上の問題点を整理する．第5節では本章の結論が述べられる．

2. Parkinson 法

2.1 通常の分散推定方式と Parkinson 法

本章で検討する各種の分散推定方式は，株価 $S(t)$ の確率過程にたいしてなんらかの単調かつ時間とは独立な変換を加えた結果として，変換後のプロセス $X(t)$ がブラウン運動に従うことを仮定する．この仮定は標準ブラウン運動を $W(t)$ とするとき，変換後株価として確率微分

$$dX(t) = \sqrt{D}\,dW(t) \tag{1}$$

をもつ確率過程 $\{X(t), t \geqq 0\}$ を考えることにほかならない．定数 D は（瞬間）分散あるいは拡散係数と呼ばれ，われわれが推定しようとするパラメターである．以下の議論では株価のプロセスとして幾何ブラウン運動を前提とするので，$X(t) = \ln S(t)$ という変換の結果 (1) 式が得られたと仮定する[1)]．ブラウン運動の性質によって，初期値 $X(0) = x_0$ が与えられたとき時

刻 t に $X(t)$ が従う分布の密度は,

$$f(x, t \mid x, t_0) = \frac{1}{\sqrt{2\pi D}} \exp\left\{-\frac{(x-x_0)^2}{2Dt}\right\} \tag{2}$$

の正規密度で表現される．したがって通常の方法で分散を推定するためには，計測期間 t を間隔 Δt で N 等分し，各区間の終わりに観測される値 $X_i(i=1, \cdots, N)$ を用いて X の変位 $\tilde{d}_i = X_i - X_{i-1}$ を計測する．この値は株価の対数収益率にほかならず，その密度は,

$$f(d_i) = \frac{1}{\sqrt{2\pi D\Delta t}} \exp\left\{-\frac{d_i^2}{2D\Delta t}\right\}, \quad \forall i \in \{1, \cdots, N\} \tag{3}$$

で与えられる．標本分散は,

$$\hat{D}_C = \frac{1}{N\Delta t} \sum_{i=1}^{N} \tilde{d}_i^2 \tag{4}$$

$$= \frac{1}{t} \sum_{i=1}^{N} \tilde{d}_i^2 \tag{5}$$

で求められる．平均が 0 で既知と仮定しているので，自由度は N であるが不偏推定量になっている．この標本分散による推定方式を Garman and Klass (1980) にならって本章では classical 法と呼ぶことにする．

---

1) このとき，$S=e^X$ であるから，S が従う確率過程は伊藤の補題を適用して

$$dS = (1/2)SDdt + S\sqrt{D}dW$$

で表現される正のドリフトをもつ幾何ブラウン運動となる．一般に，株価の確率過程が

$$dS = \mu(S, t)dt + \sqrt{D(S, t)}dW$$

で記述されるとき，変換 $\Psi(\cdot)$ により $X=\Psi(S)$ がブラウン運動になる条件を求めると，$\Psi(\cdot)$ は 2 回微分可能とすれば，X の確率微分は

$$dX = \{\Psi'(S)\mu(S, t) + (1/2)\Psi''(S)D(S, t)\}dt + \Psi'(S)\sqrt{D(S, t)}dW$$

で与えられるので，$\Psi(\cdot)$ は

$$\Psi'(S)\mu(S, t) + (1/2)\Psi''(S)D(S, t) = 0$$

$$\Psi'(S)\sqrt{D(S, t)} = \sqrt{D^{\circ}} \quad (\text{定数})$$

を満たさねばならない．そのためには，ドリフトにかんして

$$\mu(S, t) = \frac{\sqrt{D(S, t)}}{2} \frac{\partial\sqrt{D(S, t)}}{\partial S}$$

という制約が必要であることがわかる．このとき

$$\Psi''(S) = -\frac{\sqrt{D^{\circ}}}{D(S, t)} \frac{\partial\sqrt{D(S, t)}}{\partial S}$$

であるから，この常微分方程式の解を求めると,

$$\Psi(S) = \sqrt{D^{\circ}} \int_0^S \frac{dy}{\sqrt{D(y, t)}} + C(\text{定数})$$

であり，上記の変換を行えばブラウン運動に変換できる．

さて，(4)，(5) 式にたいして Parkinson が提案した推定量は，各計測区間内における最大値と最小値の差 $\tilde{l}_i = X_{i,\max} - X_{i,\min}$ を用いて，

$$\hat{D}_P = \frac{1}{N\Delta t(4\ln 2)}\sum_{i=1}^{N}\tilde{l}_i^{\,2} \fallingdotseq \frac{0.361}{N\Delta t}\sum_{i=1}^{N}\tilde{l}_i^{\,2} \tag{6}$$

で与えられる．対数をとる前の確率過程の実現値の最大値を H_i，最小値を L_i とすれば，

$$\hat{D}_P \fallingdotseq \frac{0.361}{N\Delta t}\sum_{i=1}^{N}\left\{\ln\frac{H_i}{L_i}\right\}^2 \tag{7}$$

である．上式による分散 D の不偏な推定方式が Parkinson 法と呼ばれるが，classical 法の約 5 倍の推定効率をもつと報告されている．

いま $\hat{D}_P$ が不偏性を満たすためには，(6) 式より

$$E[\hat{D}_P] = \frac{1}{\Delta t(4\ln 2)}E[\tilde{l}^2] = D \Leftrightarrow E[\tilde{l}^2] = (4\ln 2)D\Delta t \tag{8}$$

が必要である．しかしながら，Parkinson (1980) によれば $\tilde{l}$ の原点まわり p 次モーメントは，

$$E[\tilde{l}^p] = \frac{4}{\sqrt{\pi}}\Gamma\left(\frac{p+1}{2}\right)\left(1-\frac{4}{2^p}\right)\zeta(p-1)(2D\Delta t)^{p/2},$$
$$\text{ただし } p \geqq 1,\quad \zeta(p-1) \equiv \sum_{m=1}^{\infty}\frac{1}{m^{p-1}} \tag{9}$$

と与えられており，$p=2$ を代入するとリーマン (Riemann) のゼータ関数 $\zeta(1)$ は調和級数となり発散するので，Parkinson 法の根拠たる (8) 式が得られないのである．そこで，本章ではまず $\tilde{l}$ が従う密度を明らかにして (8) 式を導出し，そのうえで Parkinson 法を厳密に導く．

2.2 レンジが従う密度

初期値 $x_0=0$ から出発したドリフトがゼロのブラウン運動が期間 Δt の間にとる最大値を $M^+(\Delta t)$，最小値を $M^-(\Delta t)$ としよう．すなわち，

$$M^+(\Delta t) \equiv \max_{0\leqq t\leqq\Delta t} X(t) > 0 \tag{10}$$

$$M^-(\Delta t) \equiv \min_{0\leqq t\leqq\Delta t} X(t) < 0 \tag{11}$$

である．両者の幅

$$\tilde{l}(\Delta t) \equiv M^+(\Delta t) - M^-(\Delta t) \tag{12}$$

はレンジ（range）と呼ばれ，その確率分布はすでにFeller（1951 b）が求めているので，ここではその導出方法の概略を述べることにする．

まず $M^+(\Delta t)$ および $M^-(\Delta t)$ が，ある特定の値 $x^+(>0)$，$-x^-(<0)$ で押さえられる事象を考える．x^+，$x^->0$ と仮定するので，x^+ は上限，$-x^-$ は下限を与えることに注意する．この事象が起こる確率を

$$G(x^+, x^-\,;\Delta t) \equiv \mathrm{Prob}\{-x^- \leqq M^-(\Delta t) \leqq M^+(\Delta t) \leqq x^+\}$$
$$= \mathrm{Prob}\{M^+(\Delta t) \leqq x^+, -M^-(\Delta t) \leqq x^-\},\ x^+,\ x^- > 0 \tag{13}$$

とあらわせば，2つの正値確率変数 $M^+(\Delta t)$ と $-M^-(\Delta t)$ の結合密度は

$$g(x^+, x^-\,;\Delta t) = \frac{\partial^2 G}{\partial x^+ \partial x^-} \tag{14}$$

で与えられる．レンジ $\tilde{l}$ の分布関数は，

$$\mathrm{Prob}(\tilde{l} \leqq l) = \mathrm{Prob}(M^+ - M^- < l)$$
$$= \iint_{x^+ + x^- < l} g(x^+, x^-)\, dx^+ dx^-$$
$$= \int_0^{+\infty} dx^+ \int_0^{l-x^+} g(x^+, x^-)\, dx^-$$

であるから，密度関数は上式の両辺を l で微分して

$$f(l\,;\Delta t) = \int_0^l g(x^+, l-x^+\,;\Delta t)\, dx^+,\ \ l > x^+ > 0 \tag{15}$$

を計算して求めることができる．したがって，$G(x^+, x^-\,;\Delta t)$ さえわかれば $f(l\,;\Delta t)$ を導くことは容易である．

いま初期値0から出発し，時刻 Δt には $X=x$ に到達するようなブラウン橋過程（Brownian bridge process）を考え，その経路が $-x^-$ 以上 x^+ 以下の範囲しかとらないような経路の集合に対応する確率密度を

$$w(x^+, x^-\,;\Delta t, x)$$
$$\equiv \frac{\partial^2}{\partial x^+ \partial x^-} \mathrm{Prob}\{X(\Delta t) = x, M^+(\Delta t) \leqq x^+,\ -M^-(\Delta t) \leqq x^-\}$$
$$(x^+, x^- > 0) \tag{16}$$

としよう．この確率密度を用いれば，

$$G(x^+, x^-\,;\Delta t) = \int_{-x^-}^{x^+} w(x^+, x^-\,;\Delta t, x)\, dx \tag{17}$$

とあらわすことができる．ここで $w(x^+, x^-; \Delta t, x)$ は，$X=x^+$ と $X=-x^-$ の両側に吸収壁をもつブラウン運動の推移密度に等しいが，吸収壁をもつブラウン運動の推移密度についてはすでに第4章の定理4.2で与えられている．そこで，4章の（12）式で，$x_0=\delta_1=\delta_2=\mu'=0$，$\sigma=\sqrt{D}$，$T=\Delta t$，$\gamma_1=x^+$，$\gamma_2=-x^-$ とおけば

$$
\begin{aligned}
w(x^+, x^-; \Delta t, x) = & \sum_{n=-\infty}^{\infty} \frac{1}{\sqrt{D\Delta t}} \phi\left(\frac{x-(2nx^+ + 2nx^-)}{\sqrt{D\Delta t}}\right) \\
& - \sum_{n=-\infty}^{\infty} \frac{1}{\sqrt{D\Delta t}} \phi\left(\frac{x+2(n-1)x^+ + 2nx^-}{\sqrt{D\Delta t}}\right) \qquad (18)
\end{aligned}
$$

を導出できる．上式で $\phi(\cdot)$ は標準正規密度であるが，本章では分散が V の正規密度は $\phi\left(\frac{1}{\sqrt{V}}\right)$ ではなく，$\frac{1}{\sqrt{V}}\phi\left(\frac{1}{\sqrt{V}}\right)$ と表示する．

Feller（1951）は上式を（17），（14），（15）式の順に代入・整理して，

$$
f(l; \Delta t) = 8\sum_{n=1}^{\infty}(-1)^{n-1} n\phi\left(\frac{nl}{\sqrt{D\Delta t}}\right)\frac{n}{\sqrt{D\Delta t}} \qquad (19)
$$

を導いている．

2.3　Parkinson 法の導出

レンジが従う密度が明らかになったが，$\tilde{l}$ のモーメントの計算は必ずしも容易ではない．まず（19）式をつぎのように変形しておこう．

$$
\begin{aligned}
f(l : \Delta t) &= 8\sum_{n=1}^{\infty}(-1)^{n-1} n\phi\left(\frac{nl}{\sqrt{D\Delta t}}\right)\frac{n}{\sqrt{D\Delta t}} \\
&= 2\left\{\sum_{n=1}^{\infty}(-1)^{n-1} n\phi\left(\frac{nl}{\sqrt{D\Delta t}}\right)\frac{n}{\sqrt{D\Delta t}} - \phi\left(\frac{l}{\sqrt{D\Delta t}}\right)\frac{1}{\sqrt{D\Delta t}}\right\} \\
&\quad -2\left\{\sum_{n=1}^{\infty}(-1)^{n-1}\phi\left(\frac{nl}{\sqrt{D\Delta t}}\right)\frac{n}{\sqrt{D\Delta t}} - \phi\left(\frac{l}{\sqrt{D\Delta t}}\right)\frac{1}{\sqrt{D\Delta t}}\right\} \\
&\quad +4\sum_{n=1}^{\infty}(-1)^{n-1} n\phi\left(\frac{nl}{\sqrt{D\Delta t}}\right)\frac{n}{\sqrt{D\Delta t}} \\
&\quad +2\left\{\sum_{n=1}^{\infty}(-1)^{n+1} n\phi\left(\frac{nl}{\sqrt{D\Delta t}}\right)\frac{n}{\sqrt{D\Delta t}}\right. \\
&\qquad \left. +\sum_{n=1}^{\infty}(-1)^{n+1}\phi\left(\frac{nl}{\sqrt{D\Delta t}}\right)\frac{n}{\sqrt{D\Delta t}}\right\} \\
&= 2\sum_{n=2}^{\infty}(-1)^{n-1} n\phi\left(\frac{nl}{\sqrt{D\Delta t}}\right)\frac{n}{\sqrt{D\Delta t}} - 2\sum_{n=2}^{\infty}(-1)^{n-1}\phi\left(\frac{nl}{\sqrt{D\Delta t}}\right)\frac{n}{\sqrt{D\Delta t}}
\end{aligned}
$$

$$-4\sum_{n=1}^{\infty}(-1)^n n\phi\left(\frac{nl}{\sqrt{D\Delta t}}\right)\frac{n}{\sqrt{D\Delta t}}+2\sum_{n=0}^{\infty}(-1)^{n+1}n\phi\left(\frac{nl}{\sqrt{D\Delta t}}\right)\frac{n}{\sqrt{D\Delta t}}$$

$$+2\sum_{n=0}^{\infty}(-1)^{n+1}\phi\left(\frac{nl}{\sqrt{D\Delta t}}\right)\frac{n}{\sqrt{D\Delta t}}$$

$$=2\sum_{n=2}^{\infty}(-1)^{n-1}(n-1)\phi\left(\frac{nl}{\sqrt{D\Delta t}}\right)\frac{n}{\sqrt{D\Delta t}}$$

$$-4\sum_{n=1}^{\infty}(-1)^n n\phi\left(\frac{nl}{\sqrt{D\Delta t}}\right)\frac{n}{\sqrt{D\Delta t}}$$

$$+2\sum_{n=0}^{\infty}(-1)^{n+1}(n+1)\phi\left(\frac{nl}{\sqrt{D\Delta t}}\right)\frac{n}{\sqrt{D\Delta t}}$$

$$=2\sum_{m=1}^{\infty}(-1)^m m\phi\left(\frac{(m+1)l}{\sqrt{D\Delta t}}\right)\frac{m+1}{\sqrt{D\Delta t}}$$

$$-4\sum_{n=1}^{\infty}(-1)^n n\phi\left(\frac{nl}{\sqrt{D\Delta t}}\right)\frac{n}{\sqrt{D\Delta t}}$$

$$+2\sum_{i=1}^{\infty}(-1)^i i\phi\left(\frac{(i-1)l}{\sqrt{D\Delta t}}\right)\frac{i-1}{\sqrt{D\Delta t}}$$

$$=\sum_{n=1}^{\infty}(-1)^n 2n\left\{\frac{n+1}{\sqrt{D\Delta t}}\phi\left(\frac{(n+1)l}{\sqrt{D\Delta t}}\right)-\frac{2n}{\sqrt{D\Delta t}}\phi\left(\frac{nl}{\sqrt{D\Delta t}}\right)\right.$$

$$\left.+\frac{(n-1)}{\sqrt{D\Delta t}}\phi\left(\frac{(n-1)l}{\sqrt{D\Delta t}}\right)\right\} \tag{20}$$

上の変形で，下から2番目の式は $m=n-1$, $i=n+1$ と番号を読みかえたものである．最後の式は，m, i を再び n に読みかえ式をまとめてある[2)]．

上式を用いると $\tilde{l}$ の第 p 次モーメントは $\tilde{l}>0$ に注意して，

$$E[\tilde{l}^p]=\int_0^{\infty}l^p f(l)\,dl$$

2) (20) 式を l について積分した形が Ingersoll (1987, p. 359) にみられるが，積分した後，さらにガウスの補誤差関数

$$\mathrm{erfc}(z)\equiv\frac{2}{\sqrt{\pi}}\int_0^{\infty}\exp\{-z^2\}dz$$

を用いて表現すべく変数変換を加えると，Parkinson (1980) に掲げられている

$$\mathrm{Prob}\{M^+(\Delta t)-M^-(\Delta t)<l\}$$
$$=\sum_{n=1}^{\infty}(-1)^{n+1}n\left\{\mathrm{erfc}\left(\frac{(n+1)l}{\sqrt{2D\Delta t}}\right)-2\mathrm{erfc}\left(\frac{nl}{\sqrt{2D\Delta t}}\right)+\mathrm{erfc}\left(\frac{(n-1)l}{\sqrt{2D\Delta t}}\right)\right\}$$

という表現を確認することができる．

$$
\begin{aligned}
&= -\frac{4}{\sqrt{D\Delta t}}\left\{\int_0^\infty l^p\phi\left(\frac{2l}{\sqrt{D\Delta t}}\right)dl-\int_0^\infty l^p\phi\left(\frac{l}{\sqrt{D\Delta t}}\right)dl\right\}\\
&\quad+\sum_{n=2}^{\infty}(-1)^n\frac{2n}{\sqrt{D\Delta t}}\left\{(n+1)\int_0^\infty l^p\phi\left(\frac{(n+1)\,l}{\sqrt{D\Delta t}}\right)dl\right.\\
&\quad\left.+(n-1)\int_0^\infty l^p\phi\left(\frac{(n-1)\,l}{\sqrt{D\Delta t}}\right)dl-2n\int_0^\infty l^p\phi\left(\frac{nl}{\sqrt{D\Delta t}}\right)dl\right\} \qquad (21)
\end{aligned}
$$

を計算すれば求められる．後の変形の便宜上，$n=1$ と $n\geqq 2$ とで計算を区別してある．上式を評価するためには総和記号の中の

$$\int_0^\infty l^p\phi\left(\frac{(n+1)\,l}{\sqrt{D\Delta t}}\right)dl \quad (n\geqq 2)$$

を求める必要があるが，ここで被積分関数の正規密度 $\phi(\cdot)$ が，

$$\frac{\partial\phi}{\partial l}=-\frac{(n+1)^2 l}{D\Delta t}\phi\left(\frac{(n+1)\,l}{\sqrt{D\Delta t}}\right)$$

となる性質を利用して部分積分公式を適用すると，

$$
\begin{aligned}
\int_0^\infty l^p\phi\left(\frac{(n+1)\,l}{\sqrt{D\Delta t}}\right)dl &= -\frac{D\Delta t}{(n+1)^2}\int_0^\infty l^{p-1}\frac{\partial}{\partial l}\phi\left(\frac{(n+1)\,l}{\sqrt{D\Delta t}}\right)dl\\
&= -\frac{D\Delta t}{(n+1)^2}\left\{\left[\,l^{p-1}\phi\left(\frac{(n+1)\,l}{\sqrt{D\Delta t}}\right)\right]_{l=0}^{\infty}\right.\\
&\qquad\left.-\int_0^\infty (p-1)\,l^{p-2}\phi\left(\frac{(n+1)\,l}{\sqrt{D\Delta t}}\right)dl\right\}\\
&= \frac{D\Delta t}{(n+1)^2}(p-1)\int_0^\infty l^{p-2}\phi\left(\frac{(n+1)\,l}{\sqrt{D\Delta t}}\right)dl\\
&= \left\{\frac{D\Delta t}{(n+1)^2}\right\}^k (p-1)\cdots(p-2k+1)\\
&\qquad\cdot\int_0^\infty l^{p-2k}\phi\left(\frac{(n+1)\,l}{\sqrt{D\Delta t}}\right)dl \quad (k\text{ は自然数}) \qquad (22)
\end{aligned}
$$

を導くことができる．上式は p が偶数か奇数かで積分の結果が異なるので，場合分けして計算する．

(i)　$\boldsymbol{p}$ が偶数の場合

$k=p/2$ とおけば，

$$\int_0^\infty l^p\phi\left(\frac{(n+1)\,l}{\sqrt{D\Delta t}}\right)dl=\left\{\frac{D\Delta t}{(n+1)^2}\right\}^{p/2}(p-1)\,(p-3)\cdots 3\cdot 1$$

$$\cdot\int_0^{\infty} l^0 \phi\left(\frac{(n+1)\,l}{\sqrt{D\Delta t}}\right)dl$$

$$=\left\{\frac{D\Delta t}{(n+1)^2}\right\}^{p/2}(p-1)\,!\,!\,\frac{\sqrt{D\Delta t}}{2(n+1)}$$

$$=\frac{1}{2}\cdot\frac{(D\Delta t)^{(p+1)/2}}{(n+1)^{p+1}}(p-1)\,!\,! \quad (n \geqq 2) \tag{23}$$

とあらわされる．ここで「!!」は 2 重階乗関数を表わし，

$$m!! = \begin{cases} 2k(2k-2)\cdots4\cdot2 & (m=2k) \\ (2k-1)(2k-3)\cdots3\cdot1 & (m=2k-1) \end{cases}$$

の意味である．同様にして，

$$\int_0^{\infty} l^p \phi\left(\frac{(n-1)\,l}{\sqrt{D\Delta t}}\right)dl = \frac{1}{2}\cdot\frac{(D\Delta t)^{(p+1)/2}}{(n-1)^{p+1}}(p-1)\,!\,! \quad (n \geqq 2) \tag{24}$$

$$\int_0^{\infty} l^p \phi\left(\frac{nl}{\sqrt{D\Delta t}}\right)dl = \frac{1}{2}\cdot\frac{(D\Delta t)^{(p+1)/2}}{n^{p+1}}(p-1)\,!\,! \quad (n \geqq 2) \tag{25}$$

となる．(21) 式の最初の中括弧のなかの 2 つの項については，(24)，(25) 式で $n=2$ を代入すれば求めることができる．(23)～(25) 式を (21) 式へ代入すると

$$E[\tilde{l}^p] = (D\Delta t)^{p/2}(p-1)\,!\,!\Big[2-(1/2^p)$$

$$+\sum_{n=2}^{\infty}(-1)^n n\left\{\frac{1}{(n+1)^p}+\frac{1}{(n-1)^p}-\frac{2}{n^p}\right\}\Big], \qquad p：\text{偶数} \tag{26}$$

であり，とくに $p=2$ のときは，

$$E[\tilde{l}^2] = D\Delta t\left[\frac{7}{4}+\sum_{n=2}^{\infty}(-1)^n n\left\{\frac{1}{(n+1)^p}+\frac{1}{(n-1)^p}-\frac{2}{n^p}\right\}\right] \tag{27}$$

となるが，総和記号の部分は，

$$\sum_{n=1}^{\infty}\frac{(-1)^{n-1}}{n} = \ln 2$$

であることを用いると，

$$\sum_{n=2}^{\infty}(-1)^n n\left\{\frac{1}{(n+1)^2}+\frac{1}{(n-1)^2}-\frac{2}{n^2}\right\}$$

$$=\sum_{n=2}^{\infty}\frac{(-1)^n}{n+1}-\sum_{n=2}^{\infty}\frac{(-1)^n}{(n+1)^2}+\sum_{n=2}^{\infty}\frac{(-1)^n}{n-1}+\sum_{n=2}^{\infty}\frac{(-1)^n}{(n-1)^2}-2\sum_{n=2}^{\infty}\frac{(-1)^n}{n}$$

$$=\sum_{n=1}^{\infty}\frac{(-1)^{n-1}}{n}-\frac{1}{2}-\sum_{n=1}^{\infty}\frac{(-1)^{n-1}}{n^2}+\frac{3}{4}+\sum_{n=1}^{\infty}\frac{(-1)^{n+1}}{n}+\sum_{n=1}^{\infty}\frac{(-1)^{n+1}}{n^2}$$

$$-2\sum_{n=1}^{\infty}\frac{(-1)^n}{n}-2$$

$$=4\ln 2-(7/4) \tag{28}$$

となる．上式を（27）式へ代入すると，

$$E[\tilde{l}^2]=(4\ln 2)D\Delta t$$

を得るが，これはParkinson法が根拠とする（8）式にほかならない．

$p\geqq 4$（p：偶数）のときは，（26）式を変形して

$$E[\tilde{l}^p]=(D\Delta t)^{p/2}(p-1)!!$$
$$\cdot\left\{2-\frac{1}{2^p}+\sum_{n=2}^{\infty}\frac{(-1)^n n}{(n+1)^p}+\sum_{n=2}^{\infty}\frac{(-1)^n n}{(n-1)^p}-2\sum_{n=2}^{\infty}\frac{(-1)^n}{n^{p-1}}\right\} \tag{26$'$}$$

の各無限級数をリーマンのゼータ関数 $\zeta(p)\equiv\sum_{m=1}^{\infty}(1/m^p)$ で表示できる．すなわち，

$$\sum_{n=2}^{\infty}\frac{(-1)^n n}{(n+1)^p}=\sum_{n=1}^{\infty}\frac{(-1)^n}{(n+1)^{p-1}}-\sum_{n=1}^{\infty}\frac{(-1)^n}{(n+1)^p}+\frac{1}{2^p}$$
$$=\sum_{n=1}^{\infty}\frac{(-1)^{n-1}}{n^{p-1}}-\sum_{n=1}^{\infty}\frac{(-1)^{n-1}}{n^p}+\frac{1}{2^p}$$
$$=\left(1-\frac{1}{2^{p-2}}\right)\zeta(p-1)-\left(1-\frac{1}{2^{p-1}}\right)\zeta(p)+\frac{1}{2^p} \tag{29}$$

である．同様にして，

$$\sum_{n=2}^{\infty}\frac{(-1)^n n}{(n-1)^p}=\left(1-\frac{1}{2^{p-2}}\right)\zeta(p-1)+\left(1-\frac{1}{2^{p-1}}\right)\zeta(p) \tag{30}$$

$$\sum_{n=2}^{\infty}\frac{(-1)^n}{n^{p-1}}=\left(\frac{1}{2^{p-2}}-1\right)\zeta(p-1)+1 \tag{31}$$

であるから，（29）～（31）式を（26′）式へ代入すると

$$E[\tilde{l}^p]=4\left(1-\frac{1}{2^{p-2}}\right)(p-1)!!\,\zeta(p-1)(D\Delta t)^{p/2}\quad (p：4\text{以上の偶数}) \tag{32}$$

を導出できる．

(ii) p が奇数の場合

この場合は，（22）式で $k=(p-1)/2$ とおくと，

$$\int_0^{\infty}l^p\phi\left(\frac{(n+1)l}{\sqrt{D\Delta t}}\right)dl=\left\{\frac{D\Delta t}{(n+1)^2}\right\}^{(p-1)/2}(p-1)(p-3)\cdots4\cdot2$$

$$\cdot\int_0^\infty l\phi\left(\frac{(n+1)\,l}{\sqrt{D\Delta t}}\right)dl$$

$$=\frac{(D\Delta t)^{(p+1)/2}}{\sqrt{2\pi}\,(n+1)^{p+1}}(p-1)\,!! \tag{33}$$

である．他の項も同様にして計算すると (21) 式は，

$$E[\tilde{l}^p]=-4(D\Delta t)^{p/2}\frac{(p-1)\,!!}{\sqrt{2\pi}}\left(\frac{1}{2^{p+1}}-1\right)$$

$$+(D\Delta t)^{p/2}\frac{2(p-1)\,!!}{\sqrt{2\pi}}\left[\sum_{n=2}^{\infty}(-1)^n n\right.$$

$$\left.\cdot\left\{\frac{1}{(n+1)^p}+\frac{1}{(n-1)^p}-\frac{2}{n^p}\right\}\right]$$

$$=(D\Delta t)^{p/2}\frac{2(p-1)\,!!}{\sqrt{2\pi}}\left[2-\frac{1}{2^p}+\sum_{n=2}^{\infty}(-1)^n n\right.$$

$$\left.\cdot\left\{\frac{1}{(n+1)^p}+\frac{1}{(n-1)^p}-\frac{1}{n^p}\right\}\right] \quad (p：奇数) \tag{34}$$

となり，とくに $p=1$ のときは，

$$E[\tilde{l}]=\sqrt{D\Delta t}\,\frac{2}{\sqrt{2\pi}}\left\{\frac{3}{2}+\sum_{n=2}^{\infty}(-1)^n\frac{2}{(n+1)(n-1)}\right\}$$

$$=\sqrt{D\Delta t}\,\frac{2}{\sqrt{2\pi}}\left\{\frac{3}{2}+2\sum_{n=1}^{\infty}\frac{(-1)^{n+1}}{n(n+2)}\right\}=\sqrt{\frac{8}{\pi}}\sqrt{D\Delta t} \tag{35}$$

を導くことができる．上の計算では，

$$\sum_{n=1}^{\infty}\frac{(-1)^{n+1}}{n(n+2)}=\frac{1}{4}$$

となることを利用している．

$p\geqq 3$ (p：奇数) の場合には，p が偶数のときの (29)～(31) 式を利用できるので，それぞれ (34) 式へ代入すると，

$$E[\tilde{l}^p]=\frac{4\sqrt{2}}{\sqrt{\pi}}\left(1-\frac{1}{2^{p-2}}\right)(p-1)\,!!\,\zeta(p-1)\,(D\Delta t)^{p/2}$$

$$(p：3 以上の奇数) \tag{36}$$

を得る．

p が奇数か偶数かによって，レンジのモーメントを与える式が異なっているようにみえるが，ガンマ関数 $\Gamma(z)=\int_0^\infty e^{-u}u^{z-1}du\,(z>0)$ を用いて，

$$(p-1)!! = \begin{cases} \Gamma((p+1)/2)\,2^{(p-1)/2} & p：奇数 \\ \Gamma((p+1)/2)\dfrac{2^{p/2}}{\sqrt{\pi}} & p：偶数 \end{cases} \tag{37}$$

を (32), (36) 式へそれぞれ代入すると両式とも同じ形になり，

$$E[\tilde{l}^p] = \frac{4}{\sqrt{\pi}}\Gamma\left(\frac{p+1}{2}\right)\left(1-\frac{4}{2^p}\right)\zeta(p-1)(2D\Delta t)^{p/2}, \quad p \geqq 3 \tag{38}$$

とあらわすことができる[3)]．結局，Parkinson が提示した (9) 式は，p にかんする条件を正確に記述していなかったことがわかる．

以上の結果をまとめると，

$$E[\tilde{l}] = \sqrt{8/\pi}(D\Delta t)^{1/2} \fallingdotseq 1.596(D\Delta t)^{1/2} \tag{39}$$

$$E[\tilde{l}^2] = (4\ln 2)D\Delta t \fallingdotseq 2.773D\Delta t \tag{40}$$

$$E[\tilde{l}^p] = \frac{4}{\sqrt{\pi}}\Gamma\left(\frac{p+1}{2}\right)\left(1-\frac{4}{2^p}\right)\zeta(p-1)(2D\Delta t)^{p/2}, \quad p \geqq 3$$

---

3) 本章では初等的な方法でレンジの各次モーメントを導出したが，ガンマ関数の性質を利用すれば，$p \geqq 3$ については，つぎのようにして (38) 式を直接導くことができる．まず，

$$\Gamma(z) = \int_0^\infty e^{-u}u^{z-1}du \quad (z>0)$$

において，$u=y^2/2$，$z=(p+1)/2$ とおいて変数変換を行うと

$$\int_0^\infty y^p\phi(y)\,dy = \frac{1}{\sqrt{2\pi}}2^{(p-1)/2}\Gamma\left(\frac{p+1}{2}\right)$$

であるから，

$$\int_0^\infty l^p\phi\left(\frac{nl}{\sqrt{D\Delta t}}\right)\frac{n}{\sqrt{D\Delta t}}\,dl = \left(\frac{\sqrt{D\Delta t}}{n}\right)^p\frac{1}{\sqrt{2\pi}}2^{(p-1)/2}\Gamma\left(\frac{p+1}{2}\right)$$

を得る．つぎに，

$$f(l) = 8\sum_{n=1}^{\infty}(-1)^{n-1}n\phi\left(\frac{nl}{\sqrt{D\Delta t}}\right)\frac{n}{\sqrt{D\Delta t}}$$

より

$$\begin{aligned} E[\tilde{l}^p] &= 8\sum_{n=1}^{\infty}(-1)^{n-1}n^2\left\{\int_0^\infty l^p\phi\left(\frac{nl}{\sqrt{D\Delta t}}\right)\frac{1}{\sqrt{D\Delta t}}\,dl\right\} \\ &= 4\cdot 2^{p/2}\frac{1}{\sqrt{\pi}}\Gamma\left(\frac{p+1}{2}\right)(D\Delta t)^{p/2}\left\{\sum_{n=1}^{\infty}(-1)^{n-1}\frac{1}{n^{p-1}}\right\} \end{aligned}$$

を得る．ここで $p \geqq 3$ のとき

$$\sum_{n=1}^{\infty}\frac{(-1)^{n-1}}{n^{p-1}} = \left(1-\frac{1}{2^{p-1}}\right)\zeta(p-1)$$

と表現できるので，

$$E[\tilde{l}^p] = \frac{4}{\sqrt{\pi}}\Gamma\left(\frac{p+1}{2}\right)\left(1-\frac{4}{2^p}\right)\zeta(p-1)(2D\Delta t)^{p/2} \quad (p \geqq 3)$$

を導出できる．

である．参考のため，原点まわり 6 次モーメントまで求めてみるとつぎのとおりである．これらの結果は後に推定効率の計算で利用する．

$$E[\tilde{l}^3]=\{(2\sqrt{2})/3\}\pi^{3/2}(D\Delta t)^{3/2}\fallingdotseq 5.250(D\Delta t)^{3/2} \tag{41}$$

$$E[\tilde{l}^4]=9\zeta(3)(D\Delta t)^2\fallingdotseq 10.819(D\Delta t)^2 \tag{42}$$

$$E[\tilde{l}^5]=\{(14\sqrt{2})/45\}\pi^{7/2}(D\Delta t)^{5/2}\fallingdotseq 24.180(D\Delta t)^{5/2} \tag{43}$$

$$E[\tilde{l}^6]=(945/16)\zeta(5)(D\Delta t)^3\fallingdotseq 61.244(D\Delta t)^3 \tag{44}$$

上式において，$\zeta(3)\fallingdotseq 1.20206$，$\zeta(5)\fallingdotseq 1.03693$ である[4)]．

(39)～(44) 式を 2 本ずつ組合せ Δt を消去すると，たとえば，

$$E[\tilde{l}^2]=\{(\pi\ln 2)/2\}(E[\tilde{l}])^2\fallingdotseq 1.089(E[\tilde{l}])^2 \tag{45}$$

$$E[\tilde{l}^3]=(\pi^3/24)(E[\tilde{l}])^3\fallingdotseq 1.292(E[\tilde{l}])^3 \tag{46}$$

$$=\{(\sqrt{2}\pi^{3/2})/18\}(E[\tilde{l}^2])^{3/2}\fallingdotseq 0.437(E[\tilde{l}^2])^{3/2} \tag{47}$$

など，本章で仮定した株価プロセス (1) 式の妥当性にかんする，さまざまなテストを提供する．

あらためていうまでもなく，Parkinson 法

$$\hat{D}_P=\frac{1}{N\Delta t(4\ln 2)}\sum_{i=1}^{N}\tilde{l}_i^2$$

は (40) 式から導かれる D の不偏推定量である．また (39)，(41)～(44) 式からも D の推定を行うことが可能である．とくに標準偏差 $\sqrt{D}$ の不偏推定量は (39) 式からつくることができ，

$$\widehat{\sqrt{D_P\Delta t}}=\sqrt{\frac{\pi}{8}}\frac{1}{N}\sum_{i=1}^{N}\tilde{l}_i\fallingdotseq\frac{0.627}{N}\sum_{i=1}^{N}\tilde{l}_i \tag{48}$$

とすればよいことがわかる．計測インターバルとして $\Delta t=1$ 日とし，第 i 日めの株価の高値，安値を H_i，L_i とすれば，日率での標準偏差は，

$$\widehat{\sqrt{D_P}}\fallingdotseq\frac{0.627}{N}\sum_{i=1}^{N}\ln\left(\frac{H_i}{L_i}\right) \tag{49}$$

で推定できる．上式の係数は導出が容易でないこともあるが，いまだに有力な教科書のなかにも異なった値を掲載しているものがある．たとえば Bookstaber (1987, p. 79) は 0.601 としているが，これは明らかに誤りと思われる[5)]．

4) リーマンのゼータ関数の近似値は，岩波数学公式 II (1987) を用いた．

5) Bookstaber (1987) は $\sqrt{D}$ を推定するために，$\hat{D}_P$ の係数 $1/(4\ln 2)$ の平方根をと

$\widehat{D}_P$ の推定量としての分散を (40), (42) 式を用いて求めると,

$$\mathrm{Var}[\widehat{D}_P] = \frac{1}{N(\Delta t)^2(4\ln 2)^2}\mathrm{Var}[\tilde{l}^2] = \frac{E[\tilde{l}^4]-(E[\tilde{l}^2])^2}{N(\Delta t)^2(4\ln 2)^2}$$

$$= \left\{\frac{9\zeta(3)}{(4\ln 2)^2}-1\right\}\frac{D^2}{N} \fallingdotseq \frac{0.407}{N}D^2 \tag{50}$$

である. 一方, classical 法の推定量

$$\widehat{D}_C = \frac{1}{N\Delta t}\sum_{n=1}^{N}\tilde{d}_i^2$$

の分散は, $\tilde{d}_i$ が平均がゼロで既知の正規分布に従うと仮定しているので,

$$\mathrm{Var}[\widehat{D}_C] = 2D^2/N \tag{51}$$

である. そこで $\widehat{D}_P$ の $\widehat{D}_C$ にたいする相対効率は, 両推定量とも不偏であるから,

$$\mathrm{Eff}(\widehat{D}_P] \equiv \mathrm{Var}[\widehat{D}_C]/\mathrm{Var}[\widehat{D}_P]$$

$$= \frac{2(4\ln 2)^2}{9\zeta(3)-(4\ln 2)^2} \fallingdotseq 4.91 \tag{52}$$

となり, Parkinson 法が通常の分散推定方法の約5倍も効率的である, という主張が理解できるのである. ところが Beckers (1983), Garman and Klass (1980) はいずれも Parkinson 法の相対効率を 5.2 としており, 厳密に

ったと思われる. $(1/\sqrt{4\ln 2} \fallingdotseq 0.601)$. しかし, たとえ $\widehat{D}_P$ が不偏推定量であってもその平方根が不偏推定量とはかぎらず, $\tilde{l}$ の分布に依存した修正が必要である. 最も簡単なケースとして classical 法について考えてみると,

$$\widehat{D}_C\Delta t = \frac{1}{N}\sum_{i=1}^{N}\tilde{d}_i^2,\quad \tilde{d}_i \sim iid\boldsymbol{N}(0, D\Delta t)$$

であるから,

$$\tilde{u} \equiv \sum_{i=1}^{N}\left(\frac{\tilde{d}_i}{\sqrt{D\Delta t}}\right)^2 \sim \chi^2(N)$$

となる性質より χ^2 分布の密度を利用して,

$$E[(\widehat{D}_C\Delta t)^{1/2}] = E[\sqrt{D\Delta t/N}\cdot\tilde{u}^{1/2}] = \sqrt{D\Delta t/N}\int_0^\infty u^{1/2}\frac{u^{(N/2)-1}e^{-u/2}}{2^{N/2}\Gamma(N/2)}du$$

$$= \frac{(2/N)^{1/2}\Gamma((N+1)/2)}{\Gamma(N/2)}\sqrt{D\Delta t}$$

を得る. したがって $\sqrt{D\Delta t}$ の不偏推定量は,

$$\widehat{\sqrt{D_C\Delta t}} = \frac{(N/2)^{1/2}\Gamma(N/2)}{\Gamma((N+1)/2)}\left(\frac{1}{N}\sum_{i=1}^{N}\tilde{d}_i^2\right)^{1/2}$$

で与えられる. 上記の係数は標本数 N がある程度大きければほぼ1となり実用上は問題ないが, Bookstaber (1987) で与えられる推定値は, $(1/\sqrt{4\ln 2})/\sqrt{\pi/8} = 0.9584$ ゆえ, N の大きさにかかわらずつねに約4%の過小評価をもたらす.

いえば，これらの相対効率の数字はすべて誤りである．

これまでの検討によってParkinson法の名で知られる推定量は，Feller (1951 b) が示した $D=\{1/(4\ln 2)\Delta t\}E[\tilde{l}^2]$ を用いて，$E[\tilde{l}^2]$ を $(1/N)\sum_{i=1}^{N} l_i^2$ で推定しているにすぎないことが明らかとなった．Feller論文から30年を経て，対数株価の分散推定にその結果を利用したことは確かにParkinsonの貢献ではあるが，この推定方法は，本来なら「Feller法」とでも呼ぶべきものではなかろうか[6)]．

3. その他の分散推定法

新聞の株式欄をみると，上場株式の毎日の高値，安値に加え，始値，終値という4本値のデータが掲載されている．利用する情報が多いほど優れた推定が可能となるのは当然だが，この4本値を利用してParkinson法の推定効率をさらに高める複数の方法が，Garman and Klass (1980) により提案されている．本節ではこれらの推定量，すなわち修正Parkinson法，Garman-Klass法，および修正Garman-Klass法をとりあげ検討する．

3.1 修正 Parkinson 法

ここでは議論を簡単にするため計測インターバル Δt を1日と設定し，日々の4本値をボラティリティー推定のためのデータとする．したがって，推定される分散 D も日率の2乗で表示されるが，Δt として1週間，1か月といった任意のインターバルを設定することができるので，月率，年率で分散を表示することも可能である．以下ではとくに断りのないかぎり，株価はすべて対数値である．

図6.1で示されるように，前日の終値を C_{i-1}，今日の始値を O_i，今日の高値から始値を差し引いた値を $X_i^+(>0)$，今日の始値から安値を差し引いた値を $X_i^-(>0)$ とする．X_i^+，X_i^- を標準高値，標準安値と呼ぶことにする．

6) Kunitomo (1992) は，やはりFeller (1951b) が導出したブラウン橋過程におけるレンジの確率密度を利用して，通常の分散推定方法にたいして相対効率が10を超える新しい極値法を提案している．

図 6.1

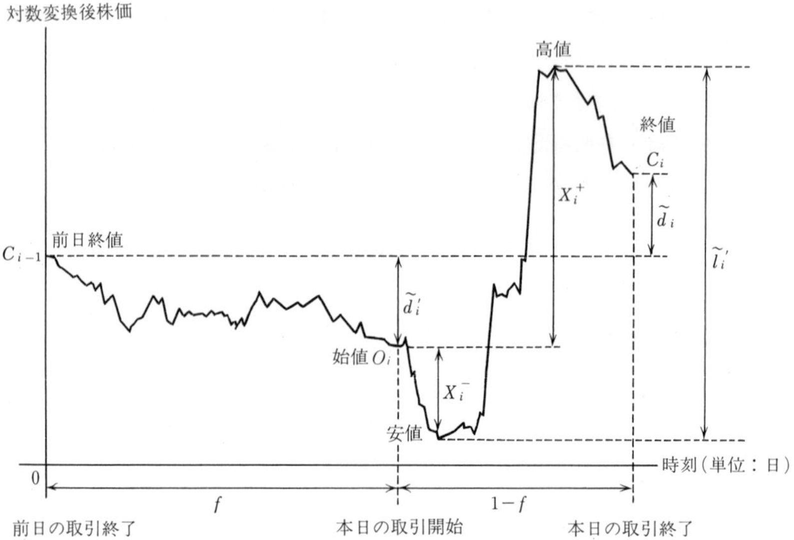

さらに，前日の最終取引時刻から今日の取引開始時刻までの経過時間，すなわち非営業時間を日単位で表示した値を f とする．休日の影響がない通常のケースでは $0<f<1$ であり，取引開始から終了時刻までの営業時間は $1-f$ となる．

非営業時間中の分散推定は，高値も安値も計測しえないから classical 法によらざるを得ない．そこで非営業時間中の株価も営業時間中と同じ母数で記述されるブラウン運動に従うと仮定して，前日終値と今日の始値（対数値）の差 d_i' について

$$\hat{D}_C' = \frac{1}{Nf}\sum_{i=1}^{N}\tilde{d}_i'^2 = \frac{1}{Nf}\sum_{i=1}^{N}(O_i - C_{i-1})^2 \tag{53}$$

を用いる．一方，営業時間中の分散推定は Parkinson 法によって

$$\hat{D}_P' = \frac{1}{N(1-f)}\cdot\frac{1}{(4\ln 2)}\sum_{i=1}^{N}\tilde{l}_i'^2$$

とすれば，$\hat{D}_C'$ と $\hat{D}_P'$ とを λ，$1-\lambda$ の比率で組み合わせて新しい統計量

$$\hat{D}_P{}^o = \lambda\hat{D}_C' + (1-\lambda)\hat{D}_P' \tag{54}$$

を作ることができる．この統計量の分散を計算すると，

$$E[\widehat{D}_C{}'^2] = \mathrm{Var}[\widehat{D}_C{}'] + (E[\widehat{D}_C{}'])^2 = (2D^2/N) + (E[\tilde{d}'^2])^2/f^2$$
$$= (2D^2/N) + D^2$$
$$E[\widehat{D}_P{}'^2] = \mathrm{Var}[\widehat{D}_P{}'] + (E[\widehat{D}_P{}'])^2$$
$$= \left\{\frac{9\zeta(3)}{(4\ln 2)^2} - 1\right\}\frac{D^2}{N} + \frac{(E[\tilde{l}'^2])^2}{(4\ln 2)^2(1-f)^2}$$
$$= \left\{\frac{9\zeta(3)}{(4\ln 2)^2} - 1\right\}\frac{D^2}{N} + D^2$$

であるから，

$$\mathrm{Var}[\widehat{D}_P{}^o] = \lambda^2 E[\widehat{D}_C{}'^2] + 2\lambda(1-\lambda)E[\widehat{D}_C{}']E[\widehat{D}_P{}'] + (1-\lambda)^2 E[\widehat{D}_P{}'^2] - (E[\widehat{D}_P{}^o])^2$$
$$= \left\{1 + \frac{9\zeta(3)}{(4\ln 2)^2}\right\}\frac{D^2}{N}\lambda^2 + 2\left\{1 - \frac{9\zeta(3)}{(4\ln 2)^2}\right\}\frac{D^2}{N}\lambda - \left\{1 - \frac{9\zeta(3)}{(4\ln 2)^2}\right\}\frac{D^2}{N} \tag{55}$$

を得る．この λ にかんする 2 次式は，

$$\lambda^* = \frac{9\zeta(3) - (4\ln 2)^2}{9\zeta(3) + (4\ln 2)^2} \fallingdotseq 0.169 \tag{56}$$

のとき最小値をとり，その値は

$$\mathrm{Var}[\widehat{D}_P{}^o] = 2\lambda^* D^2/N \fallingdotseq 0.338D^2/N \tag{57}$$

である．このとき，推定量 $\widehat{D}_P{}^o$ の classical 法にたいする相対効率を求めると，

$$\mathrm{Eff}(\widehat{D}_P{}^o) = \mathrm{Var}[\widehat{D}_C]/\mathrm{Var}[\widehat{D}_P{}^o] \fallingdotseq 5.91 \tag{58}$$

である[7]．λ^* の値を（54）式へ戻すと，

$$\widehat{D}_P{}^o = 0.169\widehat{D}_C{}' + 0.831\widehat{D}_P{}'$$
$$= \frac{0.169}{Nf}\sum_{i=1}^{N}(O_i - C_{i-1})^2 + \frac{0.3}{N(1-f)}\sum_{i=1}^{N}\tilde{l}_i^2 \tag{59}$$

---

7) 一般に $\widehat{D}_C$ と任意の不偏分散推定量 $\widehat{D}_i$ との合成推定量の分散は，$\lambda=1/\{1+\mathrm{Eff}(\widehat{D}_i)\}$ のとき最小化され，そのときの相対効率は $\mathrm{Eff}(\widehat{D}_i)+1$ で与えられる（証明は Ball and Torous (1984) に補助定理として掲げられている)．本章では $\mathrm{Eff}(\widehat{D}_P) \fallingdotseq 4.91$ を導いたので $\mathrm{Eff}(\widehat{D}_P{}^o) \fallingdotseq 5.91$ となるが，Beckers (1983)，Garman and Klass (1980) は $\mathrm{Eff}(\widehat{D}_P) \fallingdotseq 5.2$ としているので $\mathrm{Eff}(\widehat{D}_P{}^o) \fallingdotseq 6.2$ という誤った相対効率を報告している．

となり，この合成推定量 (composite estimator) が修正 Parkinson 法と呼ばれるものである．わが国の株式市場では平日は午前9時に場が開き午後3時に終了するので，$f=0.75$ を代入すると，

$$\hat{D}_P{}^o = \frac{0.225}{N}\sum_{i=1}^{N}(O_i - C_{i-1})^2 + \frac{1.2}{N}\sum_{i=1}^{N}\tilde{l}_i{}^2 \tag{60}$$

である．休日をはさんだ営業日については，たとえば月曜日では上式の第1項の係数を 0.061 へかえるなど，f の値に応じた修正を加えねばならない．

3.2　Garman-Klass 法と修正 Garman-Klass 法

修正 Parkinson 法の算出においては，暗黙のうちに $\tilde{l}_i'$（高値―安値）と $\tilde{d}_i'$（始値―前日終値）とが確率的に独立であることを前提としていた．Garman and Klass (1980) はこれらが独立ではないと考え，X_i^+（高値―始値），X_i^-（始値―安値），$C_i - O_i$（終値―始値：標準終値）の結合密度を明示的に求めて推定量を構築した[8]．

この密度は，$\tilde{l}$ の密度を求めた方法と同じようにして求めることができる．一般性を失うことなく $X(0)=0$ として，3つの確率変数

$$X^+(\Delta t) \equiv \max_{0<t<\Delta t} X(t),\quad X^-(\Delta t) \equiv -\min_{0<t<\Delta t} X(t),\quad および\quad C(\Delta t)$$

が，それぞれ x^+（上限），x^-（下限の絶対値），および定数 c でおさえられるような事象を考え，その確率を $H(x^+, x^-, c\,;\,\Delta t)$ とする．x^+，$x^- > 0$ として，

$$\begin{aligned} H &\equiv \mathrm{Prob}\{X^+(\Delta t) \leqq x^+,\ X^-(\Delta t) \leqq x^-,\ C(\Delta t) \leqq c\} \\ &= \mathrm{Prob}\{-x^- \leqq X(t) \leqq x^+,\ X(\Delta t) \leqq c, 0 \leqq t \leqq \Delta t\} \end{aligned} \tag{61}$$

とあらわせば，結合密度は，

$$\begin{aligned} h(x^+, x^-, c\,;\,\Delta t) &= \frac{\partial^3 H}{\partial x^+ \partial x^- \partial c} = \frac{\partial^2}{\partial x^+ \partial x^-}\left(\frac{\partial H}{\partial c}\right) \\ &\equiv \frac{\partial^2}{\partial x^+ \partial x^-} h^*(c\,;\,\Delta t) \end{aligned} \tag{62}$$

で与えられる．$h^*(c\,;\,\Delta t)$ は，前述した $X=x^+$ と $X=-x^+$ の両側に吸収

8)　本章では標準安値を正値確率変数として扱う目的で始値から安値を差し引いて定義しており，Garman-Klass 論文の定義とは符号が反対になっている．

壁をもつブラウン運動の推移密度であるが，(18) 式の表現よりもつぎのフーリエ級数を利用した表現のほうが後の展開が容易である[9]．

$$h^*(c\,;\Delta t)=\sum_{n=1}^{\infty}\left\{\frac{2}{x^++x^-}\sin\left(\frac{n\pi x^-}{x^++x^-}\right)\right\}$$

$$\cdot\sin\left(\frac{n\pi(c+x^-)}{x^++x^-}\right)\exp\left\{-\frac{n^2\pi^2D\Delta t}{2(x^++x^-)^2}\right\} \tag{63}$$

求める結合密度は，$\Delta t=1$ のとき，

$$h(x^+,x^-,c)=\sum_{n=1}^{\infty}\exp\{-\delta(n)D\}\{\alpha(n)D^2+\beta(n)D+\gamma(n)\} \tag{64}$$

ただし，

$$\alpha(n)\equiv\frac{2n^4\pi^4}{(x^++x^-)^7}\sin\left(\frac{n\pi(x^-+c)}{x^++x^-}\right)\sin\left(\frac{n\pi x^-}{x^++x^-}\right),$$

$$\beta(n)\equiv\frac{2n^3\pi^3(x^+-x^-)}{(x^++x^-)^6}\sin\left(\frac{n\pi(2x^-+c)}{x^++x^-}\right)$$
$$-\frac{4n^3\pi^3}{(x^++x^-)^6}\sin\left(\frac{n\pi x^-}{x^++x^-}\right)\cos\left(\frac{n\pi(x^-+c)}{x^++x^-}\right)$$
$$-\frac{10n^2\pi^2}{(x^++x^-)^5}\sin\left(\frac{n\pi x^-}{x^++x^-}\right)\sin\left(\frac{n\pi(x^-+c)}{x^++x^-}\right),$$

$$\gamma(n)=\frac{2n^2\pi^2}{(x^++x^-)^5}(x^-c-2x^+x^--x^+c)\cos\left(\frac{n\pi(2x^++c)}{x^++x^-}\right)$$
$$+\frac{4n\pi(x^--x^+)}{(x^++x^-)^4}\sin\left(\frac{n\pi(2x^-+c)}{x^++x^-}\right)$$
$$+\frac{8n\pi c}{(x^++x^-)^4}\sin\left(\frac{n\pi x^-}{x^++x^-}\right)\cos\left(\frac{n\pi(x^-+c)}{x^++x^-}\right)$$
$$+\left\{\frac{4}{(x^++x^-)^3}-\frac{2n^2\pi^2c^2}{(x^++x^-)^5}\right\}\sin\left(\frac{n\pi x^-}{x^++x^-}\right)\sin\left(\frac{n\pi(x^-+c)}{x^++x^-}\right),$$

$$\delta(n)=\frac{n^2\pi^2}{2(x^++x^-)^2}$$

である．結合密度が得られたので，3 変数の積率母関数も導くことができる．Garman and Klass (1980) は結合積率母関数を用いて，分散 D にかんする解析的な推定量の範囲で尺度変換にたいして不変 (invariant) な最小分散不偏推定量 ($\hat{D}_G$) を求めたのである．詳細は Garman-Klass 論文に譲るが，そ

9) この導出過程は Cox and Miller (1965, pp. 222-223) を参照されたい．

の結論は，

$$\widehat{D}_G = \frac{0.511}{N}\sum_{i=1}^{N}(X_i^+ + X_i^-)^2$$
$$-0.019\left\{\frac{1}{N}\sum_{i=1}^{N}(C_i - O_i)(X_i^+ - X_i^-) + \frac{2}{N}\sum_{i=1}^{N}X_i^+X_i^-\right\}$$
$$-\frac{0.383}{N}\sum_{i=1}^{N}(C_i - O_i)^2 \tag{65}$$

というものである．$\widehat{D}_G$ の $\widehat{D}_C$ にたいする相対効率は 7.4 と報告されており，この推定方式は Garman-Klass 法と呼ばれている．

修正 Parkinson 法と同じ要領で，非営業時間中の分散を classical 法 ($\widehat{D}_C'$) で，営業時間中の分散を Garman-Klass 法 ($\widehat{D}_G'$) によって推定し，両者を組み合わせて合成推定量をつくると，

$$\widehat{D}_G{}^o = \frac{0.12}{f}\widehat{D}_C' + \frac{0.88}{1-f}\widehat{D}_G' \tag{66}$$

としたとき相対効率は 8.4 となり最大化される．わが国では，火曜日から金曜日までは $f=0.75$ であるから，修正 Garman-Klass 法は，

$$\widehat{D}_G{}^o = \frac{0.16}{N}\sum_{i=1}^{N}(O_i - C_{i-1})^2 + \frac{1.799}{N}\sum_{i=1}^{N}(X_i^+ + X_i^-)^2$$
$$-\frac{0.067}{N}\sum_{i=1}^{N}(C_i - O_i)(X_i^+ - X_i^-) - \frac{0.134}{N}\sum_{i=1}^{N}X_i^+X_i^-$$
$$-\frac{1.348}{N}\sum_{i=1}^{N}(C_i - O_i)^2 \tag{67}$$

で与えられる．休日が前日にくる営業日，たとえば月曜日では第1項の係数を 0.16 から 0.044 へかえてやるなど，f を適当に修正する必要が生じる．本節でとりあげたすべての合成推定量は，営業時間と非営業時間における株価のプロセスが同一の確率微分方程式で記述されることを前提していることを強調しておく．

Ball and Torous (1984) は (64) 式の結合密度から最尤推定量のアルゴリズムを導いており，標本数が 20 以上あれば漸近的に不偏性も満たすことを報告している．Garman and Klass (1980) では (X^+, X^-, C) の2次モーメントまでの情報しか利用していないのにくらべ，最尤推定量は分布のすべての情報を利用できる点で優れている．シミュレーションの結果では，classical 法にたいして 7.7〜8.7 程度の相対効率が得られているので，最尤推定量を classical 法と合成すれば最大で 8.7〜9.7 の相対効率を実現できることになる．

4. わが国の株式市場における実証分析

前節まで，Parkinson 法を中心に複数の極値法について，推定量の導出過程と classical 法との相対効率の点から検討を加えてきた．本節では，実際にわが国の株式市場のデータを用いた実証分析によって，これらの推定量の利用上の問題点を明らかにする．

4.1 利用上の問題点

実務上で新しい推定量が利用できるか否かについては，推定量を導くうえで前提した仮定が現実にどれほど満たされているか，仮定と現実の乖離が推定量に及ぼす影響を検討することによって解答が与えられるはずである．そこでこれまで明示あるいは暗黙のうちにおかれてきた仮定のなかで，とくに重要と考えられるつぎの 3 つをとりあげ，検討する．

(A 1) 拡散過程を記述するパラメターは，営業時間であるか非営業時間であるかを問わず，観測期間中は一定である．

(A 2) 株価の対数値はドリフトがゼロのブラウン運動に従う．

(A 3) 株価の正確な値を連続時間で観測することができる．

まず (A 1) については，わが国における営業時間収益率と非営業時間収益率の同一性にかんして，間接的ではあるが池田 (1988) は否定的な結論を報告している．すなわち，営業時間と非営業時間中の収益生成過程が同一のパラメターで記述されるのであれば，月曜日の日次収益率は日曜日および土曜休業日を挟んで測定されるのであるから，その分散は他曜日の 2 倍以上になるはずである．ところが 1977 年から 1986 年までの 10 年間にわたる東証株価指数を用いた日次収益率の計測結果によれば，土曜日について月曜日の分散が小さくなっている．両時間帯の確率過程が異なるとすれば，修正 Parkinson 法，修正 Garman-Klass 法などの合成推定量はただちにその根拠を失うことになる．次項ではこの仮定について直接的な検証を試みる．

つぎに (A 2) における株式の期待収益率がゼロという仮定であるが，実務上ではほとんど支障をきたさないと予想される．ドリフトはその 2 乗のレベルで分散推定に効いてくるので，適当な長さに観測インターバルを縮小していけば急速にその影響が減殺されるからである．実際，後述する実証結果をみると，日次あるいは週次ベースにおける対数収益率の平均は，分散に比べて無視できるほど小さい数値である．また計測インターバルが長期にわたり，ドリフトの大きさを無視しえない場合には，通常の方法によって，

$$dX = \mu dt + \sqrt{D}\, dW$$

のドリフト μ を次式で推定し，そのあと分散を推定すればよい．

$$\hat{\mu} = \frac{1}{N\Delta t}\sum_{i=1}^{N}\tilde{d}_i \tag{68}$$

$$\hat{D} = \frac{1}{(N-1)\Delta t}\sum_{i=1}^{N}(\tilde{d}_i - \hat{\mu}\Delta t)^2 = \frac{1}{(N-1)\Delta t}\sum_{i=1}^{N}\tilde{d}_i{}^2 - \frac{N}{N-1}\hat{\mu}^2\Delta t \tag{69}$$

このとき $\mathrm{Var}[\hat{\mu}] = D/(N\Delta t)$ であるから，

$$\begin{aligned} E[\hat{D}] &= \frac{N}{(N-1)\Delta t}E[\tilde{d}_i{}^2] - \frac{N}{N-1}E[\hat{\mu}^2]\Delta t \\ &= \frac{N}{(N-1)\Delta t}\{D\Delta t + \mu^2(\Delta t)^2\} - \frac{N}{N-1}\left(\frac{D}{N\Delta t} + \mu^2\right)\Delta t = D \end{aligned} \tag{70}$$

となり，$\hat{D}$ の不偏性を確認できる．(69) 式でみても，Δt を縮小すると第 1 項に比較して第 2 項のドリフトの比重が急減することがわかる．株価のプロセスが幾何ブラウン運動とみなせない場合には，その乖離の程度が各種の分散推定量にどのような影響を与えるかは明らかではない．ただし，この問題は株価のプロセスをブラウン運動に変換するような適当な方法がみつかれば回避することができる．この点についてはつぎの実証分析の課題とする．

最後に (A 3) が満たされないときの影響を考えよう．ブラウン運動は連続かついたるところ微分不可能な確率過程である．計測インターバルをいかに微小時間で分割しようとも非有界な変動が起こる可能性がある．したがっ

て株価の経路を連続的にモニターできない以上，観測された「高値」と「安値」は真の高値と安値を確率1で過小・過大評価する．現実の観測が（A3）を満たすことは不可能なので，高値，安値を利用する推定量は深刻な影響を被ることが予想される．これまで，計測インターバル Δt の大きさを自由に調節・選択できるかのごとく議論を進めてきたが，実際に株価を観測できるのは売買が成立した時刻にかぎられる．本章における仮定は取引が発生するしないにかかわらず，均衡価格が幾何ブラウン運動の経路を描き続けるというものであるから，観測期間中の取引発生回数が少ない銘柄では極値を利用する方法は大幅な過小評価を行う可能性が高い．これにたいして終値だけを利用するclassical法には，連続的な観測をしえないという理由によっては過小評価の問題は生じないという長所がある[10)]．

4.2　わが国の株価データによる実証分析

以下ではclassical，Parkinson，Garman-Klassの3つの推定量について，前項で指摘した問題点の影響を検討するために，わが国の株価データを用いて実際に分散を推定してみる．(1)では営業時間および非営業時間収益率の分散同一性について，(2)では幾何ブラウン運動という確率過程の仮定が現実にどの程度満たされているか，東証株価指数をデータとして観測インターバルを日次，週次，月次と変化させながら検討する．(3)では50銘柄の株式を選び，3つの推定方式により分散を推定し，これらの推定値がどのように食い違うかをみていく．

(1)　営業時間収益率と非営業時間収益率

A.　データと検証期間

---

10)　厳密にいえば，連続的観測ができないことに加えて，株価が離散の値でしか報告されない非連続性もバイアスを生む．Gottlieb and Kalay (1985) は，拡散過程の定義からして連続であるべき株価が，米国では1/8ドル単位の離散値でしか表示されない結果として，株価が低い銘柄ほど分散が過大に推定されると主張している．またbid-ask spreadの存在も同じ効果をもたらす．Cho and Frees (1988) は，観測値の非連続性にたいして頑強な推定量を提案しているが，Marsh and Rosenfeld (1986) はclassical法にかんするかぎりは，この種の非連続性はシステマテックな偏りを生まないと論じている．

データは1978年1月から1987年12月まで10年間における東証指数の毎日の始値と終値を利用した（個別銘柄については，データベース上の制約で検証していない）．前日の終値を I_{i-1}^O，今日の始値，終値を I_i^O，I_i^C と表わせば，営業時間収益率（RT_i）は，

$$RT_i = \frac{96}{23}\ln\left(\frac{I_i^C}{I_i^O}\right) = \frac{96}{23}(C_i - O_i) \tag{71}$$

で与えられる．C_i，O_i はそれぞれ東証指数の終値 I_i^C と始値 I_i^O の対数値であり，係数は日率に修正するための値である．すなわち場が開くのは9時ちょうどであるが，われわれが用いた「始値」が記録される時刻は9時15分であったので，終値が記録される15時までの時間は5時間45分であり，(23/96) 日に相当する．またこの検証期間中では証券取引所は土曜日も営業しており，場が閉まるのは11時であったので，

$$RT_i = \frac{96}{7}\ln\left(\frac{I_i^C}{I_i^O}\right) = \frac{96}{7}(C_i - O_i) \tag{72}$$

とした．つぎに非営業時間収益率（RN_i）であるが，通常は前営業日の終値から今日の始値が計測されるまでの間隔は18時間15分であるから，

$$RN_i = \frac{96}{73}\ln\left(\frac{I_i^O}{I_{i-1}^C}\right) = \frac{96}{73}(O_i - C_{i-1}) \tag{73}$$

となる．ただし，月曜日については前週の土曜日が営業日のときには終値から始値までの間隔は46時間15分なので，

$$RN_i = \frac{96}{185}\ln\left(\frac{I_i^O}{I_{i-1}^C}\right) = \frac{96}{185}(O_i - C_{i-1}) \tag{74}$$

であり，前週の土曜日が休業日の場合には

$$RN_i = \frac{96}{265}\ln\left(\frac{I_i^O}{I_{i-1}^C}\right) = \frac{96}{265}(O_i - C_{i-1}) \tag{75}$$

となる．前日が祭日等で休業のケースや，市場の開始時刻が交通ストなどの原因で変則的な日はすべてデータから除外した．

B. 計測結果

表6.1は，通常の分散推定方法（classical法）によって求めた営業時間収益率および非営業時間収益率の分散推定値である．表から営業時間収益率の

表 6.1　営業時間収益率と非営業時間収益率の分散　(×%²)

年度	営業時間対数収益率の分散 (A)	非営業時間対数収益率の分散 (B)	(A)/(B)	標本数
1978	2.270	0.019	121.6	272
1979	3.762	0.020	192.2	275
1980	2.353	0.025	94.8	273
1981	7.366	0.118	62.5	275
1982	5.561	0.123	45.2	272
1983	3.166	0.068	46.2	274
1984	6.620	0.124	53.2	277
1985	5.475	0.069	78.9	274
1986	16.075	0.201	79.9	268
1987	53.205	0.451	117.9	264
10 年間	10.440	0.122	85.3	2724

分散は，10 年間全体をデータとしたときには非営業時間収益率の 85 倍にもなることがわかる．年度別にみると，もっとも両者の乖離が小さい 1982 年で 45 倍，1979 年にいたっては 200 倍近い水準を示しており，両収益率の分散が同一であるとみなすことは到底不可能であろう．

両時間帯の収益生成過程は明らかに異なるから，修正 Parkinson 法や修正 Garman-Klass 法は利用すべきでないと結論できる．また 1986 年および 1987 年の数値が示すように，本検証期間の 10 年間において営業時間収益率，非営業時間収益率の分散はそれぞれ 20 倍以上に拡大しており，定常性の仮定自体が検討を要するように思われる．

(2)　確率過程にかんする検証

A．データと検証期間

検証の対象とする銘柄として，大阪証券取引所が株価指数先物取引に採用した 50 銘柄を用いることとした．終値のデータは日経 NEEDS から得たが，日次データの利用可能期間が最長 3 年間というデータベース上の制約から，検証期間は 1985 年 5 月 1 日から 1988 年 4 月 30 日までとした．同期間について，日次データとともに週次および月次データでの終値も用い，計測インターバルを変えながら株価のプロセスが幾何ブラウン運動とみなせるかどうかをテストする．幾何ブラウン運動は，計測期間を等間隔で分割して実現値を拾い出すとき，それらが従う分布は対数正規であるから，対数株価の正規性を検定することによって必要条件をテストできる．日次，週次，月次ベースでの終値の対数 C_i をとり，その変位すなわち対数収益率 $\tilde{d}_i=C_i-C_{i-1}$ が従う分布の歪度 (β_3) と超過尖度 (β_4) を推定して正規性を調べることとする．

歪度については，

$$H_0:\beta_3=0,\quad H_1:\beta_3\neq 0\quad(\alpha=0.01, 0.05)$$

を検定するため銘柄別に

$$\hat{\beta}_3=\frac{\sum_{i=1}^{N}(\tilde{d}_i-\bar{d})^3/N}{\left\{\sum_{i=1}^{N}(\tilde{d}_i-\bar{d})^2/N\right\}^{3/2}} \tag{76}$$

を統計量として用いた．$\tilde{d}_i$ は第 i 日目の対数収益率 $(i=1,\cdots,N)$，$\bar{d}$ は標本平均，N は標本数である．自由度が N のままになっており不偏推定量にはなっていないが，Biometrika Tables は上式を採用しているのでそれに従った．帰無仮説は

$$|\hat{\beta}_3|>\beta^*_{3,\alpha/2}(N)$$

のとき棄却される．

尖度についても，

$$H_0:\beta_4=0,\quad H_1:\beta_4\neq 0\quad(\alpha=0.01, 0.05)$$

をテストする統計量として，

$$\hat{\beta}_4=\frac{\sum_{i=1}^{N}(\tilde{d}_i-\bar{d})^4/N}{\left\{\sum_{i=1}^{N}(\tilde{d}_i-\bar{d})^2/N\right\}^{2}}-3 \tag{77}$$

を用いた．$\hat{\beta}_4$ の分布は対称ではないので，上側 $\alpha/2$ 点，下側 $\alpha/2$ 点をそれぞれ $\beta^*_{4,\alpha/2}(N)$，$\beta^*_{4,1-\alpha/2}$ とすれば，

$$\hat{\beta}_4>\beta^*_{4,\alpha/2}(N)\quad \text{または}\quad \hat{\beta}_4<\beta^*_{4,1-(\alpha/2)}(N)$$

のとき H_0 を棄却できる[11]．

---

11)　*Biometrika Tables* (1976) をもとに，自由度の逆数を用いた補間によってえられた各パーセント点はつぎの表のとおりである．$\beta^*_{4,\alpha/2}(N)$ については $N>200$ のときには表が与えられていないが，標本数が充分大きいときに標本尖度が従う分布は，標準誤差が $\sqrt{24/N}$ の正規分布で近似されることを利用して作表した．

B. 計測結果

表6.2は歪度および尖度を用いた正規性の検定の結果であり，表6.3はそれを要約したものである．歪度あるいは尖度のいずれか一方でも正規性が棄却されれば，株価の対数正規性は棄却されることに注意する．

日次データでは50銘柄すべてが1% 水準で棄却されるが，同じ有意水準のもとで週次データで38，月次データでは11へと棄却される銘柄数が減少する．5% 水準でみても月次対数収益率では18銘柄しか正規性は棄却されない．銘柄別に眺めると尖度は計測インターバルの拡大に伴いゼロへ近づく傾向が顕著である．このような対数株価の正規性への接近は，池田（1988）の市場ポートフォリオについての計測でも確認されている．

（A2）の幾何ブラウン運動という仮定については，日次よりも週次データ，週次よりも月次データのほうがあてはまりがよいと結論できる．ただし，対数株価のドリフトがゼロというもう1つの仮定は，計測インターバルが長いほど矛盾が大きくなるため，分布形についての仮定とは反対に月次データのほうがあてはまりが悪くなる．

(3) 各種の分散推定量の乖離について

A. データと計測期間

セクション（2）と同様にデータは大証50銘柄とし，1985年5月1日から1988年4月30日までの3年間を計測期間と定め，日経NEEDSによって毎日の始値，終値，安値，高値の4本値を利用した．また週次，月次ベースでの4本値も同データベースから当該計測期間について拾い出した．

B. 計測結果

	α \ N	36	155	837
$\beta^*_{3,\alpha/2}(N)$	0.01	1.302	0.511	0.217
	0.05	0.748	0.381	0.165
$\beta^*_{4,\alpha/2}(N)$	0.01	2.56	1.32	0.44
	0.05	1.50	0.85	0.33
	0.95	−1.05	−0.62	−0.33
	0.99	−1.21	−0.75	−0.44

表6.2　歪度・尖度による正規性の検定

銘柄	日次対数収益率		週次対数収益率		月次対数収益率	
	歪度	尖度	歪度	尖度	歪度	尖度
鹿島建設	−0.05	4.16**	0.36	1.94**	−0.19	0.07
大和ハウス	0.23*	5.53**	0.39*	1.23*	0.24	−0.41
明治製菓	−1.06*	19.12**	0.18	0.54	−0.27	−0.64
キリン麦酒	−0.23*	9.01**	0.73**	2.80**	0.66	0.62
味の素	0.84*	6.74**	1.92**	7.68**	1.92**	5.87**
東洋紡績	−0.20*	5.53**	0.15	1.41**	0.48	0.70
帝人	0.51*	4.71**	0.81**	4.19**	0.85*	1.82*
東レ	0.86*	7.25**	0.27	1.68**	−0.08	0.39
旭化成	0.20*	7.11**	0.34	4.01**	0.61	1.21
王子製紙	0.09	7.64**	0.47*	2.53**	1.24**	1.77*
住友化学	0.51*	3.95**	0.79**	1.20*	0.89*	1.09
三菱化成	−0.27*	9.76**	0.13	2.16**	0.11	−0.92
東ソー	0.06	4.58**	0.22	0.40	0.07	−0.31
電気化学	0.04	4.09**	1.72**	7.31**	1.12**	1.99*
鐘淵化学	−0.49*	13.34**	−0.09	1.83**	0.04	−0.92
協和発酵	0.39*	9.03**	1.83**	7.68**	1.34**	2.86**
武田薬品	−0.14	7.73**	−0.24	2.11**	0.51	0.59
富士フィルム	0.54*	4.86**	0.02	3.74**	−0.80*	0.95
日本石油	−0.09	5.04**	0.50*	1.69**	−0.26	−0.51
日本板硝子	0.44*	4.17**	0.25	0.70	−0.28	−0.63
小野田セメント	0.13	2.84**	0.54**	0.52	−0.44	0.91
三菱セメント	0.21*	7.40**	0.62**	2.38**	−0.63	0.85
新日本製鉄	0.33*	2.87**	−0.08	0.80	−0.15	0.58
川崎製鉄	−0.30*	10.11**	−0.38	1.35**	−0.75*	2.63**
住友金属	0.58*	6.15**	0.75**	2.14**	0.23	−0.75
三菱金属	0.70*	6.42**	0.25	1.09*	0.40	0.43
日本鉱業	0.32*	3.01**	0.37	0.16	0.34	0.40
住友電気	−0.16	8.14**	0.12	1.74**	1.05**	1.13
小松製作所	0.13	6.33**	0.11	1.12*	0.48	−0.40
日本精工	−0.74*	8.68**	−0.56**	5.30**	−0.10	−0.60
日立製作所	0.03	3.17**	−0.03	4.53**	0.05	0.83
松下電気	−0.05	4.38**	−0.69**	3.56**	−0.72	0.41
シャープ	−0.24*	10.35**	−0.53**	3.54**	−0.34	0.35
三菱重工業	0.03	2.65**	−0.40*	0.84	−0.86*	1.61*
日産自動車	0.54*	7.77**	0.63**	1.84**	0.45	0.62
トヨタ自動車	−0.04	12.18**	−0.09	1.74**	0.06	−0.36
キヤノン	−0.23*	5.32**	−0.60**	3.48**	−0.36	0.06
大日本印刷	−0.35*	9.59**	0.49*	3.06**	0.69	0.36
三井物産	0.51*	5.40**	0.36	1.04*	1.18**	2.84**
三菱商事	−0.16	4.70**	−0.17	2.06**	0.55	3.15**
三越	−0.11	7.11**	0.84**	3.43**	1.13**	2.26**
住友銀行	0.06	6.01**	0.05	1.58**	0.72	0.08
東京海上火災	0.13	8.82**	−0.20	1.30*	0.35	1.44
安田火災海上	−0.09	5.02**	−0.10	1.01*	0.08	−1.19*
三菱地所	0.19*	3.44**	0.47*	1.46**	0.88*	3.46**
近畿日本鉄道	−0.45*	10.16**	0.65**	2.30**	0.40	−0.28
日本通運	−0.37*	5.05**	0.21	1.35**	0.18	−0.23
日本郵船	0.40*	3.69**	0.61**	1.92**	0.26	2.62**
関西電力	0.08	5.25**	0.58**	1.03*	0.78*	0.71
大阪瓦斯	0.24*	4.82**	0.50*	2.24**	0.89*	1.29

（注）正規性の検定　* 5%，** 1%．標本数は各銘柄とも日次データは837，週次データは155，月次データは36．

表 6.3 正規性の検定（要約）

		日次対数収益率	週次対数収益率	月次対数収益率
歪度	5% で棄却	31	25	15
	1% で棄却	16	18	7
尖度	5% で棄却	50	43	13
	1% で棄却	50	35	8
歪度または尖度	5% で棄却	50	45	18
	1% で棄却	50	38	11

表 6.4 は 50 銘柄の日次，週次，月次ベースでの 4 本値にもとづいて，classical 法（$\hat{D}_C$），Parkinson 法（$\hat{D}_P$），Garman-Klass 法（$\hat{D}_G$）によって分散を推定した結果である．Parkinson 法と Garman-Klass 法の欄の括弧のなかの数字は，classical 法による分散推定値を 100 としたときの各推定量の相対値であり，過小評価の程度をあらわす．

日次データにおける結果をみると，Parkinson 法と Garman-Klass 法はいずれも classical 法に比べて大幅に小さい分散推定値をもたらすことが一目瞭然である．この傾向が最も著しい「キヤノン」では両推定量とも classical 法の約半分の値である．過小評価の程度が一番穏かな「武田薬品」でさえ，Parkinson 法は79%，Garman-Klass 法で 80% のレベルにとどまり，両推定量は通常の分散推定値の 2 割から 5 割程度の低い値を推定することがわかる．

表 6.5 は 3 つの分散推定量について 50 銘柄の単純平均をとったものであり，全体的な傾向をみるための目安である．日次データにおいては極致法は平均で 4 割近い過小評価を行うことがわかる．

週次データになると 3 つの推定量はほぼ同じ値を与えるとみてよい．表 6.5 では，50 銘柄の単純平均で Parkinson 法が約 4%，Garman-Klass 法では約 3% ほど classical 法より低い値を示しているが，表 6.4 の個別銘柄では classical 法よりも Parkinson 法あるいは Garman-Klass 法のほうが大きな分散推定値を与える銘柄が多数存在し，システマティックな過小評価が生じているとはいえない．このように週次データを利用するときには日次データにみられたような推定値の大きな乖離は生じない．この現象は，仮定された分布形に現実のデータが接近してくることによる効果と考えられる．また，

表 6.4　各種推定量による分散推定値　　(×%²)

銘柄	日次データ			週次データ			月次データ		
	$\hat{D}_C$	$\hat{D}_P$	$\hat{D}_G$	$\hat{D}_C$	$\hat{D}_P$	$\hat{D}_G$	D_C	$\hat{D}_P$	$\hat{D}_G$
鹿島建設	7.12	4.98(70)	4.93(69)	37.3	34.1(92)	34.2(92)	222	182(82)	163(73)
大和ハウス	6.38	3.99(63)	3.95(62)	33.1	30.9(93)	30.2(91)	115	130(113)	136(118)
明治製菓	3.87	2.74(71)	2.81(73)	11.9	15.6(131)	17.3(145)	55	67(122)	72(131)
キリン麦酒	4.75	3.16(67)	3.17(67)	22.9	24.4(106)	25.6(112)	124	116(93)	110(88)
味の素	5.51	3.85(70)	3.86(70)	26.4	27.6(104)	28.6(108)	148	126(85)	116(78)
東洋紡績	5.13	3.32(65)	3.29(64)	18.4	21.8(119)	24.0(131)	100	94(94)	90(90)
帝人	4.32	2.93(68)	2.79(65)	23.1	19.7(85)	19.1(83)	77	77(100)	77(100)
東レ	4.15	2.83(68)	2.78(67)	17.8	18.9(106)	19.9(112)	84	90(108)	93(111)
旭化成	4.69	3.08(66)	3.04(65)	19.5	19.8(102)	20.5(105)	113	100(88)	89(79)
王子製紙	5.19	3.47(67)	3.50(67)	22.1	20.7(94)	21.4(97)	78	86(110)	89(114)
住友化学	5.67	3.46(61)	3.17(56)	26.8	25.9(96)	26.0(97)	158	138(87)	130(82)
三菱化成	4.90	3.14(64)	3.11(64)	17.9	20.8(116)	22.0(123)	106	99(94)	93(87)
東ソー	5.42	3.53(65)	3.42(63)	19.2	21.6(113)	23.0(120)	87	88(101)	91(105)
電気化学	5.52	3.28(59)	3.22(58)	28.8	25.6(89)	24.9(87)	145	115(80)	105(73)
鐘淵化学	4.85	3.25(67)	3.10(64)	18.2	20.8(114)	21.9(120)	87	90(103)	91(104)
協和発酵	6.83	4.45(65)	4.24(62)	33.6	30.8(92)	30.5(91)	215	151(70)	126(59)
武田薬品	3.92	3.08(79)	3.13(80)	19.6	19.9(101)	20.9(106)	105	102(97)	101(96)
富士フィルム	5.12	3.09(60)	2.95(58)	29.2	25.4(87)	24.0(82)	116	123(106)	128(110)
日本石油	5.11	3.18(62)	3.23(63)	22.6	21.1(93)	20.7(92)	63	90(143)	101(161)
日本板硝子	3.89	2.44(63)	2.32(60)	14.9	15.4(103)	16.0(107)	65	76(116)	79(122)
小野田セメント	5.89	3.73(63)	3.62(61)	31.5	26.5(84)	25.6(81)	141	121(86)	114(81)
三菱セメント	5.55	3.61(65)	3.61(65)	22.6	23.0(102)	24.1(107)	90	91(101)	95(106)
新日本製鉄	5.90	3.41(58)	3.20(54)	26.6	25.2(95)	25.2(95)	167	140(84)	128(77)
川崎製鉄	8.86	5.32(60)	5.02(57)	32.3	35.9(111)	37.7(117)	135	174(128)	187(139)
住友金属	6.32	4.09(65)	3.77(60)	25.2	26.1(104)	27.1(108)	136	123(91)	123(91)
三菱金属	4.05	2.94(73)	2.91(72)	20.9	19.8(94)	19.8(94)	78	80(103)	84(107)
日本鉱業	5.00	3.49(70)	3.52(70)	17.4	21.0(121)	23.0(132)	63	75(120)	83(132)
住友電気	4.51	3.21(71)	3.16(70)	20.6	21.3(103)	21.7(105)	97	104(107)	106(108)
小松製作所	3.98	2.55(64)	2.45(62)	17.2	16.1(93)	16.4(95)	49	68(137)	76(154)
日本精工	3.82	2.27(59)	2.21(58)	17.2	15.1(88)	15.4(90)	66	68(103)	68(102)
日立製作所	5.86	3.51(60)	3.47(59)	28.7	25.5(89)	25.2(88)	110	113(103)	116(106)
松下電気産業	6.03	3.45(57)	3.42(57)	34.8	29.3(84)	27.4(79)	162	137(85)	129(80)
シャープ	4.89	2.90(59)	2.83(58)	19.6	19.2(98)	19.8(101)	95	91(95)	88(93)
三菱重工業	6.49	3.90(60)	3.67(57)	27.8	26.7(96)	27.0(97)	169	145(86)	138(82)
日産自動車	3.22	1.97(61)	1.93(60)	13.8	13.1(95)	13.1(94)	66	59(89)	59(89)
トヨタ自動車	5.62	3.11(55)	3.11(55)	26.3	24.5(93)	24.3(92)	118	114(97)	112(95)
キヤノン	5.70	3.04(53)	3.01(53)	28.5	23.9(84)	23.0(81)	130	122(94)	121(93)
大日本印刷	3.85	2.95(77)	3.03(79)	18.2	19.0(105)	19.9(110)	76	82(109)	84(111)
三井物産	5.78	3.69(64)	3.60(62)	25.6	25.1(98)	26.0(102)	166	125(75)	110(66)
三菱商事	6.92	4.48(65)	4.43(64)	29.5	29.4(100)	30.4(103)	186	146(79)	126(68)
三越	6.31	4.31(68)	4.06(64)	26.7	27.7(104)	28.7(108)	121	119(99)	116(96)
住友銀行	5.07	2.89(57)	2.84(56)	28.5	22.3(78)	20.4(71)	122	115(94)	109(89)
東京海上火災	6.80	4.13(61)	4.16(61)	37.4	32.7(87)	31.7(85)	159	152(96)	148(93)
安田火災海上	7.70	4.38(57)	4.37(57)	38.0	33.4(88)	32.5(85)	127	156(123)	162(127)
三菱地所	7.56	4.74(63)	4.62(61)	46.6	37.4(80)	35.5(76)	231	200(87)	186(80)
近畿日本鉄道	5.10	3.01(59)	2.87(56)	25.0	23.2(93)	22.7(91)	151	115(76)	98(65)
日本通運	6.63	4.89(74)	4.83(73)	36.6	33.3(91)	33.8(92)	204	173(85)	161(79)
日本郵船	6.44	4.24(66)	4.01(62)	31.3	28.5(91)	28.0(89)	190	156(82)	141(74)
関西電力	6.48	4.22(65)	4.15(64)	37.7	32.0(85)	30.7(81)	146	141(96)	135(92)
大阪瓦斯	6.63	4.49(68)	4.46(67)	31.6	32.1(102)	33.5(106)	224	170(76)	152(67)

（注）$\hat{D}_C$ は classical 法，$\hat{D}_P$ は Parkinson 法，$\hat{D}_G$ は Garman-Klass 法による分散推定値．$\hat{D}_P$ と $\hat{D}_G$ の欄の括弧のなかの数値は，$\hat{D}_C$ を 100 としたときの各推定値の相対値．

表 6. 5 分散推定値の 50 銘柄単純平均

(×%²)

	$\widehat{D}_C$	$\widehat{D}_P$	$\widehat{D}_G$
日次	5.51	3.52 (64)	3.45 (63)
週次	25.7	24.6 (96)	24.8 (97)
月次	125	116 (93)	113 (90)

(注) 括弧の中の数字は $\widehat{D}_C$ の値を 100 としたときの相対値.

計測インターバル Δt を 1 日から 1 週間へと拡大したことに呼応して，この間に発生する取引発生回数も約 5 倍に増加するので，連続的観測を行なえないことから生ずる下方へのバイアスが軽減される効果も考えられよう.

ところが月次データにおける結果では，ふたたび分散推定値間の乖離が拡がるようである. Garman-Klass 法では classical 法にたいして平均して 1 割程小さい値を推定している. 月次データを利用すると，ドリフトがゼロであるとした (A 2) の仮定が満たされにくくなることからの影響とも思われるが，標本数が少ないこともあり明確な結論は控えるべきであろう.

表 6. 6 は 3 つの推定量についてクロス・セクションで相関を求めた結果であり，これに対応する相関図が図 6. 2～図 6. 4 である. どの推定量の間にも非常に強い相関が認められるが，とりわけ同じ高値，安値の情報を利用する Parkinson 法と Garman-Klass 法とは完全相関に近い. その一方で，classical 法と Garman-Klass 法は日次，週次，月次へとデータの計測インターバ

表 6. 6 3 つの分散推定量の相関

(日次データ)

	$\widehat{D}_C$	$\widehat{D}_P$	$\widehat{D}_G$
$\widehat{D}_C$	1	0.928	0.907
$\widehat{D}_P$	*	1	0.991
$\widehat{D}_G$			1

(週次データ)

	$\widehat{D}_C$	$\widehat{D}_P$	$\widehat{D}_G$
$\widehat{D}_C$	1	0.939	0.868
$\widehat{D}_P$	*	1	0.984
$\widehat{D}_G$			1

(月次データ)

	$\widehat{D}_C$	$\widehat{D}_P$	$\widehat{D}_G$
$\widehat{D}_C$	1	0.924	0.808
$\widehat{D}_P$	*	1	0.970
$\widehat{D}_G$			1

図 6.2

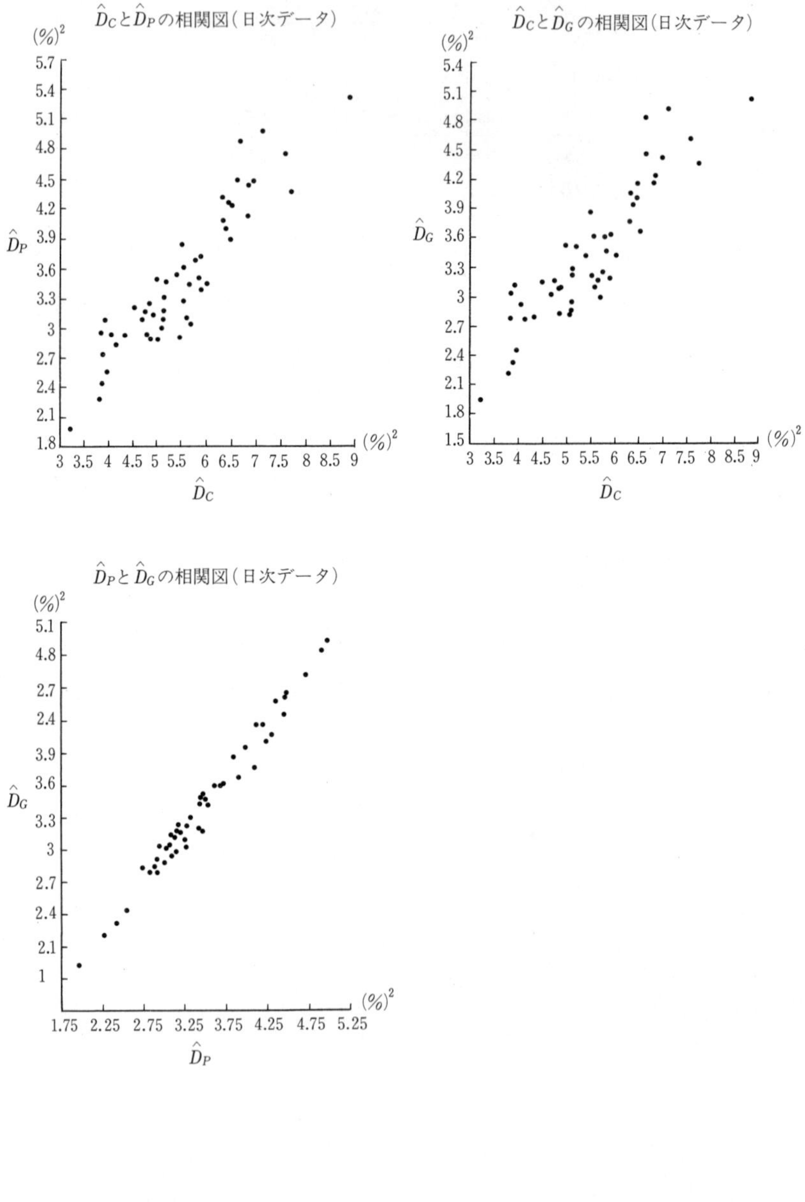
$\hat{D}_C$と$\hat{D}_P$の相関図(日次データ)
$(\%)^2$
5.7 5.4 5.1 4.8 4.5 4.2 3.9 3.6 3.3 3 2.7 2.4 2.1 1.8
$\hat{D}_P$
3 3.5 4 4.5 5 5.5 6 6.5 7 7.5 8 8.5 9
$(\%)^2$
$\hat{D}_C$
$\hat{D}_C$と$\hat{D}_G$の相関図(日次データ)
$(\%)^2$
5.4 5.1 4.8 4.5 4.2 3.9 3.6 3.3 3 2.7 2.4 2.1 1.8 1.5
$\hat{D}_G$
3 3.5 4 4.5 5 5.5 6 6.5 7 7.5 8 8.5 9
$(\%)^2$
$\hat{D}_C$
$\hat{D}_P$と$\hat{D}_G$の相関図(日次データ)
$(\%)^2$
5.1 4.8 2.7 2.4 3.9 3.6 3.3 3 2.7 2.4 2.1 1
$\hat{D}_G$
1.75 2.25 2.75 3.25 3.75 4.25 4.75 5.25
$(\%)^2$
$\hat{D}_P$

図6.3

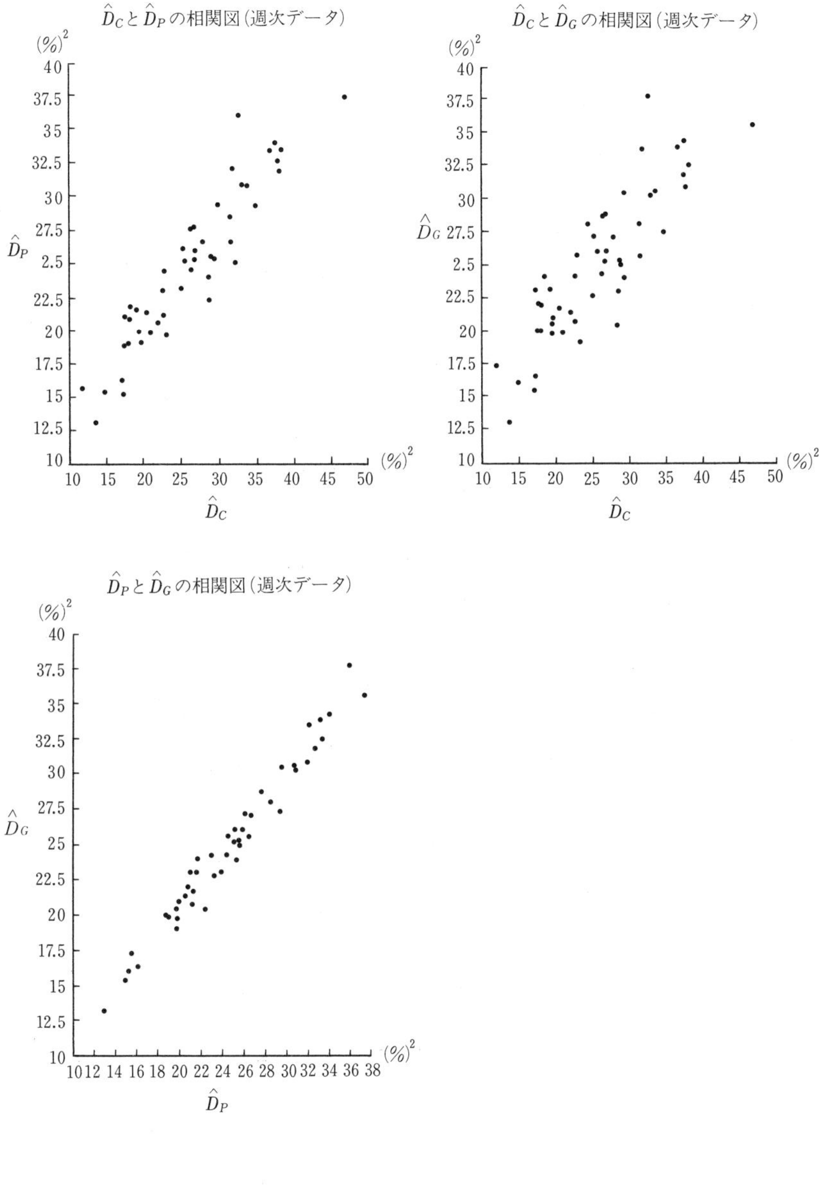
$\hat{D}_C$と$\hat{D}_P$の相関図(週次データ)
(%)²
40
37.5
35
32.5
30
27.5
2.5
22.5
20
17.5
15
12.5
10
$\hat{D}_P$
10 15 20 25 30 35 40 45 50
(%)²
$\hat{D}_C$
$\hat{D}_C$と$\hat{D}_G$の相関図(週次データ)
(%)²
40
37.5
35
32.5
30
$\hat{D}_G$ 27.5
2.5
22.5
20
17.5
15
12.5
10
10 15 20 25 30 35 40 45 50
(%)²
$\hat{D}_C$
$\hat{D}_P$と$\hat{D}_G$の相関図(週次データ)
(%)²
40
37.5
35
32.5
30
27.5
$\hat{D}_G$
25
22.5
20
17.5
15
12.5
10
1012 14 16 18 20 22 24 26 28 30 32 34 36 38
(%)²
$\hat{D}_P$

図 6.4

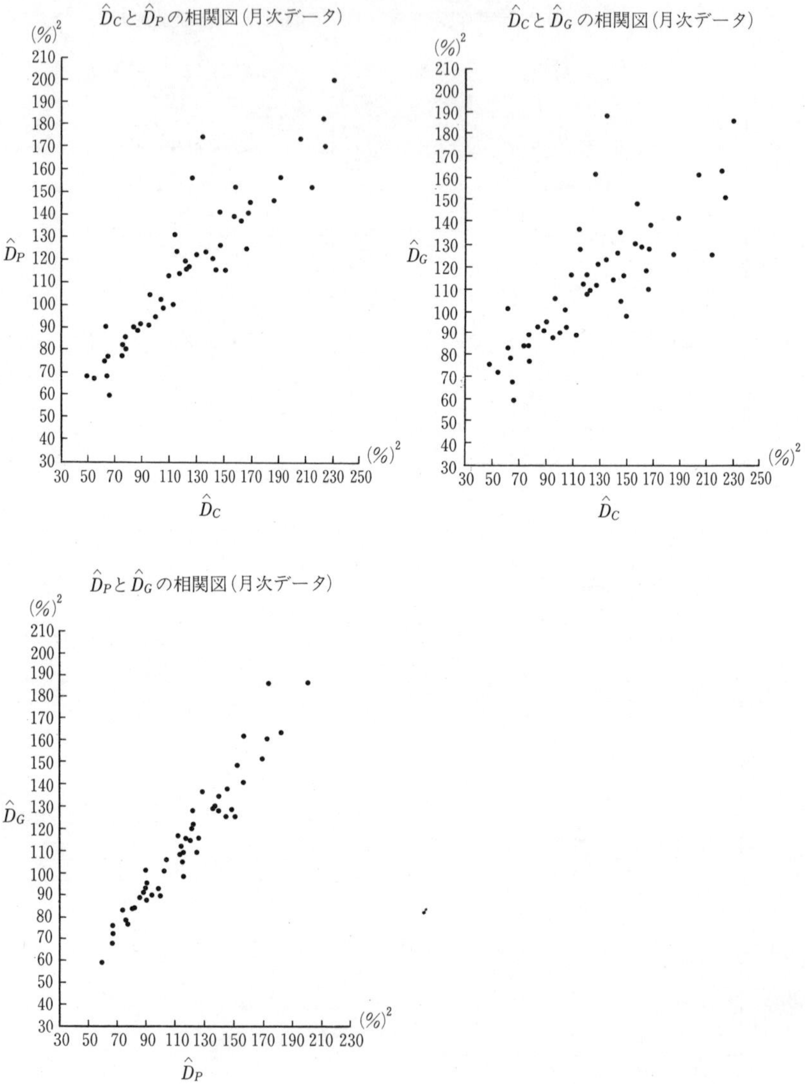
$\hat{D}_C$ と $\hat{D}_P$ の相関図(月次データ)
(%)²
$\hat{D}_P$
$\hat{D}_C$
30 50 70 90 110 130 150 170 190 210 230 250
$\hat{D}_C$ と $\hat{D}_G$ の相関図(月次データ)
(%)²
$\hat{D}_G$
$\hat{D}_C$
30 50 70 90 110 130 150 170 190 210 230 250
$\hat{D}_P$ と $\hat{D}_G$ の相関図(月次データ)
(%)²
$\hat{D}_G$
$\hat{D}_P$
30 50 70 90 110 130 150 170 190 210 230
210 200 190 180 170 160 150 140 130 120 110 100 90 80 70 60 50 40 30

ルが拡大するにつれ相関が低下しているようで解釈が難しい．

3つの分散推定値の差異の原因を探るため，各銘柄ごとにParkinson法およびGarman-Klass法による推定値をclassical法による値で除した数値（$\hat{D}_P/\hat{D}_C$ と $\hat{D}_G/\hat{D}_C$：これらは表6.3の過小評価を示す括弧のなかの数値に対応している）を被説明変数として，平均売買高（*VOL*：単位10万株）の対数値，平均収益率（*DRIFT*），歪度（*SKEW*），尖度（*KUR*）に回帰した．50銘柄の日次，週次，月次のデータを標本として採用したので，サンプル・サイズは150である．

表6.7の回帰結果をみると，$\hat{D}_P/\hat{D}_C$，$\hat{D}_G/\hat{D}_C$ は ln *VOL* の増加関数，*KUR* の減少関数であることが読みとれる．対数売買高を観測可能回数の代理変数，尖度を正規性からの分布の崩れの尺度と位置づければ，回帰式の解釈は容易である．前節で指摘したように高値，安値の真の値を観測できない以上，Parkinson法，Garman-Klass法は真の分散を確率1で過小推定する．いいかえれば，観測回数が増加するほど真の高値，安値に少しでも近い「高値」，「安値」を計測する確率が高まることを意味する．したがって売買高が増加するほど $\hat{D}_P$，$\hat{D}_G$ の過小評価が改善され，$\hat{D}_P/\hat{D}_C$，$\hat{D}_G/\hat{D}_C$ が増加し1に接近していくと考えられる．

尖度 *KUR* はゼロから乖離するほど，$\hat{D}_P$，$\hat{D}_G$ を導出するさいに仮定した株価プロセスが現実のプロセスに適合しないことを意味する．日次データにみられたように尖度が大きな正値をとることは，連続的なブラウン運動では説明しつくせないような大きな変動や異常値が発生していた可能性を示唆する．表6.7によれば，尖度が高いほど，すなわち対数化した株価の分布の裾が厚いほど $\hat{D}_P/\hat{D}_C$，$\hat{D}_G/\hat{D}_C$ とも減少することがわかるから，異常値が頻発す

表6.7 各推定量の乖離の原因

被説明変数	定数項	ln *VOL* の回帰係数	*DRIFT* の回帰係数	*SKEW* の回帰係数	*KUR* の回帰係数	$\bar{R}^2$	*F* 値
$\hat{D}_P/\hat{D}_C$	0.813 (12.75)**	0.0315 (2.67)**	−0.0084 (−0.56)	0.0043 (0.18)	−0.0289 (−5.83)**	0.42	28.1**
$\hat{D}_G/\hat{D}_C$	0.838 (0.38)**	0.032 (2.20)*	−0.0251 (−1.31)	−0.0071 (−0.24)	−0.0336 (−5.36)**	0.33	19.5**

（注） * は5%有意水準，** は1%有意水準．括弧の中は t 値，$\bar{R}^2$ は自由度修正済決定係数．

るほどParkinson法，Garman-Klass法はclassical法にたいして小さい推定値をもたらすと考えられる．

DRIFT と *SKEW* は有意な説明力をもたない．前者については計測インターバルを短くするとゼロとみなしてもさしつかえないことを指摘した．また歪度も尖度と同様に正規性からの分布の崩れを捉える1つの統計量ではあるが，尖度ほどには分散推定上の問題とはならないようである．

5. むすび

本章は，幾何ブラウン運動の分散推定方法として提案されている極値法と呼ばれる推定量をとりあげ，その導出過程を明らかにするとともに推定効率を比較した．そして既存の多くの文献にみられる推定量の係数や推定効率にかんする誤りを明らかにし，正しい値を提示した．

Parkinson法，Garman-Klass法に代表される高値，安値に含まれる情報を最大限まで抽出しようとする極値法は，売買高が少なく株価を連続的に観測できない程度が高まるほど分散を過小評価する欠点が明らかになった．しかし実務に利用するうえでより基本的な問題は，株価のプロセスが単純な幾何ブラウン運動に従うという前提自体の妥当性であろう．わが国の日次データを用いた場合にはParkinson法，Garman-Klass法とも通常の分散推定方法にくらべて4割近い過小評価が生ずることが認められた．この事実は極値法の脆弱性を露呈していると考えるよりも，これらの推定量が前提とする確率過程の不適切さに起因していると解釈するほうが自然である．対数株価が正規に接近する週次，月次データにおいて大幅に過小評価が改善されている事実がそれを裏づけている．

計測インターバルを拡大したとき，分布の裾の厚みが減少して正規に近づくモデルとしては，正規分布混合仮説が提案されている．もし収益生成過程がそのようなモデルで記述されるとすれば，幾何ブラウン運動のパラメターを推定しても収益生成過程を捉えることには限界がある．また営業時間と非営業時間中の分散を測定した結果，前者は後者の50倍から200倍もの水準を示しており，同一の確率過程とはみなしえない．したがって，両時間帯の収益生成過程が同一であることを前提として導出される修正 Parkinson 法，修正 Garman-Klass 法などはその根拠を失う．年度別にみても両分散推定値は大きく変動しており，このことは両時間帯について別個にパラメター推定を行うだけでは不十分であり，時系列上の分散変動のメカニズムを解明する必要性を含意している[12)]．これらの問に答える作業は，たんに分散推定の精度向上のためだけではなく，わが国の資本市場の基本的構造を知るために緊急の課題である．

---

12) もし，分散の時系列上の変動メカニズムを X 自身および時間 t とのなんらかの関数として記述できる場合には，非定常的な伊藤過程は

$$dX = \mu(\cdot)\,dt + \sqrt{D(X, t)}\,dW$$

と表現される．いま D° を定数として，$\sqrt{D(X, t)} = \sqrt{D^{\circ}}\,\sigma(X, t)$ とおいても一般性は失われないので上式は，

$$dX = \mu(\cdot)\,dt + \sqrt{D^{\circ}}\,\sigma(X, t)\,dW$$

としてよい．ここで，

$$V(X, t) = \int^{X} \frac{1}{\sigma(y, t)}\,dy$$

という変換を加えると，伊藤の補題を適用して，

$$dV = \left\{\frac{\mu(\cdot)}{\sigma} + \frac{\partial V}{\partial t} - \frac{1}{2} D^{\circ} \frac{\partial \sigma}{\partial X}\right\} dt + \sqrt{D^{\circ}}\,dW$$

とすることができる．上式の分散 D° は，もはや X にも t にも依存せず，空間・時間的に一様（homogeneous）となる．後は，ドリフトの影響が無視できる程度まで観測間隔 Δt を縮め，classical 法を用いることができる．このように，非定常的な伊藤過程であっても拡散パラメターの変動の構造を特定化できれば，その推定が可能なケースも存在する．

第 7 章

オプション評価を応用した企業倒産リスクの分析

1. はじめに

従来の企業金融論では，企業の負債調達手段として銀行借入あるいは社債発行を考えるとき，いずれの方法にせよ，企業が支払う負債利子の利率は一定という仮定が暗黙のうちにおかれている．現実には市場の実勢金利が変動する状況下において，固定された利払いを約定する負債だけでなく，変動利付社債に代表される，市場金利に連動した利払いを行う負債も活発に発行されている．いずれのタイプの負債であれその現在価値あるいは利回りの決定には，発行企業の将来の倒産確率の水準だけでなく金利変動のリスクも重要な要因であるはずである．しかしながら固定金利市場と変動金利市場において負債のリスク・プレミアムがどのような構造をもって決定されているのか，企業金融論においてほとんど明らかにされていない[1]．

本章では，利払いの水準が金利変動と独立に約定された負債を固定利付社債によって，金利変動に連動して将来の利払いの水準も変化する負債を変動利付社債によってそれぞれ分析する．信用力が高い企業はいずれの社債市場においても安全利子率に近い低利での資金調達が可能であるが，信用力が低い企業では高い利回りを約束しなければ投資家は社債を購入しない．この利回りの格差は倒産リスク・プレミアムの差に対応している．ここで倒産リスク・プレミアムとは，企業が発行する社債の利回りからその社債と同じ満期とペイオフをもつ安全な債券，たとえば国債の利回りを差し引いた値と定義され，倒産スプレッドとも呼ばれている．この倒産リスク・プレミアムは，当該企業の倒産確率を反映して社債市場で決定されるため，信用力が低い企業は信用力が高い企業にくらべ，いずれの社債市場においても高いプレミアムが要求されるのである．

これまでの研究では，企業が資金調達をするさいには，固定金利社債によ

---

* 本章は Ikeda (1995) を加筆・修正したものである．

1) 利子率変動リスクと倒産リスクを同時に評価した社債モデルには，Shimko, Tejima, and Deventer (1993), Longstaffand Schwartz (1995) がある．前者は固定利付債を，後者は固定利付債と変動付利債を本章とは異なる倒産条件のもとで評価して解析解を導いているが，両市場におけるリスク・プレミアムの分析は行われていない．

る場合と変動金利社債による場合とで同一の倒産リスク・プレミアムが要求されると考えられてきた．現実には同じ企業が発行する社債であっても，固定金利社債のほうが変動金利社債より大きなプレミアムが観測されるのが通常であり，両者の倒産リスク・プレミアムは異なることが知られている．

Cooper and Mello (1988) は Merton (1974) のオプション理論を応用した社債の分析を拡張して，固定金利社債と変動金利社債の倒産リスク・プレミアムが同一ではないことを初めて理論的に明らかにしているが，彼らは両者の関係について

"though the (default) spreads are not necessarily equal, we do not explain why the spreads in the fixed rate market are greater than in the floating rate market, and solving this question is a matter for empirical testing." (p. 288)

と述べるにとどまり，固定金利社債の倒産リスク・プレミアムが変動金利社債のそれより大きい現象を説明できないままでいる．本章は彼らのモデルを金利が変動する経済に拡張して，この問題に理論的な解答を与えることを目的としている．

さらに本章の分析の枠組みにおいて，もうひとつの未解決の問題にたいして解答が与えられる．前述したように，信用力が低い企業が社債発行によって資金調達を行うときには，信用力が高い企業が同一条件で発行する社債よりも高い利回りを約束しなければ投資家は購入しない．この利回りの差は信用力の格差をあらわしており，金利スワップ市場では信用スプレッド (quality spread : QS) という言葉で表現されている．なお QS は信用力が異なる 2 つの企業について定義される概念であるが，倒産リスク・プレミアムは単一の企業について定義される概念であることに注意する．

QS は固定金利市場だけでなく変動金利市場においても観察されるが，通常は同じ 2 企業間の QS について固定金利市場の QS のほうが変動金利市場の QS より大きな値を示している．金利スワップ市場では，前者から後者を差し引いた値を信用スプレッド格差 (quality spread differential: QSD) と呼び，QSD が正値であることが金利スワップ取引が成立する根拠と考える

研究者が多い．ではなぜQSDが通常は正値をとるのか，スワップを解説したほとんどの文献では説明が与えられていないか，あるいは社債市場の非効率性にその原因を求めている．すなわち企業や金融機関が金利スワップを行なう動機は，スワップ契約の締結によってすべての関係者の富が改善するからであり，社債市場の非効率性を改善することこそが金利スワップの存在意義であると考えられている．後述するが，もし競争的で摩擦がない市場にも正値のQSDが存在し得るならば，これまでのスワップの存在意義にかんする議論は理論的な根拠を失うことになる．したがってQSDの性質の解明はスワップにかんする研究の中心的テーマといっても過言ではない．

Bicksler and Chen (1986) など派生証券の代表的教科書においては，信用力が低い企業は変動金利社債市場での資金調達に比較優位をもち，信用力が高い企業は固定金利社債市場において比較優位をもつため，そのとき計算されるQSDは正値になると説明されている．なぜ，信用力の格差がそのような比較優位をもたらすかについては論じられていない．また比較優位の考え方によれば，金利スワップの締結によりそのすべての関係者が利益を獲得することになるから，市場が拡大し競争的になるほど市場の非効率性をあらわすQSDは縮小・消滅するはずである．実際，近年の金利スワップ市場の拡大は急速であり，金融機関は激しい競争を繰り広げている．ところが現実に観察されるQSDの値はあいかわらず正であり，いっこうに消滅するようすはみられない．これはQSDの存在を市場の非効率性と解釈する考え方と矛盾している．

完全市場の仮定のもとで，企業の倒産リスク・プレミアムの差によってQSDの分析を初めて行ったのはWall and Pringle (1989) である．彼らは具体的な数値例によって説明しているが，彼らの例では社債満期が長くなるにつれ，信用力が劣る企業の倒産確率が信用力に勝る企業の倒産確率よりも急速に増大するように数値が与えられている．すなわち，QSDが正になるようにあらかじめ仮定としてモデルが設定されているにすぎないのである．QSDにかんする他の仮説をあげると，Loeys (1985) はQSDが正である理由を変動金利社債の保有者が実質的に保有しているオプション価値に求めている．その一方でSmith, Smithson, and Wakeman (1988) は固定金利社債を発行した企業側が保有するさまざまなオプション価値がQSDに反映されていると述べている．倒産リスクの実証分析を行ったRamaswamy and Sundaresan (1986) によれば，現実の変動金利社債の倒産リスク・プレミアムは，理論上で予測された水準よりも低いという結果が報告されている．その結果を根拠として，Smith, Smithson, and Wakeman (1988) はQSDが正である理由として，変動金利市場が非効率的であり価格付けが適正に行われていない可能性を指摘している．またWall (1989) は，長期社債におけるエージェンシー費用の差によってこの現象が発生するという仮説を提示している．

QSDをめぐるこれらの仮説は，ひとことでいえば，なんらかの市場の不完全性やエージェンシー費用の存在，あるいはアドホックな仮定にもとづくものであり，いまだ満足できる理論的分析は行われていない感がある[2]．本章はオプション理論を利用してこの未解決な問題を分析し，QSDが完全競争市場とは相容れない現象であるのか，なぜQSDが存在しつねに正値なのか考察する．

本章の構成は，第2節で分析のためのモデルが提示され，固定金利社債と変動金利社債の倒産リスク・プレミアムの分析が行われる．第3節において，企業が固定金利社債で資金調達すると，変動金利社債によるより高い倒産リスク・プレミアムが要求される理由を分析する．第4節では，摩擦がない競争的市場においてもQSDは通常の企業では正の値になることを示す．第5節では本章の結論が述べられる．

2. 利子率が変動する経済における倒産リスク・プレミアム

2.1 仮 定

本章の分析は，Cooper and Mello (1988) の完全市場のモデルを基礎とし

2) Litzenberger (1992) の米国ファイナンス学会の会長講演では，固定・変動プレミアム格差の1つの原因として，固定利付社債市場と変動利付社債市場では倒産リスクの影響が異なる可能性が示唆されている．

て，彼らの分析を利子率が変動する経済へ拡張する．彼らの分析との比較を容易にするため，できるかぎりモデルの仮定と記法を彼らの論文と揃えてある．表 7.1 は本章における記法を要約したものである．以下の分析ではつぎの 5 つの仮定をおく．

(A 1)　資産の売買は競争的で摩擦がない市場で行われ，連続的取引が可能である．すなわち取引費用，税金が存在せず，空売りにたいする制約がない．また市場は情報効率的であり，資産にかんする情報は費用をか

表 7.1　ノーテーション一覧表

企業価値の確率過程		
現在時点の企業価値	V	
企業価値収益率のボラティリティー	β	
短期利子率の確率過程		
現在時点の利子率	r	
長期的な回帰水準	θ	
ボラティリティー	σ	
長期的回帰水準への調整速度	κ	
短期利子率と企業価値の相関係数	ρ	
倒産リスクがない純粋割引債（割引国債）		
現在時点の価格	P	
収益率のボラティリティー	σ_P	
満期	T	
倒産リスクがある社債		
	固定利付社債	変動利付社債
現在時点の価格	B_X	B_L
満期	T	T
額面	F_X	$F_L=D_L\exp\left\{\int_0^T r(t)\,dt\right\}$（確率変数）
リスク調整済みボラティリティー	σ_X	$\beta\sqrt{T}$
最終利回り	y_X	y_L（確率変数）
倒産リスクがないときの最終利回り	R_X	R_L（確率変数）
倒産リスク・プレミアム	$\pi_X=y_X-R_X$	$\pi_L=y_L-R_L$（確定値）
準負債比率	$k_X=PF_X/V$	$k_L=D_L/V$
	$h_X=\dfrac{-\ln k_X}{\sigma_X}+\dfrac{\sigma_X}{2}$	$h_L=\dfrac{-\ln k_L}{\beta\sqrt{T}}+\dfrac{\beta\sqrt{T}}{2}$

けることなく獲得することができる.

(A 2)　モディリアーニ=ミラー定理が成立し，企業価値はその資本構成から独立である．また証券の保有にかんするエージェンシー費用は存在しない．分析を容易にするため，各企業の負債は単一の割引社債のみと仮定し，現在時点を 0，社債の満期を T とする.

(A 3)　短期利子率 r は確率的に変動し，次式で表現される OU 過程に従う.

$$dr = \kappa(\theta - r)\,dt + \sigma dW_r, \quad r(0) = r \tag{1}$$

θ は長期的な回帰水準，κ は θ へ回帰する調整測度，σ はボラティリティーをあらわし，これらは正値のパラメターである．W_r は標準ブラウン運動であり，この拡散過程の不確実性を生み出す要因である．さらに国債に代表される倒産リスクが存在しない債券において，その価格付けに関与する唯一の状態変数が短期利子率であることを仮定する[3].

(A 4)　企業価値 V は幾何ブラウン運動に従い，確率過程は

$$dV/V = \alpha dt + \beta dW_V, \quad V(0) = V \tag{2}$$

で与えられ，α と β は正値のパラメターである．企業価値は売買可能な資産であると仮定する[4]．短期利子率と企業価値の瞬間的な相関係数は，$dW_r dW_V = \rho dt$ で与えられる.

(A 5)　企業倒産にかんする費用は存在しない.

短期利子率について（A 3）の仮定を初めて導入したのは Vasicek (1977) である．OU 過程は平均へ回帰する性質があり，利子率を記述するうえで望ましいのであるが，負値をとる確率が存在するという欠点がある．額面が 1 で満期が T の倒産リスクが存在しない割引国債の均衡価格は第 3 章で導出

---

3)　金利の期間別構造が複数の経済変数によって決定される場合には，本節の分析は企業価値の確率過程と複数の経済変数（状態変数）の確率過程の間の相関構造を明示的にとりいれる必要がある．以下での分析は国債価格の確率分布が対数正規であるかぎり，容易に拡張が可能であるが，その場合，倒産リスク・プレミアムの分析は，企業価値と国債価格との相関から行われ，国債価格は複数の状態変数から決定されることになる.

4)　ここでは企業価値の瞬間的な収益率について，そのドリフトと瞬間分散が定数であると仮定しているが，これらが非確率的であり時刻にかんして既知の関数であるならば，本章の分析結果は本質的に変わらない.

したが，それは次式で与えられる．

$$P = a(T)e^{-rb(T)} \tag{3}$$

ただし

$$b(T) = (1-e^{-\kappa T})/\kappa$$

$$a(T) = \exp\left\{\left(\theta+\frac{\sigma\lambda}{\kappa}-\frac{\sigma^2}{2\kappa^2}\right)\{T-b(T)\}-\frac{\sigma^2\{b(T)\}^2}{4\kappa}\right\}$$

ここで λ は債券価格変動リスクの市場価格である．κ と T は正値のパラメターであるから $b(T)$ は代数的に正値しかとらない．この債券価格に伊藤の補題を適用して，価格プロセスを確率微分方程式で表現すると，

$$dP/P = \mu_P dt - \sigma_P dW_r,\quad \sigma_P = b(T)\sigma \tag{4}$$

を得る．ここで μ_P と σ_P は債券投資収益率の瞬間的な期待値と標準偏差である．本章の分析では σ_P しか必要ではないので，μ_P の具体的な関数形については Vasicek 論文に譲ることとする．(3) 式で表現される国債価格についてイールド・カーブを計算してみると，短期利子率や他のパラメターの値の設定の仕方によって右上がりにも右下がりにもなり，特定の満期にかんして瘤（hump）を作るなど現実のイールド・カーブの形状を比較的よく捉えることができる．

2.2　固定利付社債の倒産リスク・プレミアム

つぎに企業が発行する社債をモデル化する．固定利付社債として，額面が F_X で満期が T の割引債を想定する．もしこの債券に倒産リスクが存在しないのであれば，その価格は安全資産である国債と同じ評価式であらわされるはずである．いま額面が F_X であるから倒産リスクを無視した社債価格は割引国債で額面を割り引いて PF_X となる．したがってその最終利回りは

$$R_X = -(\ln P)/T$$

で与えられる．なお本章をつうじて添え字 X は，固定金利に対応する変数につけることにする．

社債の利回りは，発行企業の倒産可能性に応じて倒産リスク・プレミアムが国債利回りに上乗せされて決定される．いま社債価格を導くために，社債保有者の満期におけるペイオフを考えると，

$$\min[V(T), F_X] = V(T) - \max[V(T) - F_X, 0]$$

である．上式で $V(T)$ は満期 T における社債発行企業の企業価値であり，右辺をみると，社債のペイオフが満期の企業価値から第2項であらわされる株式のペイオフを差し引いて与えられることが理解できる．ここで株式のペイオフは，企業価値を対象資産として社債額面を権利行使価格とするコール・オプションにほかならない．

第3章で明らかにしたとおり，社債の現在価値は国債価格をニューメレールとして表現した上記のペイオフについて，適当にリスク調整した確率測度のもとで期待値を計算すれば得ることができる5)．その結果は，

$$B_X = V\Phi(-h_X) + PF_X\Phi(h_X - \sigma_X) \tag{5}$$

ただし

$$h_X = \frac{-\ln k_X}{\sigma_X} + \frac{\sigma_X}{2}, \qquad k_X = \frac{PF_X}{V}$$

$$\sigma_X{}^2 = \beta^2 T + \int_0^T \{\sigma_P{}^2(t) + 2\rho\beta\sigma_P(t)\}dt$$

$$= \beta^2 T + \left\{T - 2b(T) + \frac{1 - e^{-2\kappa T}}{2\kappa}\right\}\left(\frac{\sigma}{\kappa}\right)^2 + \frac{2\rho\beta\sigma\{T - b(T)\}}{\kappa}$$

である．$\Phi(\cdot)$ は標準正規分布関数であり，P および $b(T)$ は (3) 式で与えられている．$\sigma_P(t)$ は時刻 $t \in [0, T]$ における国債投資収益率の瞬間的な標準偏差であり，(4) 式で与えられている．k_X は Merton (1974) によって準負債比率 (quasi-debt ratio) と名付けられた資本構成をあらわす比率である．k_X の分子は社債の満期のペイオフを国債価格によって資本還元しており，倒産リスクを考慮していないので，真の社債価格よりも高い価格になっていることに注意する．このため準負債比率は1を越えることもある．割引国債をニューメレールとして期待値を計算しているので，社債収益率の瞬間分散 $\sigma_X{}^2$ は，国債価格を単位として企業価値を表現した場合の企業価値の瞬

5)　われわれの分析においては2つのブラウン運動が登場し，1つは企業価値の確率過程，もう1つは利子率の確率過程を律している．一般にこのようなモデルでは，2つの要素からなるリスクの市場価格ベクトルが価格付けに必要とされるが，ここでは企業価値が売買可能な資産であると仮定しているので，利子率変動に対応する国債価格変動リスクにかんする市場価格 λ だけが価格付けの結果として P を記述するパラメターとして登場している．この結果を最初に提示したのは Rabinovitch (1989) (p. 450, (8)式) である．

間分散と解釈することができる．このように，利子率が変動する経済では価格付けにおいて適切なリスク中立化測度のもとでのボラティリティーは σ_X であるので，本章ではこれを価格付けボラティリティーあるいはリスク調整済みボラティリティーと呼ぶことにする．

この社債の最終利回りを計算すると

$$y_X = \frac{1}{T}\ln\frac{F_X}{B_X},$$

であり，倒産リスク・プレミアム π_X はこの値から倒産リスクがない同じ満期の割引国債の最終利回り R_X を差し引いて求められる．

$$\pi_X = \frac{-1}{T}\ln\left\{\Phi(h_X-\sigma_X)+\frac{\Phi(-h_X)}{k_X}\right\} \tag{6}$$

この倒産リスク・プレミアムを Cooper and Mello (1988) が導出した結果とくらべると，国債価格 P とリスク調整済みボラティリティー σ_X が短期利子率の確率過程のパラメターによって明示的に表現されている点で彼らの結果を拡張したものになっている．上式の自然対数の中括弧のなかの関数は (5) 式によって B_X/PF_X に等しいが，これは将来 T に社債保有者に支払われる約束の１円の今日の価値を，将来確実に支払われる１円の今日の価値で除した値と解することができる．したがって中括弧の部分はゼロと１の間の値をとるのでその自然対数は負値であり，(6) 式の倒産リスク・プレミアムの符号はつねに正であることが保証される．

固定金利社債のリスク・プレミアムの性質については，利子率が一定の仮定のもとで Merton (1974) および Cooper and Mello (1988) によって比較静学分析が行われている．利子率が変動する場合について (6) 式を用いて新たに得られた結果はつぎのとおりである．

$$\frac{\partial\pi_X}{\partial\rho} = 2\beta\frac{\partial\pi_X}{\partial{\sigma_X}^2}\frac{\sigma\{T-b(T)\}}{\kappa} > 0$$

$$\frac{\partial\pi_X}{\partial\beta^2} = \frac{\partial\pi_X}{\partial{\sigma_X}^2}\left[T+\frac{\rho\sigma}{\beta\kappa}\{T-b(T)\}\right] \quad \begin{matrix} >0 & \text{if} & \rho\geqq 0 \\ \gtreqless 0 & \text{if} & \rho<0 \end{matrix}$$

上記の比較静学の符号を決定するさいに，κ および T が正値のとき代数的に $T-b(T)=(\kappa T-1+e^{-\kappa T})/\kappa > 0$ が成立することを利用している．第１番目の比較静学によって利子率と企業価値の相関が高いほど倒産リスク・プレミアムが高くなることがわかるから，利子率が変動する状況で企業のリスクを考えるときには，この相関係数というパラメターは重要なリスクの指標であるといえる．他の条件が一定ならば，より高い相関係数で特徴づけられる企業ほど企業価値変動のリスクが大きいことになるからである．第2の比較静学は，倒産リスク・プレミアムが企業価値のボラティリティーの単調増加関数とはかぎらないことを示唆している．とくに ρ の値が負の企業では比較静学の符号は定まらず，β の増加は倒産リスク・プレミアムを減ずることもある．利子率と企業価値の相関が負のときには，企業価値のボラティリティーの増加がリスク調整済みボラティリティー σ_X を減少させる場合があり，そのとき倒産リスク・プレミアムは減少するのである．比較静学の関数形を吟味すると，そのような状況は κ, β, および T の値が小さく，σ の値が大きいほど起こりやすいことがわかる．

利子率の挙動を記述するパラメターにかんしては，比較静学の符号はつぎのとおりである．これらの結果は簡単な計算によって確認することができる．

$$\frac{\partial \pi_X}{\partial \sigma} \gtreqless 0, \qquad \frac{\partial \pi_X}{\partial \theta} < 0, \qquad \frac{\partial \pi_X}{\partial r} < 0, \qquad \frac{\partial \pi_X}{\partial \kappa} \gtreqless 0, \qquad \frac{\partial \pi_X}{\partial \lambda} < 0$$

長期的な利子率の回帰水準 θ，利子率の水準 r，および利子率変動リスクの市場価格 λ の上昇は，倒産リスク・プレミアムを減少させることがわかる．θ への回帰速度 κ にかんする偏微分の結果は煩雑でありここでは示さないが，倒産リスク・プレミアムにたいする影響は複雑であり，その符号を解析的に特定することは難しい．また利子率のボラティリティー σ の増加は，直感に反して倒産リスク・プレミアムを増加させるとはかぎらないことも示されている．企業価値と利子率の相関係数 ρ が負の場合には，σ の増加は価格付けを決定するリスク調整済みボラティリティー σ_X を減ずる可能性があるので，企業価値のボラティリティー増加の場合と同じロジックによって倒産リスクを減ずることがあるからである．

2.3　変動利付社債の倒産リスク・プレミアム

変動利付社債の利払いが利子率の変動に依存するという性質をもっとも簡単にモデル化するため，額面が変動するゼロ・クーポン債を考えることにする．満期 T において償還される額面を $F_L(T)$ とすれば，発行者はつぎのように $F_L(T)$ を設定する．

$$F_L(T)=D_L e^{\int_0^T r(t)dt}$$

ここで $r(t)$，$t\in[0, T]$ は (1) 式で与えられる短期利子率であり，時点 0 から T に至るまで利子率の確率過程の経路に沿って D_L が連続複利で運用されていく結果が $F_L(T)$ である．この値は利子率がどのような経路をとるかにより変動する確率変数であり，社債発行企業が倒産しないかぎり満期に社債保有者に支払われる金額である．D_L は社債発行時に企業が設定する定数である．添え字 L は変動利付社債であることを示す．$F_L(t), t\in[0, T]$ のプロセスを確率微分表現すると

$$dF_L(t)/F_L(t)=r(t)\,dt$$

であり，ブラウン運動の項が消失する．したがって，$F_L(t)$ は局所的には確定的であり不確実性を生まないことに注意する[6)]．

もしこの変動利付社債にまったく倒産リスクが存在しないのであれば，この社債への投資と，安全な短期利子率 $r(t)$ で連続複利運用されるマネー・マーケット口座に D_L の元本を T 年間投資することは同一の結果をもたらすはずである．そのとき社債の現在価値は当然 D_L であり，倒産リスクがない場合の最終利回り（default free yield）は

$$R_L=\frac{1}{T}\int_0^T r(t)\,dt$$

で与えられる．社債が満期を迎えるまでは，この利回りもまた利子率の経路に依存する確率変数である．

企業が上記の社債を発行すると，投資家はその企業が倒産せずに満期において本当に $F_L(T)$ を支払えるかどうかを評価して，そのリスクを補償する倒産リスク・プレミアムが R_L に上乗せされた割引率で将来の期待キャッシュフローを割り引く．その結果，変動利付社債の均衡価格は D_L よりも低くなるのである．固定利付社債と同様にして，変動利付社債の満期におけるペイ

6）本章の分析が Cooper and Mello (1988) と異なる主要な点の 1 つは，変動利付社債の額面のモデル化において彼らは拡散過程を利用しているのにたいして，本章では局所的に確定的となる経路の積分を用いた確率過程を採用していることである．

オフを調べると

$$\min[V(T), F_L(T)] = V(T) - \max[V(T) - F_L(T), 0]$$

である．上式の右辺第2項は，企業価値を確率的に変動する社債額面にとりかえるオプション契約のペイオフに等しくなっていることに注意する．本章では $V(T)$ と $F_L(T)$ の両確率変数とも対数正規分布に従い，これらの現在価値が V, D_L で与えられるので，上のペイオフの現在価値は Margrabe (1978) の交換オプションの評価式によって求めることができる．数学付録Aでは異なる方法，すなわち上記のペイオフをマネー・マーケット口座で割り引いた値がマルチンゲールになるような確率測度のもとで，明示的に期待値計算を行い現在価値を導出してある．結論として変動利付社債の均衡価格は次式で与えられる．

$$B_L = V\Phi(-h_L) + D_L\Phi(h_L - \beta\sqrt{T}), \tag{7}$$

ただし，

$$h_L = \frac{-\ln k_L}{\beta\sqrt{T}} + \frac{\beta\sqrt{T}}{2}, \quad k_L = \frac{D_L}{V}$$

上式を固定利付社債の評価式 (5) 式と比較すると，評価式の関数形は同一であるが，固定利付社債の評価式における PF_X が変動利付社債では D_L に，σ_X が $\beta\sqrt{T}$ にかわっていることがわかる．企業にとって変動利付社債は利子率の変動リスクの負担を回避するために発行される証券であり，本章のモデルでは $F_L(t)$ は局所的には確定的となるため $F_L(t)$ で基準化した企業価値プロセスのボラティリティー，すなわちリスク調整済みボラティリティーには利子率変動にかんするパラメターが登場しないのである．これにたいして固定利付債発行の場合では，ニューメレールの国債価格は局所的にも利子率変動に依存する拡散過程であるためリスク調整済みボラティリティーには利子率のパラメターが現われることになる．上記の変動利付社債の評価式には割引関数 P があらわれないが，これは交換オプションの評価式の特徴を受け継ぐからである．また評価式には k_L という変数がでてくるが，これは先に述べた準負債比率と呼ばれる資本構成の指標であり，分子が D_L であることから企業の倒産リスクが捨象された負債比率になっている．

この変動利付社債の現在時点における最終利回りを計算すると，

$$y_L = \frac{1}{T}\ln\frac{F_L}{B_L}$$

である．F_L は確率変数であるからこの最終利回りもまた確率変数である．倒産リスク・プレミアム π_L は倒産リスクがないマネー・マーケット口座の最終利回り R_L を y_L から差し引いて求めることができ，

$$\pi_L = \frac{-1}{T}\ln\left\{\Phi(h_L - \beta\sqrt{T}) + \frac{\Phi(-h_L)}{k_L}\right\} \tag{8}$$

で与えられる．最終利回り y_L とは異なり，この倒産リスク・プレミアムは確定値である．自然対数の中括弧の中は B_L/D_L に等しくなっており，倒産リスクがある債券とない債券の価格比率を単調変換して倒産リスク・プレミアムが計算されるので確定値となるのである．また B_L/D_L は1より小さな値であるから自然対数は負値となり，倒産リスク・プレミアムがつねに正値をとることが保証される．

本章の定式化では π_L と π_X の関数形は同一であるが，π_L に現れるボラティリティー項が企業価値プロセスのボラティリティーであるのにたいして，π_X では企業価値のボラティリティーと利子率プロセスのボラティリティーから構成されるリスク調整済みボラティリティーが登場する．したがって変動利付社債においては，固定利付社債とは異なり，企業価値のボラティリティーの増加はつねに倒産リスク・プレミアムの上昇をもたらすことになる．また π_L の関数形をみると割引国債価格 P は含まれていないから，変動利付社債の倒産リスク・プレミアムは金利の期間別構造には依存せず，利子率の水準 r や利子率の確率過程を記述するパラメターおよび相関係数 ρ も含まれていないことから金利変動の影響をまったく受けないことがわかる．π_L は λ からも独立であり，本章のモデルでは投資家の利子率変動にたいするリスク選好も倒産リスク・プレミアムには影響を及ぼさない．

3. 固定・変動利付社債の倒産リスク・プレミアム格差

企業が固定利付社債あるいは変動利付社債によって資金調達を計画するとき，投資家は後者よりも前者にたいしてより高い倒産リスク・プレミアムを

要求することが普通である．先に述べたように，この現象が社債市場の非効率性に根ざすものであるかどうかについては，既存の研究において明確な説明は与えられていない．

本節はこの問題に解答を与えるべく，利子率が変動するもとで固定および変動の2つのタイプの社債の倒産リスク・プレミアムを比較する．いま考察の対象として選ぶ企業は B 円の資金調達を計画しており，固定利付社債と変動利付社債のいずれかを発行する選択肢をもっていると仮定する．前者を発行する場合には F_X の値，後者を発行する場合には D_L の値を適切に設定することにより，企業はいずれのタイプの社債であれ，その市場価格を B に導くことが可能である．具体的な F_X と D_L の値は，社債価格が B になるようにつぎの非線形方程式を F_X と D_L について逆算すれば求めることができる[7)]．

$$B = V\Phi(-h_X) + PF_X\Phi(h_X - \sigma_X) \tag{9}$$

$$B = V\Phi(-h_L) + D_L\Phi(h_L - \beta\sqrt{T}) \tag{10}$$

これらの値は解析的には求めることはできないが，いまその厳密な解を F_X^*，D_L^* とあらわせば次式が成り立つ．

$$F_X^* = \frac{B - V\Phi(-h_X^*)}{P\Phi(h_X^* - \sigma_X)} \quad \text{ただし} \quad h_X^* = \frac{\ln\{V/(PF_X^*)\}}{\sigma_X} + \frac{\sigma_X}{2} \tag{9'}$$

$$D_L^* = \frac{B - V\Phi(-h_L^*)}{\Phi(h_L^* - \beta\sqrt{T})} \quad \text{ただし} \quad h_L^* = \frac{\ln\{V/D_L^*\}}{\beta\sqrt{T}} + \frac{\beta\sqrt{T}}{2} \tag{10'}$$

h_X^* と h_L^* は，$F_X = F_X^*$ および $D_L = D_L^*$ のときの h_X と h_L の値である．この記法を使えば，固定および変動利付社債価格が $B_X = B_L = B$ のときの倒産リスク・プレミアムをつぎのように表現することができる[8)]．

---

7) 社債価格やその他の外生的パラメターの値を固定して F_X あるいは D_L についてその値を逆算する問題は，オプション理論ではインプライド権利行使価格の推定問題として知られている．オプション価格（本節では社債価格）が，裁定利益を生まないような合理的な範囲に形成されている場合には，観測されるオプション価格に理論価格が等しくなるような権利行使価格の水準を数値解析によって逆算することが可能である．

8) 本章のモデルでは企業の資金調達水準は社債の倒産リスク・プレミアムに影響を与えるが，仮定（A 2）によってモディリアーニ＝ミラー定理が成立するので企業価値は資本構成から独立であり，社債の市場価値を外生的に与えることができる．

$$\pi_X|_{B_X=B}=\frac{1}{T}\ln\frac{PF_X^*}{B},\qquad \pi_L|_{B_L=B}=\frac{1}{T}\ln\frac{D_L^*}{B}$$

つぎにこの倒産リスク・プレミアムを比較する．ここで2つのタイプの社債は同一の発行企業を想定しており，満期と市場価格も同一であることに注意する．この企業の固定利付社債の倒産リスク・プレミアムから変動利付社債の倒産リスク・プレミアムを差し引いた値を，本章では固定・変動プレミアム格差（fix-float differential）と呼び DIF とあらわすことにする．

$$\mathrm{DIF}=\pi_X|_{B_X=B}-\pi_L|_{B_L=B}=\frac{1}{T}\ln\frac{PF_X^*}{D_L^*} \tag{11}$$

上式より DIF＝0 となるのは $PF_X^*=D_L^*$ のときであることがわかるが，そのような均衡の存在を正当化する経済的な理由はないことに注意したい．この条件を書きかえれば，2つのタイプの社債の倒産リスク・プレミアムが等しくなるのは，固定利付社債を発行した場合の準負債比率 $k_X^*=(PF_X^*)/V$ と変動利付社債の場合の準負債比率 $k_L^*=D_L^*/V$ とが等しくなるときのみであることがわかる．

補助定理 7.1　企業が，同じ満期，同じ市場価格の固定利付あるいは変動利付社債によって資金調達を行う場合，固定利付社債にたいして市場が要求する倒産リスク・プレミアムが変動利付社債に要求する倒産リスク・プレミアムより大きくなる条件は，倒産リスクがない割引国債の価格で基準化した企業価値の分散が，基準化する前の（円^2 単位で表示された）企業価値の分散よりも大きいことである．

証　明　$\mathrm{DIF}\gtreqless 0\Leftrightarrow k_X^*\gtreqless k_L^*$ であるから，この補助定理を導くには

$$k_X^*=\frac{PF_X^*}{V}\gtreqless k_L^*=\frac{D_L^*}{V}\Leftrightarrow \sigma_X{}^2\gtreqless \beta^2 T$$

を示せば十分である．そのために次式を定義する．

$$f(u,v)=\Phi(-h)+v\Phi(h-u),\quad h=\frac{-\ln v}{u}+\frac{u}{2}$$

関数 $f(u,v)$ は社債の市場価値を企業価値で除したものに対応している（(9) 式および (10) 式を参照のこと）．変数 u は利子率が変動する経済にお

いて企業が発行する証券の価格付けに妥当なリスク調整済みボラティリティーをあらわし，変数 v は準負債比率である．関数の値を $f(u, v)=B/V$ と固定したときに，変数 u と v の関係は等量線（isoquants）によって表現される．また，固定利付社債を発行した状況は $(u, v)=(\sigma_X, k_X^*)$，変動利付社債を発行した状況は $(u, v)=(\beta\sqrt{T}, k_L^*)$ と表現することができる．陰関数定理を適用すると

$$\left.\frac{dv}{du}\right|_{f(u,v)=B/V}=\frac{\phi(s)}{\Phi(s-u)}>0$$

となるが，ここで $\phi(\cdot)$ は標準正規分布の密度関数，$\Phi(\cdot)$ はその分布関数であるから上式は正となる．上式は，所与の企業価値のもとで社債価格が資金調達水準 B になるように企業が準負債比率 v を決定するならば，v はリスク調整済みボラティリティー u の増加関数であることを示す．したがって，$u=\sigma_X\gtreqless\beta\sqrt{T}$ のときは $v=k_X^*\gtreqless k_L^*$ となることが証明された．■

この補助定理によってつぎの命題が導かれる．

命題 7.1　企業価値と利子率とが無相関あるいは正の相関をもつような企業においては，固定利付社債を発行したときの倒産リスク・プレミアムは，同一の市場価格と満期をもつ変動利付社債を発行したときの倒産リスク・プレミアムよりも大きい．

証 明　補助定理によりリスク調整済みボラティリティーが大きいほど倒産リスク・プレミアムも大きくなるが，(5) 式より

$${\sigma_X}^2-\beta^2T=\int_0^T\{{\sigma_p}^2(t)+2\rho\beta\sigma_p(t)\}dt$$

を評価すると，上式は $\rho\geqq 0$ の場合は必ず正になる．したがって命題が証明された．■

企業価値と利子率の相関係数 ρ が非負であれば，短期利子率のボラティリティー σ は固定利付社債を発行した企業が直面する実質的なリスクを増大

させ，リスク調整後の企業価値ボラティリティー σ_X を必ず増加させる．ところが変動利付社債を発行したときには価格付けに妥当なボラティリティー尺度 $\beta\sqrt{T}$ はまったく σ の影響を受けない．その結果，利子率変動のリスクが存在するときは，固定利付社債のほうが変動利付社債の倒産リスク・プレミアムより大きいのである．命題7.1からもわかるように，企業の固定・変動プレミアム格差を決定するうえで相関係数 ρ が決定的に重要な役割を果たすのである．

つぎの命題は，相関係数が負であるような企業にかんするものである．

命題 7.2 企業価値が利子率と負の相関をもつような企業においては，通常は，固定利付社債の倒産リスク・プレミアムは変動利付社債の倒産リスク・プレミアムより大きい．

証 明 固定利付社債の倒産リスク・プレミアムが変動利付社債のそれよりも大きくなる条件 ${\sigma_X}^2>\beta^2 T$ を ρ について解けば，

$$\rho > -\frac{-3+2\kappa T+4e^{-\kappa T}-e^{-2\kappa T}}{-1+\kappa T+e^{-\kappa T}}\cdot\frac{\sigma}{4\kappa\beta}\equiv Z \qquad (12)$$

を得る．不等式の右辺の値を Z と定義してあるが，Z は利子率の確率過程をあらわすパラメターや社債の満期など外生的な変数の関数であるから，その値は必ずしも $[-1,1]$ の領域に存在するとはかぎらない．

κ，T，および (σ/β) に現実的な値を代入して Z の値を計算したのが表7.2である．相関係数 ρ は企業を特徴づけるパラメターであり，企業が保有する資産の性格と利子率との関係から決定されるものである．もし企業の ρ の値が表7.2で計算された Z の値よりも大きい場合には，たとえ ρ が負の値であってもその企業が発行する固定利付社債の倒産リスク・プレミアムは変動利付社債より大きくなる．また計算された Z の値が -1 より小さい値であれば，(12) の不等式の左辺は相関係数ゆえ -1 以上の値なので，この不等式は恒等的に成立する．そのようなケースについて表7.2では計算された Z の値にアステリスクを付してある．表から，現実的なパラメターの値のもとでは Z は-1以下の値になることが多く，不等式 (12) が成立するケース

表 7.2　正の固定・変動プレミアム格差を保証する Z の値

T	σ/β	κ 0.1	0.2	0.3	0.5	0.7
1	0.5	−0.16	−0.15	−0.15	−0.14	−0.13
	1	−0.32	−0.31	−0.30	−0.27	−0.25
	2	−0.64	−0.61	−0.59	−0.55	−0.51
3	0.5	−0.44	−0.40	−0.36	−0.29	−0.25
	1	−0.89	−0.79	−0.71	−0.58	−0.49
	2	−1.77*	−1.58*	−1.42*	−1.17*	−0.98
5	0.5	−0.68	−0.57	−0.49	−0.37	−0.29
	1	−1.37*	−1.14*	−0.97	−0.73	−0.58
	2	−2.73*	−2.29*	−1.94*	−1.47*	−1.16*
7	0.5	−0.89	−0.70	−0.57	−0.41	−0.31
	1	−1.78*	−1.40*	−1.14*	−0.81	−0.62
	2	−3.55*	−2.81*	−2.28*	−1.63*	−1.25*
10	0.5	−1.14*	−0.84	−0.65	−0.44	−0.33
	1	−2.28*	−1.68*	−1.30*	−0.88	−0.65
	2	−4.57*	−3.35*	−2.60*	−1.75*	−1.30*
20	0.5	−1.68*	−1.05*	−0.75	−0.47	−0.34
	1	−3.35*	−2.10*	−1.50*	−0.94	−0.67
	2	−6.71*	−4.20*	−3.00*	−1.89*	−1.37*

（注）利子率と企業価値の相関係数が上記の値（Z）よりも大きいときには，固定利付社債の倒産リスク・プレミアムは変動利付社債の倒産リスク・プレミアムよりも大きくなる．相関係数はその定義により −1 未満にはなり得ないから，アステリスクを付した数値がある箇所では，他のパラメターの水準とは無関係に，固定利付社債の倒産リスク・プレミアムは変動利付社債の倒産リスク・プレミアムより大きくなる．

が多いことがわかる．したがって ρ が負の場合であっても，通常は固定のほうが変動利付社債よりも大きな倒産リスク・プレミアムが要求されることが証明された．■

κ と T とが正値のパラメターであることから，Z は代数的に負値しかとらないことを容易に示すことができる．したがって，もし企業の ρ が非負である場合には，外生的に与えられる他のパラメターがどのような値であれ不等式（12）は成立するので，命題 7.1 を確認することができる．

なお表7.2をみると，Zの値がゼロに近いケースでは負の相関係数で特徴づけられる企業では，不等式（12）の条件を満たしていないものも多いと考えられる．そのようなケースでは，われわれの分析は固定・変動プレミアム格差がゼロあるいは負になる可能性を示している．直感的には企業価値は利子率変動と負の相関をもつと考えられようが，Morris (1976) の米国企業を対象とした有名な実証分析の結果は，企業価値と利子率変動との相関が正である企業が多いことを強く示唆している[9]．このことから，命題7.1は現実に多数の企業にあてはまり，その他の多くの企業についても命題7.2によって正の固定・変動プレミアム格差が成立しているものと思われる．

以上の分析結果をまとめると，競争的で摩擦のない市場において企業の倒産リスクが正しく社債価格に反映されるときには，通常は正値の固定・変動プレミアム格差が存在すると結論づけることができる．

4. 信用スプレッド格差の分析

本章のはじめに述べたように，2つの企業間で定義される信用スプレッド格差（QSD）と呼ばれる指標が社債市場の非効率性を示すのであれば，金利スワップ契約を締結することによって両企業とも利益を受けることが可能である．このような比較優位にもとづく議論が現実を正しくとらえているのであれば，スワップによって両企業が削減できる資金調達費用の利回り合計は，ちょうどQSDの値に等しくなる．しかし固定金利，変動金利の社債市場において，倒産リスク・プレミアムがどのようなメカニズムで決定されているかは比較優位の議論では解明されないばかりか，現在のようにスワップ市場が非常に競争的になっているにもかかわらず，市場の非効率性を表わすQSDが消失しない理由を説明することはできない．競争的市場においてもなぜスワップ取引が存在し，かつどのような意義をもつかについては本章の分析範囲を越える問題ではあるが，正値のQSDが本当に市場の非効率性を

9) Morris (1976) の脚注4によれば，1970年において総資産が1億ドルを超えている企業535社について，1952年から1970年までの期間について短期利子率（コマーシャル・ペーパーの収益率）とこれらの企業の営業利益との相関を推定したところ，平均して0.58の相関係数が推定され統計的に有意な正の相関が検出されている．

あらわすものかどうかを検討することは，スワップにかんするこれまでの議論を評価するうえで有益であろう．もしQSDが2企業の倒産リスク・プレミアムの格差を正しく表現しており，完全競争的な市場においても正値であることを示すことができれば，伝統的な比較優位に論拠をおくスワップ理論はその理論的根拠を失うことになるからである．

QSDを検討するためには，信用力に格差がある2つの企業を比較することが必要である．そこでこれまでの分析に加えて，企業価値が幾何ブラウン運動で表現される第2の企業を想定する．以下の分析では，企業1と企業2とを区別するため添え字iを変数につけることにする．したがって，企業$i \in \{1, 2\}$の企業価値のダイナミックスはつぎのように表現される．

$$dV_i/V_i = \alpha_i dt + \beta_i dW_i, \qquad (13)$$

$$dW_i dW_r = \rho_{ir} dt, \qquad dW_1 dW_2 = \rho_{12} dt$$

(1) 式で表現される利子率の確率過程に加え，上記のような企業価値の確率過程を仮定するので，この分析では3つの拡散過程の間に3つの瞬間的な相関係数が定義されている．企業価値V_1とV_2はいずれも売買可能な資産であると仮定するが，利子率じたいは売買可能ではないので資産の価格付けにおいて利子率変動に対応する国債価格変動リスクの市場価格λが登場することになる．

分析の方法は前節と同じで，評価式に企業をあらわす添え字がつくことだけが異なっている．企業$i \in \{1, 2\}$がB円の資金調達を行うために固定利付社債を発行することを計画するのであれば，次式をF_{Xi}について解いた値F_{Xi}^*にその額面を設定すればよい．

$$B_{Xi} = V_i \Phi(-h_{Xi}) + PF_{Xi}\Phi(h_{Xi} - \sigma_{Xi}) = B \qquad (14)$$

同じB円を調達するために変動利付社債を発行するのであれば，企業iは満期にはこの社債保有者にたいして，

$$F_{Li} = D_{Li}^* \exp\left\{\int_0^T r(u)\,du\right\}$$

の額を支払う旨を約さねばならない．ここでD_{Li}^*はつぎの非線形方程式をD_{Li}について解いた値である．

$$B_{Li} = V_i \Phi(-h_{Li}) + D_{Li}\Phi(h_{Li} - \beta_i \sqrt{T}) = B \qquad (15)$$

企業 i が発行する固定利付と変動利付社債の最終利回りをそれぞれ y_{Xi}, y_{Li} と表示すれば，倒産リスク・プレミアムはつぎのように表現できる．

$$\pi_{Xi}|_{B_{Xi}=B} = y_{Xi}|_{B_{Xi}=B} - R_X = \frac{1}{T}\ln\frac{PF^*_{Xi}}{B}$$

$$\pi_{Li}|_{B_{Li}=B} = y_{Li}|_{B_{Li}=B} - R_L = \frac{1}{T}\ln\frac{D^*_{Li}}{B}$$

ここで R_X と R_L は第2節で求めた，倒産リスクがない割引国債の最終利回りである．

まず，信用スプレッド（QS）を定義しよう．これは信用力に格差がある2企業が社債を発行するときに，社債市場において観測される利回り格差のことである．一般性を失うことなく，企業2のほうが企業1よりも固定，変動金利の両社債市場において信用力が低いと仮定すれば，固定金利市場での2企業のQSは $y_{X2}-y_{X1}$，変動金利市場でのQSは $y_{L2}-y_{L1}$ である．QSDは両市場におけるQSの差であり，固定金利市場のQSから変動金利市場のQSを差し引いた値と定義される．QSDはつぎの計算で明らかなように，2つの社債市場における両企業の倒産リスク・プレミアム格差の差に等しくなっている．

$$\begin{aligned} \text{QSD} &= (y_{X2}-y_{X1})-(y_{L2}-y_{L1}) \\ &= (\pi_{X2}-\pi_{X1})-(\pi_{L2}-\pi_{L1}) \end{aligned} \tag{16}$$

上式は，前節で分析した固定・変動プレミアム格差 $\text{DIF}_i=\pi_{Xi}-\pi_{Li}$ を用いて

$$\text{QSD} = \text{DIF}_2-\text{DIF}_1 \tag{17}$$

と表現することもできるから，QSDは2つの企業の固定・変動プレミアム格差の差違として認識することが可能である．固定・変動プレミアム格差は企業ごとに定義され他の企業の価値とは独立に決定されるので，QSDは2企業の企業価値の相関係数 ρ_{12} とは独立であることは明らかであろう．

以下では再び比較静学分析を行うが，前節と異なる点は比較静学の結果をクロス・セクションの視点から解釈することである．また企業が固定利付社債を発行した場合と，変動利付社債を発行した場合とで導出された証券の評価式の関数形が同じ形で与えられることを積極的に利用する．(5) 式と (7) 式において $B_L=B$ および $B_X=B$ と設定したときに，(9) 式と (10) 式はい

ずれもつぎの関数形で表現された.

$$B = V\Phi(-h) + w\Phi(h-u), \quad h = \frac{-\ln(w/V)}{u} + \frac{u}{2}$$

ここで, u は固定利付あるいは変動利付社債を発行したときに, それぞれの価格付けに適用されるリスク調整済みボラティリティーであり, w は準負債価値, すなわち倒産リスクを捨象したときの社債の理論価格であった. また V は企業価値をあらわすので, w/V は準負債比率を示す. B の値を固定したときの (u, w) の軌跡は等量線と呼ばれるが, $(u, w) = (\sigma_X, PF_X^*)$ と設定したときには企業が固定利付社債を発行した状況を表現し, $(u, w) = (\beta\sqrt{T}, D_L^*)$ とした場合は変動利付社債の発行を表現することに注意する.

B を固定して陰関数 $w = w(V, u)$ の存在を仮定すれば, w の全微分を計算して次式を得る.

$$dw = -\frac{\Phi(-h)}{\Phi(h-u)} dV + \frac{V\phi(h)}{\Phi(h-u)} du \tag{18}$$

第1項の dV の係数は負, 第2項の du の係数は正であるから, 企業価値の減少 ($dV < 0$) およびリスク調整済みボラティリティーの増加 ($du > 0$) は, 他の条件一定ならば準負債価値 w の上昇をもたらすことがわかる. 準負債価値は社債保有者が満期に受け取りを契約したペイオフについて倒産リスクを捨象して計算された現在価値をあらわすから, 社債の市場価格 B を固定したもとで w が増大するということは, 市場価格を導出するときの割引率に反映される倒産リスク・プレミアムが増大することに等しく, この解釈は数学的には陰関数定理によって簡単に証明することができる. したがって他の条件一定ならば, 企業価値が小さいほど, あるいはリスク調整済みボラティリティーが高いほど, より大きな倒産リスク・プレミアムが市場で要求されることになり, われわれの直感とも合致する.

この結果をクロス・セクションで解釈するならば, 他の条件が一定なら企業価値が小さい企業ほど, あるいはリスク調整済みボラティリティーが大きい企業ほど, 社債価値の決定においてより大きな倒産リスク・プレミアムが要求されることになる. たとえば利子率が変動する経済においてリスク調整済みボラティリティーのみが異なる2つの企業が存在して, 同一の額面をもつ社債を発行したと仮定すれば，リスク調整済みボラティリティーが大きい企業の方がより大きな倒産リスク・プレミアムが要求される結果として社債の市場価格は低くなるのである．

変動および固定利付社債市場において (18) 式は具体的な表現を持ち，それぞれ

$$dD_L^* = -\frac{\Phi(-h_L^*)}{\Phi(h_L^* - \beta\sqrt{T})}dV + \frac{V\phi(h_L^*)\sqrt{T}}{\Phi(h_L^* - \beta\sqrt{T})}d\beta \tag{19}$$

$$d(PF_X^*) = -\frac{\Phi(-h_X^*)}{\Phi(h_X^* - \sigma_X)}dV + \frac{V\phi(h_X^*)}{\Phi(h_X^* - \sigma_X)}d\sigma_X \tag{20}$$

が成立する．固定利付社債のケースでは，リスク調整済みボラティリティー σ_X の増加は数学的にさらに 2 つの要素に区別することができ，企業価値のボラティリティー β と，企業価値と利子率の相関係数 ρ の増加部分に分解される．すなわち (5) 式より

$$d\sigma_X = \frac{\beta T + \rho\sigma\{T - b(T)\}/\kappa}{\sigma_X}d\beta + \frac{\beta\sigma\{T - b(T)\}/\kappa}{\sigma_X}d\rho \tag{21}$$

を得るが，上式で $T - b(T)$ は代数的に正値をとるため第 2 項 $d\rho$ の係数の符号は恒等的に正であり，より高い (+1 に近い) 相関係数をもつ企業ほどリスク調整済みボラティリティーも高い値となることがわかる．企業価値のボラティリティー $d\beta$ の係数については，その符号は ρ が非負のときにかぎり確定することができ正となる．

(17) 式によって明らかなとおり，QSD という値は 2 つの固定・変動プレミアム格差の差とみることができる．(11) 式から B を固定したままで DIF について全微分を計算してみると，

$$d(\mathrm{DIF}) = -\frac{dD_L^*}{TL_L^*} + \frac{d(PF_X^*)}{T(PF_X^*)}$$

であるから，ここへ (19), (20), (21) 式を代入すると

$$d(\mathrm{DIF}) = \Psi_1 dV + \Psi_2 d\beta + \Psi_3 d\rho \tag{22}$$

ただし

$$\Psi_1=\frac{-1}{TV}\left\{\frac{\Phi(-h_X^*)}{k_X^*\Phi(h_X^*-\sigma_X)}-\frac{\Phi(-h_L^*)}{k_L^*\Phi(h_L^*-\beta\sqrt{T})}\right\},$$

$$\Psi_2=\frac{1}{T}\left[\frac{\phi(h_X^*)}{k_X^*\Phi(h_X^*-\sigma_X)}\cdot\frac{\beta T+\rho\sigma\{T-b(T)\}/\kappa}{\sigma_X}-\frac{\phi(h_L^*)\sqrt{T}}{k_L^*\Phi(h_L^*-\beta\sqrt{T})}\right],$$

$$\Psi_3=\frac{1}{T}\left[\frac{\phi(h_X^*)}{k_X^*\Phi(h_X^*-\sigma_X)}\cdot\frac{\beta\sigma\{T-b(T)\}/\kappa}{\sigma_X}\right]$$

を導出できる．上式を再びクロス・セクションで解釈するならば，任意の2つの企業にかんしてd(DIF)で表現される固定・変動プレミアム格差の差，すなわちQSDの値は3つの要因から説明できることになる．これらの要因とは，企業価値の差（dV），企業価値のボラティリティーの差（$d\beta$），および企業価値と利子率との相関係数の差（$d\rho$）であり，係数Ψ_1，Ψ_2，Ψ_3の符号を調べるとつぎの命題が得られる．

命題7.3 固定利付社債の倒産リスク・プレミアムが変動利付社債のリスク・プレミアムよりも大きい2つの企業を考える．一方の企業が他方の企業よりも倒産リスクが大きく，（他の条件が一定として）企業価値が小さいか，あるいは企業価値と利子率との相関係数が大きい（+1に近い）場合にはこの2企業間のQSDは正値になる．

証 明 この命題は，$\Psi_1<0$および$\Psi_3>0$を示せば証明される．$\Psi_3>0$は$T-b(T)>0$より自明である．$\Psi_1<0$となることの証明は数学付録Bをみよ．■

命題7.1と命題7.2によって明らかになったとおり，企業は変動利付社債市場よりも固定利付社債市場においてより高い倒産リスク・プレミアムを要求されることが普通である．命題7.3は，そのような通常の状態においてもし企業2が企業1よりも信用力が低い場合には，$\mathrm{DIF}_2>\mathrm{DIF}_1$が成立しQSDは正値になることを述べるものである．

直感的な解釈を与えれば，相関係数ρの増加（$d\rho>0$）はリスク調整済みボラティリティーσ_Xの増加をつうじて固定利付社債の倒産リスクを増大させるが，変動利付社債の倒産リスクは ρ とは無関係であるから $\beta\sqrt{T}$ のまま変化しない．したがって，ρ が増大したときには固定利付社債と変動利付社債の倒産リスク・プレミアムの格差は拡大し，その結果DIFの値も増加するのである．これにたいして企業価値の減少は，固定利付社債を発行する場合であれ，変動利付社債を発行する場合であれ，必ず企業の倒産リスクを増大させる．いま，われわれは固定・変動プレミアム格差が正値という通常のケースを考えているため，対応する準負債比率は固定利付社債を発行したときのほうが変動利付社債を発行したときよりも大きい状況を想定している（$F_X^*/V > D_L^*/V$）．そのような状況では企業価値の減少は2つの準負債比率の差を拡大し，倒産リスク・プレミアムの格差も増大することになる．したがって，企業価値の減少は変動利付社債よりも固定利付社債の倒産リスクの方をより大きくし，DIFを増大させるのである．

本節の分析において企業のリスクが高いと表現するときには，リスクとい

図 7.1　固定・変動プレミアム格差と企業価値
$\kappa=0.1$，$\sigma=0.1$，$\rho=0.0$，$\beta=0.2$，$B=0.4$

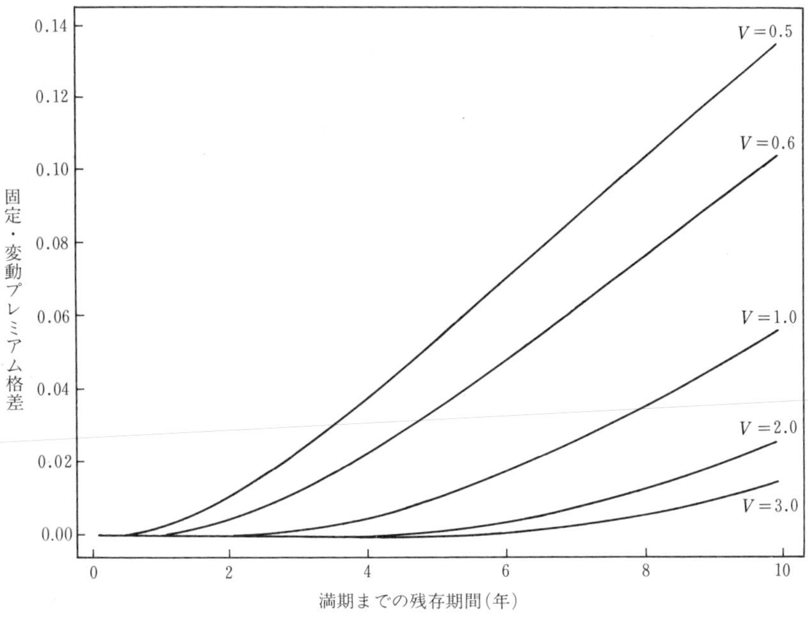

図 7.2 固定・変動プレミアム格差と企業価値・利子率の相関係数

$\kappa=0.1,\ \sigma=0.1,\ \beta=0.2,\ B=0.4,\ V=1.0$

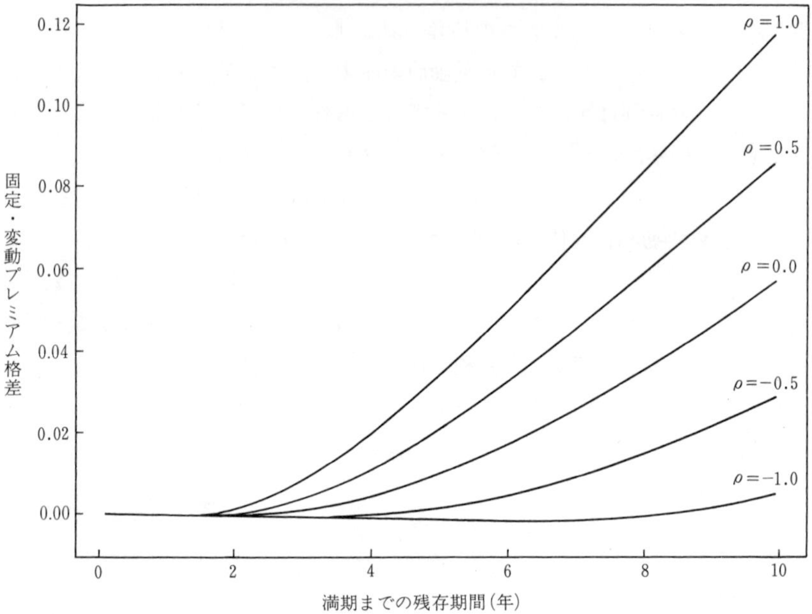

う言葉は他の条件一定として企業価値がより小さい，あるいは企業価値と利子率の相関係数がより $+1$ に近いという意味で用いており，企業価値の変動性を意味してはいないことに注意されたい．(22) 式において係数 Ψ_2 の符号は数学的には特定できないので，利子率が変動する状況においては企業価値のボラティリティーの増大は必ずしも倒産リスクの増大を意味するものではないのである．

固定・変動プレミアム格差が，企業価値，企業価値ボラティリティー，および相関係数の変化にたいしてどのような挙動を示すかを調べるため，3つの図を示しておいた．図 7.1 は企業価値の変化が固定・変動プレミアム格差に与える影響をみるために，$\rho=0$，$B=0.4$，$\beta=0.2$，$\sigma=0.1$，$\kappa=0.1$ のケースについて V の値をかえながら固定・変動プレミアム曲線を横軸に満期 T をとって描いたものである．非線形方程式の解である F_X^* と D_L^* の値は，ニュートン・ラフソン法によって数値解析によって求め，社債の満期 T とし

図 7.3 (a)　固定・変動プレミアム格差と企業価値のボラティリティー
(相関係数 ρ が負のケース)
$\kappa=0.1$,　$\sigma=0.1$,　$\rho=-0.5$,　$B=0.4$,　$V=1.0$

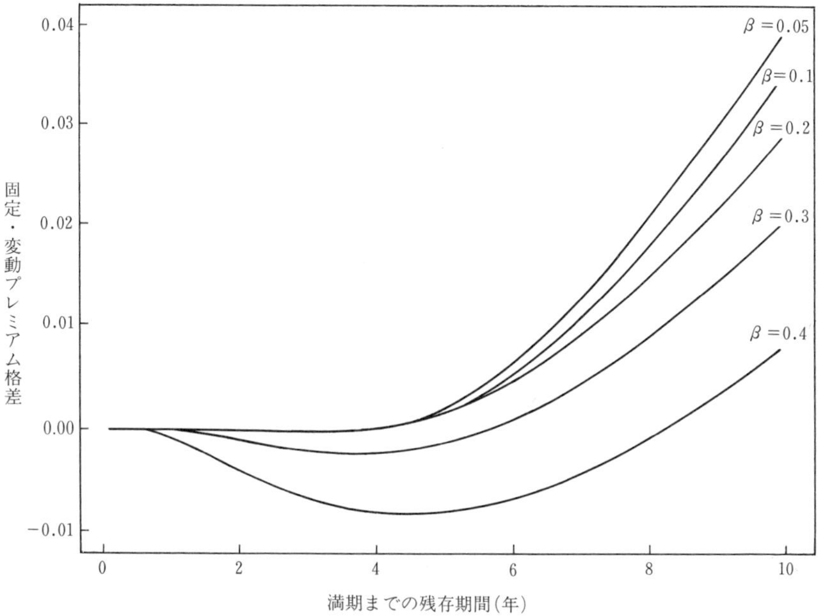

て 0 年から 10 年までを考慮してある．図に示してあるように，異なる V の水準ごとに(11)式を用いて固定・変動プレミアム格差を計算した．図 7.1 のケースではすべての満期にたいして固定・変動プレミアム格差の値が正値であることがわかる．さらに，企業価値が小さくなるほど固定・変動プレミアム格差が拡大することもみてとれる．QSD と呼ばれる指標は，2 つの企業について各企業の固定・変動プレミアム格差を計算し，信用力が低い企業の固定・変動プレミアム格差から信用力が高い企業の固定・変動プレミアム格差を差し引いた値であることを思い出せば，図のうえでは 2 つの固定・変動プレミアム格差をあらわす曲線の垂直距離が QSD をあらわすことになる．信用力が低い企業は，他の条件が一定ならば企業価値が小さい企業ということになるから，その固定・変動プレミアム格差は上方に位置する曲線で表現される．したがって，図 7.1 ではすべての満期について QSD の値は正値になることがわかる．

図 7.3 (b) 固定・変動プレミアム格差と企業価値のボラティリティー
(相関係数 ρ がゼロのケース)
$\kappa=0.1$, $\sigma=0.1$, $\rho=0.0$, $B=0.4$, $V=1.0$

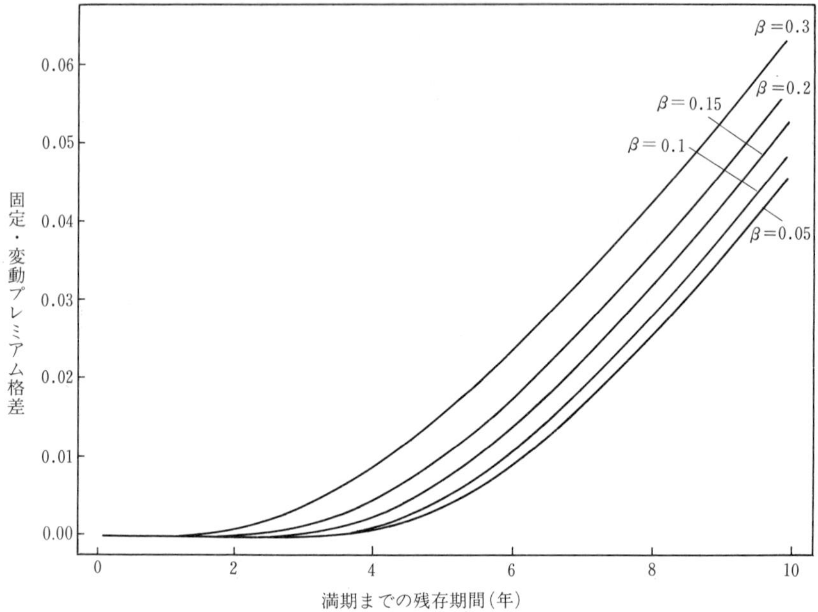

図 7.2 は，企業価値と利子率の相関係数を -1 から $+1$ まで変化させた場合の固定・変動プレミアム格差を描いたものである．図 7.1 と同様に，倒産リスクが高い，すなわち相関係数がより $+1$ に近い企業の固定・変動プレミアム格差をあらわす曲線ほど上方に位置していることがわかる．特定の満期に対応する QSD は 2 つの曲線の垂直距離で与えられるから，この図でも倒産リスクが高い企業と低い企業の間の QSD はすべての満期において正値であることがわかる．

図 7.3 (a) は，企業価値のボラティリティーの増加が固定・変動プレミアム格差の減少をもたらす例を示してある．相関係数 ρ が負のケースを考えており，その値は -0.5 に設定してある．企業価値のボラティリティーが非常に大きい $\beta=0.4$ のケースでは，図をみると固定・変動プレミアム格差が負値をとる領域が存在していることがわかる．固定・変動プレミアム格差をあらわす曲線は，もはや満期にたいして単調な増加関数ではないことがわか

る．前述したように，利子率が確率的に変動する経済では企業価値のボラティリティーβは倒産リスクをとらえる適切な尺度とはかぎらず，この図のように企業価値と利子率の相関が負値のケースでは，企業価値のボラティリティーの増大は倒産確率を減少させることもあるのである．

図7.3(b) は企業価値と利子率が無相関の場合である．命題7.1によって，相関係数が$\rho \geqq 0$であれば企業価値ボラティリティーβの増加はつねに固定利付社債の倒産リスク・プレミアムを増加させるから，このケースではβは企業の倒産リスクをとらえる指標となる．図によれば高いβの値に対応する固定・変動プレミアム格差の曲線は，低いβの値に対応する曲線よりも上位に描かれている．したがって，この場合でもQSDはすべての満期について正値をとることになる．

5. むすび

企業が社債発行により資金調達を計画する場合，固定利付社債あるいは変動利付社債という2種類の債券発行の選択肢がある．同一企業による同じ満期，同じ市場価格の社債発行であっても，競争的な市場において要求される倒産リスク・プレミアムは固定利付と変動利付社債では異なるのがつねである．本章はCooper and Mello (1988) の分析枠組みを拡張し，利子率が確率的に変動する経済においてなぜ固定利付社債の倒産リスク・プレミアムのほうが変動利付社債の倒産プレミアムよりも大きくなるのか，1つの理論的解答を提示した．非対称的な結果の原因は，利子率の変動と，それが企業価値にどのような影響を及ぼすかを記述する相関係数の水準に求められることが明らかにされた．

信用力が異なる2企業が固定利付，あるいは変動利付社債の発行を計画するときには，通常は2企業間の固定利付社債の利回り格差のほうが，変動利付社債の利回り格差よりも大きい．前者から後者を差し引いた値は信用スプレッド格差（QSD）と呼ばれるが，本章の分析は，摩擦のない競争的な市場においてもQSDはゼロとはならず通常は正値であることを明らかにした．

QSDと呼ばれる指標は，固定利付社債市場と変動利付社債市場における企業の倒産リスクの差を反映して，市場によって公正に決定されるものであり，金利スワップ契約の締結等によって利益を上げうるような市場の非効率性をあらわすアノマリーではない．それではなぜスワップ契約が存在するのか，その経済厚生上の意義はどのようなものなのかという問題は本章の分析範囲の外ではあるが，比較優位に論拠を求める伝統的なスワップ理論は少なくともその理論的根拠を疑うべきであると結論できる．

第7章数学付録

数学付録 A（(7) 式の証明）

この数学付録では，まず満期 T でのペイオフ $C(T)$ が次式で表現されるようなヨーロッパ型のオプション契約について，利子率が変動する場合の一般的な評価の原理を明らかにし，その応用として (7) 式を証明する．すなわち，

$$C(T) = C(V(T), Y(T), T)$$

とすればここで $V(t)$ は企業価値をあらわし，そのダイナミックスは

$$dV(t)/V(t) = \alpha dt + \beta dW_V,$$

で与えられ，$Y(t)$ はマネー・マーケット口座の価値で $Y(t) = \exp\left\{\int_0^t r(u)\,du\right\}$ と定義される．$r(u)$ は時刻 u における利子率であり，その挙動は拡散過程で表現されると仮定する．$Y(t)$ の確率微分は，平均値の定理を援用して

$$dY(t) = r(t)Y(t)\,dt$$

で表現されるが，この確率微分方程式にはブラウン運動の項が含まれておらず，$Y(t)$ は局所的には確定的 (deterministic) であることを含意している．$C(t)$ の挙動は伊藤の補題を適用して，

$$dC/C = \mu_C dt + \sigma_C dW_V$$

ただし

$$\mu_C = \frac{1}{C}\left(\frac{\partial C}{\partial Y}Yr + \frac{\partial C}{\partial V}V\alpha + \frac{\partial C}{\partial t} + \frac{1}{2}\frac{\partial^2 C}{\partial V^2}\beta^2 V^2\right), \qquad \sigma_C = \frac{1}{C}\left(\frac{\partial C}{\partial V}\beta V\right)$$

である．瞬間的な均衡条件は，λ_V を企業価値の変動リスクにたいする市場価格とすれば，$\mu_C(\cdot) = r(t) + \sigma_C(\cdot)\lambda_V$ である．

いまこの経済における任意の資産価格について，それをマネー・マーケット口座の価値 $Y(t)$ で除した値を $Q(t)$ とあらわすことにする．$Q(t) = C(t)/Y(t)$ に伊藤の補題を適用し，均衡条件式を代入すると，

$$dQ/Q = (\mu_C - r)\,dt + \sigma_C dW_V = \sigma_C dW_V^*$$

を得る．なお，dW_V^* は企業価値の変動リスクにかんしてリスク調整した確率過程であり，$dW_V^* = dW_V + \lambda_V dt$ と定義される．このリスク調整された確率過程が標準

ブラウン運動になるような確率測度のもとでは，$Q(t)$ がマルチンゲールになることは自明である．第3章では，裁定機会が存在しない市場においては必ずそのような確率測度が存在することを明らかにした．そこで，この確率測度のもとでの確率および期待値計算を，アステリスクを付して $\text{Prob}^*(\cdot)$ および $E^*[\cdot]$ と表わすことにする．マルチンゲール性を利用し，$Y(0)=1$ であることを用いれば，

$$Q(0) = E^*[Q(t)] \Leftrightarrow C(0) = E^*[C(t)/Y(t)] \quad \text{for} \quad 0 \leqq \forall t \leqq T$$

を導出できるので，ここで $t=T$ とおけば，

$$C(0) = E^*[C(T)\cdot Y(T)^{-1}]$$

を得る．上式は，オプション・プレミアムを求めるには，そのペイオフをマネーマーケット口座の価値で除したキャッシュフローについて，リスク調整した確率過程がマルチンゲールになるような確率測度のもとで期待値をとればよいことを主張するものであり，リスク中立化法にほかならない．

本文において，変動利付社債の満期でのペイオフは，

$$B_L(T) = V(T) - \max[V(T) - D_L\cdot Y(T), 0]$$

で与えられるので，その現在価値は

$$\begin{aligned}
B_L = \; & V - E^*[V(T)\cdot Y(T)^{-1} \mid V(T)\cdot Y(T)^{-1} \geqq D_L] \\
& \cdot \text{Prob}^*(V(T)\cdot Y(T)^{-1} \geqq D_L) \\
& + D_L\cdot \text{Prob}^*(V(T)\, Y(T)^{-1} \geqq D_L) \\
= \; & V - E^*[M(T) \mid M(T) \geqq D_L]\cdot \text{Prob}^*(M(T) \geqq D_L) \\
& + D_L\cdot \text{Prob}^*(M(T) \geqq D_L)
\end{aligned}$$

ただし $M(T) \equiv V(T)\cdot Y(T)^{-1}$

によって計算できる．$V(T)$ と $Y(T)$ はいずれも対数正規分布に従うので，$M(0)=0$ を条件とした $M(T)$ の条件付き確率分布は，同値マルチンゲール確率測度のもとでもまた，対数正規分布に従う．実際，伊藤の補助定理を適用してみると，

$$d(\ln M) = -(1/2)\beta^2 dt + \beta dW_V^*$$

であり，$M(T)$ はこの確率測度のもとでは，

$$\ln M(T)|_{M=V} \sim \boldsymbol{N}(\mu_M, \beta^2 T) \quad \text{ただし} \quad \mu_M \equiv \ln V - (\beta^2 T/2)$$

である．あとは機械的に計算を行うと

$$B_L = V\Phi(-h_L) + D_L\Phi(h_L - \beta\sqrt{T}) \quad \text{ただし} \quad h_L = \frac{-\ln(D_L/V)}{\beta\sqrt{T}} + \frac{\beta\sqrt{T}}{2}$$

が導出できるが，これは証明すべき (7) 式にほかならない．■

数学付録B（$\Psi_1 < 0$ の証明）

まず関数 $\Theta(u, V)$ をつぎのように定義する．

$$\Theta(u, v) = \frac{\Phi(-h)}{v\Phi(h-u)}, \qquad v = \frac{-\ln v}{u} + \frac{u}{2}, \qquad u,\ v > 0$$

このとき $\Psi_1 = -\{1/(TV)\}\{\Theta(\sigma_X, k_X^*) - \Theta(\beta\sqrt{T}, k_L^*)\}$ とあらわすことができる．命題7.3は，$k_X^* > k_L^*$ であれば $\sigma_X > \beta\sqrt{T}$ となることを述べているのだから，$\Psi_1 < 0$ は $\Theta(u, v)$ が u と v について単調増加関数であることを示せば証明される．直接的な計算によって次式を得る．

$$\begin{aligned}\frac{\partial\Theta}{\partial u} &= \frac{\phi(h)}{uv\{\Phi(h-u)\}^2}\left\{(h-u)\Phi(h-u) + \frac{h}{v}\Phi(-h)\right\}\\ &> \frac{\phi(h)}{v\{\Phi(h-u)\}^2}\left\{-\phi(h-u) + \frac{h}{v}\Phi(-h)\right\} = 0\end{aligned}$$

$$\begin{aligned}\frac{\partial\Theta}{\partial v} &= \frac{1}{v^2\{\Phi(h-u)\}^2}\left[\phi(h)\left\{\frac{\Phi(h-u)}{u} + \frac{\Phi(-h)}{uv}\right\} - \Phi(-h)\Phi(h-u)\right]\\ &> \frac{1}{v^2\{\Phi(h-u)\}^2}\left[h\Phi(-h)\left\{\frac{\Phi(h-u)}{u} + \frac{\Phi(-h)}{uv}\right\} - \Phi(-h)\Phi(h-u)\right]\\ &= \frac{\Phi(-h)}{uv^2\{\Phi(h-u)\}^2}\left\{(h-u)\Phi(h-u) + \frac{h}{v}\Phi(-h)\right\}\\ &> \frac{\Phi(-h)}{uv^2\{\Phi(h-u)\}^2}\left\{-\phi(h-u) + \frac{h}{v}\Phi(-h)\right\} = 0\end{aligned}$$

ここで $\phi(\cdot)$ は標準正規分布の密度関数であり，$\Phi(\cdot)$ はその分布関数である．この証明では，正規分布にかんする性質 $\phi(z) + z\Phi(z) > 0,\ \forall z$ と，$\phi(h-u) = \phi(h)/v$ という性質を利用している．■

第 8 章
オプション評価を応用した最適資本構成問題の分析

1. はじめに

企業の資本構成にかんする無関連性命題が1958年にモディリアーニとミラー(以下ではMMと略す)によって示され，さらに税金の存在を考慮した修正論文が1963年に発表されて以来，現実の企業の資本構成の多様性を説明すべく，おびただしい数の理論的，実証的論文が発表されている．多くの研究は，MMの無関連性命題の導出において設けられた完全市場という仮定を緩め，そのときの負債利用の影響を検討して最適な資本構成を論じている．たとえば法人税が存在するときには，負債利用は節税というメリットと，エージェンシー費用，倒産可能性の上昇がもたらす期待倒産費用の増大というデメリットが存在するため，両者の影響が限界的に等しくなるように負債水準を決定すれば企業価値は最大化されると考えるのである．法人税の節約効果のほか，超過償却などの負債利用以外の要因によるタックス・シールドの重要性も指摘されている．

Miller (1977) は，法人税とともに個人段階で課税される個人所得税も資本構成に重要な影響を与えることを示している．すなわち，所得税を考慮するならば投資家にとって社債は株式よりも不利な投資対象であり，企業段階での負債利用のメリットは投資家段階において相殺される可能性がある．このような株式や負債の発行にかかわるメリットとデメリットのバランスによって最適資本構成を分析する一連の企業金融理論は，バランシング理論(balancing theory) と呼ばれている．

Bradley, Jarrell and Kim (1984) および Kim (1988) はバランシング理論の膨大な文献をサーベイした結果，理論的なコンセンサスとして最適資本構成を決定するつぎの3つの要因，すなわち(1)倒産費用に代表される負債利用にかかわる直接・間接の費用，(2)法人税などによるタックス・シールドの大きさ，(3)企業価値の変動性を抽出している．これまでの理論的分析では，最適な負債利用水準は(2)とは正の相関，(1)および(3)とは負の相関をもつこと

＊　本章は，Ikeda (1996) に加筆・修正したものである．

が予想されており，(1)，(2)については実証分析でもこの予想を支持する結果が報告されている．しかしながら負債水準と(3)の関係については実証分析の結果はいまだ明確ではない．Castanias（1983），Carleton and Silberman（1977）等の実証分析では企業価値の変動性と負債利用の水準に負の相関を観測しているが，Toy, Stonehill, Remmers, and Beekhuisen（1974), Long and Malitz（1985），Kim and Sorensen（1986）は正の相関が存在すると述べている．また Ferri and Jones（1979), Flath and Knoeber（1980)，および Titman and Wessels（1988）は明確な関係は存在しないと報告しており，Kale, Noe, and Ramirez（1991）にいたっては最適負債水準と企業価値のボラティリティーの間には U 字型の関係が存在すると主張している．本章ではこの問題に理論的な解答を与えることを1つの目的としている．

これまでの最適資本構成の研究では，利子率は固定されるかすべての投資家はリスク中立的であるという仮定がおかれてきた．また企業が発行する負債としては，将来支払われる元本，利子が確定している固定利付社債あるいは銀行借入しか分析されていない．前章でも指摘したが，近年の変動利付社債および金利スワップ市場の発展は目を見張るものがあり，多種多様な金利派生証券も登場しているが，このことは利子率変動の不確実性が企業の財務的意思決定に重大な影響を与えていることを示唆している．したがって，最適資本構成の分析においても利子率一定という仮定をはずし，固定利付社債のみならず変動利付社債発行の可能性も検討すべきである．

著者が知るかぎり，唯一利子率一定の仮定をゆるめた資本構成の研究を行っているのは Brennan and Schwartz（1980）である．彼らは数値解析によって，利子率変動の不確実性は資本構成にはほとんど影響を与えないと述べている．しかしその分析では固定利付社債しか扱われていないうえ，資本構成を決定する最適条件が明示的に考慮されていない問題があるため結論についても留保が必要であろう．最近の研究では Leland（1994）が脚注（p. 1230）で，利子率の下落は最適負債比率を減ずると述べているものの，彼のモデルでは社債の満期は無限に設定されたうえ利子率は固定されており，明示的に利子率変動の不確実性をとりいれた分析にはなっていない．社債の満期を有限化した Leland and Toft（1996）においても利子率は固定されたままでであり，利子率の確率的な変動が最適資本構成に及ぼす影響はまだ本格的に研究されていないといえる．

本章では利子率が拡散過程であらわされるような経済を考え，企業がその価値を最大にするように発行する株式と社債の価値を解析的に求めたうえで，比較静学分析によって最適資本構成を検討する．第3章で示した利子率が変動する場合の派生証券評価の分析枠組みを用いて，固定利付社債とともに変動利付社債も分析対象に加え，利子率一定の仮定のもとで得られた既存の結論がどのように変更されるかを検討する．第7章では市場の摩擦的要因は存在しないと仮定したが，本章では法人税と倒産費用を明示的にモデルにとり入れ，最適資本構成が内生的に決定される．利子率の不確実性を導入した分析によって，企業が固定利付社債を発行するときには企業価値のボラティリティーの上昇は最適な負債利用水準をつねに上昇させるとはかぎらず，減少させる場合があることが理論的に明らかになる．

さらに変動利付社債の経済的意義についても検討される．まず，企業が固定利付社債の発行水準を機動的に変更できると仮定しても，資本構成の変更をつうじて利子率変動リスクを完全に除去することは不可能であることが明らかになる．すなわち，利子率の確率過程を記述するボラティリティーあるいは平均回帰水準への調整速度がなんらかの理由で変化したときには，いかに固定利付社債の水準を調整しても企業価値を一定に保つことはできず，新しい最適資本構成が実現することが示される．これにたいして企業が負債として変動利付社債を発行したときには最適資本構成は利子率変動リスクから独立になることが示され，変動利付社債が利子率変動のリスク・ヘッジの役割を果たすことが理論的に明らかにされる．また本章では企業価値最大化を目的として負債を発行するとき，企業が固定利付社債と変動利付社債のどちらを選択すべきであるか，その基準となる命題も導出した．

本章の構成は以下のとおりである．第2節では伝統的なタックス・シェルター・倒産費用モデルを利子率が変動するもとで評価し，企業が発行する証券の評価式を導出する．その結果を用いて，第3節では最適資本構成問題を分析する．第4節は企業が社債を発行するとき，固定利付社債と変動利付社債のどちらを選択するのか，その意思決定問題を扱う．第5節では結論が述べられる.

2. 倒産費用と法人税がある場合の証券価格

2.1 仮 定

利子率変動の不確実性が資本構成に及ぼす影響を分析するために，本章では，いわゆるタックス・シェルター・倒産費用モデル（tax shelter-bankruptcy costs model : TB モデルと以下では略す）を採用する．このモデルでは，企業の資本構成を決定すると考えられる要因のうち倒産費用と法人税だけを明示的に扱い，その他の要因，たとえば負債以外の制度的要因がもたらすタックス・シールド，個人所得税，タックス・クレジットなどはとりあげない．これらの要因は容易に TB モデルに組み込むことが可能だが，分析には新たな洞察や含意をもたらさないので捨象するのである．

本章の分析枠組は基本的には1期モデルであり現在時点を時刻ゼロ，期末を時刻 T とし，企業は期末には解散する．また倒産費用，すなわち企業が倒産した場合の直接的，間接的費用と法人税は存在するが，それ以外の摩擦や制度的規制は存在せず，資産市場は競争的であると仮定する．企業が期末に社債保有者に支払う金額は，その全額が法人税の課税所得から控除されるものとする．社債の満期は期末 T に設定されており，企業が倒産しないかぎりは社債保有者は契約した金額を受け取る．企業は社債支払いの後に法人税を政府に支払い，最後の残余を株主に配当して解散するのである．社債の満期以前には株式にたいして配当は支払われないものとし，どのような場合に企業が倒産するのか，その条件は後で述べられる．

企業が保有する総資産の価値を A とする．その確率過程は幾何ブラウン運動

$$dA/A = \alpha dt + \beta dW_A, \quad A(0) = A \tag{1}$$

で与えられると仮定する．ここで α と β は正の定数，W_A は企業資産価値の不確実性を生み出す標準ブラウン運動である．記法を簡潔にするため，混乱が生じないかぎりは現在時点における総資産価値は時刻を示す添え字を略し

ている．実物的な投資の意思決定はすでに行われており，企業はその資金調達の意思決定を行う局面にあるものとし，資金調達の意思決定以前には負債は発行されていないと仮定する．

利子率は確率的に変動し，つぎの OU 過程で表現される．

$$dr = \kappa(\theta - r)\,dt + \sigma dW_r,\quad r(0) = r \tag{2}$$

r は現在時点での短期利子率である．この確率過程は長期的には θ へ平均回帰する性質をもち，利子率が θ から離れると κ で表現される調整速度で θ へ引き戻される．σ はこのプロセス自体のボラティリティーを表わし，W_r は利子率の不確実性を生み出す標準ブラウン運動である．企業の総資産と利子率とは異なるブラウン運動によって不確実性が記述されているが，これらは

$$dW_r dW_A = \rho dt \quad (-1 \leqq \rho \leqq 1)$$

であらわされる瞬間的な相関を持つ．すべての企業はその総資産価値が利子率となんらかの相関をもって変動するが，どのような実物的生産活動を行っているのか，またどのような資産構成をもつのか，企業の特徴が ρ の値に反映されていると考えられる．したがって，本章の分析においては各企業は異なる ρ を持っており，外生的に与えられる ρ の値が企業の資産構成を要約する．

本書の第 3 章において導出したとおり，利子率が OU 過程に従うときに倒産リスクが存在しない満期まで T 年，額面が 1 円の割引国債の理論価格は次式によって与えられる．

$$P = a(T)e^{-rb(T)} \tag{3}$$

ただし，

$$b(T) = \frac{1-e^{-\kappa T}}{\kappa}\ (>0),$$

$$a(T) = \exp\left\{\left(\theta + \frac{\sigma\lambda}{\kappa} - \frac{\sigma^2}{2\kappa^2}\right)\{b(T) - T\} - \frac{\sigma^2\{b(T)\}^2}{4\kappa}\right\},$$

$$\lambda = \frac{\mu_P(T) - r}{\sigma_P(T)},\qquad \sigma_P(T) = b(T)\sigma$$

κ と T は正値のパラメターであり，このとき $b(T)$ が代数的に正値となることは容易に証明できる．μ_P と σ_P は割引国債の瞬間的な収益率の期待値と標準偏差であり，次式を満たす．

$$dP/P = \mu_P dt - \sigma_P dW_r$$

したがってλは割引国債の価格変動リスクの市場価格であり，投資家の選好をあらわす．

企業が発行できる社債の形態としては，将来の利払いの額が固定されている固定利付社債と，利子率の変動に依存して利払い額も変動する変動利付社債を考える．分析をいたずらに複雑にしないために，第7章と同様にもっとも単純な構造をもつ負債であるゼロ・クーポン債を考えることとする．したがって，これらの2種類の社債の違いは満期でのペイオフの性質の違いとしてのみ現れ，固定利付社債では約定された支払額すなわち額面金額は確定値であるが変動利付社債では確率変数になる．記法であるが，本章では確率変数にはチルダを付し，固定利付社債にかんする変数には添え字Xを，変動利付社債には同じく添え字Lを付けて区別する．

まず固定利付社債であるが，満期Tに額面F_Xを支払うことを社債保有者に約束する割引債とする．企業はこの社債を発行するとき額面F_Xとして任意の値を設定できるが，本章では倒産費用が存在すると仮定しておりF_Xの増加は企業の倒産確率を上昇させるので社債価値はF_Xの単調増加関数とはなり得ない．本章のモデルでは，F_Xは企業価値を最大にする水準に内生的に決定される変数である．つぎに変動利付社債としては，額面が利子率の変動に連動して変化する確率変数$\tilde{F}_L$で表現される割引債を考える．現実の市場で発行される変動利付社債は，銀行間の預け金金利などを基準金利として，時々刻々変化する基準金利にプレミアム（マークアップ）を上乗せしたクーポン・レートを支払うものが一般的である．本章では変動利付社債のエッセンスを抽出しつつ分析を可能にするため，ゼロ・マークアップを仮定するとともに倒産リスクがない短期利子率を基準金利として採用し，満期に1度だけ支払いが行われるゼロ・クーポン債を想定する[1)]．時刻ゼロにおいて，

1)　ここでは簡単のためにゼロ・マークアップを仮定したが，マークアップ率として特定の値（q）を仮定してもモデル上はまったく同一の分析に帰着する．すなわち，倒産リスクがないマネー・マーケット口座のq倍の金額を期末に支払うと社債発行企業が投資家に約束した場合を考えてみると，約定した満期の支払い額は

$$\tilde{F}_L = qD_L \cdot \exp\left\{\int_0^T r(t)\,dt\right\} = qD_L \tilde{Y}.$$

である．本章のモデルでは，企業がその企業価値を最大化すべくqとD_Lの水準を同

満期 T に企業が支払うことを約束する「変動額面」の金額は

$$\tilde{F}_L = D_L \tilde{Y},\ ただし\quad \tilde{Y} \equiv \exp\left\{\int_0^T r(t)\,dt\right\}, \tag{4}$$

とする．ここで $r(t)$ は時刻 $t \in [0, T]$ における短期利子率であり，その確率過程は (2) 式で与えたとおりである．D_L は社債の元本に相当し，企業が社債発行時に決定する変数であるが，D_L が過大であれば投資家は高い倒産リスク・プレミアムを要求し社債の市場価格は減少するから，企業は慎重に最適な水準を決定するはずである．$\tilde{Y}$ は，時点ゼロで安全なマネー・マーケット口座に1円を預けたときに満期 T に受けとる金額である．この口座は市場の短期利子率で預金を連続的にロールオーバー運用するものであり，将来の利子率の動きは不確実であるから，時点ゼロでは利子率の経路に依存する積分値も確率変数である．この社債は企業が倒産しないかぎり D_L 単位分の $\tilde{Y}$ を社債保有者に支払う契約と解することもできる．ここまでの分析枠組は第7章と同じである．

前述したように税金としては法人税のみを明示的に考え，数学的に解析が容易な富裕税形式 (wealth-type-tax system) を採用する[2]．これは資本構成を論ずるうえで多くの論文が採用する仮定である[3]．この税制のもとでは課税所得から支払利子と社債元本の総額が控除されるため，本章のモデルでは社債の額面金額が控除されることになる．企業倒産が起きたときには課税所得が負になるが，その場合には企業は法人税を支払わず，また還付も受けな

時に決定することになるが，q と D_L が独立に決定されることはなく必ず積の形で決定される．いま qD_L を「元本」として定義しなおせば，本文のようにゼロ・マークアップの場合とまったく同一の分析に帰着する．

2) 個人所得税を本分析に導入する場合は，法人税 τ のかわりに次式で定義される実質的法人税率 τ^* を用いて分析すればよい．

$$\tau^* = 1 - \frac{(1-\tau)(1-\tau_{ps})}{1-\tau_{pb}}$$

ここで τ_{ps} は株式所得にたいする個人所得税率であり，τ_{pb} は国債等の債券所得に課せられる個人所得税率である．Miller (1977) が示した

$$1-\tau_{pb} > (1-\tau)(1-\tau_{ps})$$

という条件が満たされているかぎりでは，法人段階でのタックス・シールドの有利性は個人投資家段階で完全には相殺されず，本章の分析はそのまま有効である．

3) Kraus and Litzenberger (1973), Bradley, Jarrel and Kim (1984) などが富裕税を仮定した分析を行っている．

いと仮定する．したがって，法人税支払いをあらわすキャッシュフローは株式のペイオフに比例することになる．株式は社債の額面金額を権利行使価格とするコール・オプションとみなすことができるので，法人税率を τ とすれば期末 T における法人税支払いは，固定利付社債を発行した場合と変動利付社債を発行した場合とでそれぞれつぎのようになる．

$$\widetilde{TAX}_X(T) = \max[\tau\{\tilde{A}(T) - F_X\}, 0] \tag{5a}$$

$$\widetilde{TAX}_L(T) = \max[\tau\{\tilde{A}(T) - \tilde{F}_L(T)\}, 0] \tag{5b}$$

期末に企業が約定した金額のすべてを社債に支払えないときには倒産が発生する．倒産がおこると社債保有者は企業の総資産を入手するが，倒産にかかわる直接・間接の費用が発生し，社債保有者がこれらの倒産費用を負担することになる．この費用は倒産時点の総資産価値に比例すると仮定して，その比例定数を $c \in (0, 1)$ であらわし倒産費用率と呼ぶ．固定利付社債，変動利付社債を発行した場合の倒産費用はそれぞれ，

$$\tilde{C}_X(T) = \begin{cases} c\tilde{A}(T) & \text{if} \quad \tilde{A}(T) \leqq F_X \\ 0 & \text{otherwise} \end{cases} \tag{6a}$$

$$\tilde{C}_L(T) = \begin{cases} c\tilde{A}(T) & \text{if} \quad \tilde{A}(T) \leqq \tilde{F}_L(T) \\ 0 & \text{otherwise} \end{cases} \tag{6b}$$

となる．いずれの社債も支払が行われるのは期末においてであり，それ以前にはキャッシュ・フローは生じないのであるから，企業は期末以前に自主的に倒産を宣言するインセンティブをもたない．したがって満期においてのみ倒産が発生するという本章のモデルは，割引債発行のもとでは内生的に導かれる結果であることに注意する．倒産費用の分析では，本章の仮定のほかにも倒産時の総資産価値とは独立に一定額の費用が発生するという仮定や，不足金額に比例するという仮定をおくなど異なるモデル化の方法が考えられる．しかしこれらの仮定のもとで得られる含意は本章の結果と本質的に同じであったので，ここではとりあげない．

以上のモデルは利子率を確率的にしたとき，TB モデルにもとづく最適資本構成の理論がいかなる変更をうけるか明らかにするため，数学的に処理可能なように，できるかぎりシンプルに構築してある．また，オプション価格理論によって各証券の現在価値を導出するので，投資家の効用関数にたいし

てなんら制約をおいていない．

2.2　固定利付社債を発行した場合

企業が固定利付社債を発行したときの，社債と株式の期末のペイオフはつぎのとおりである．

$$\tilde{B}_X(T) = \begin{cases} F_X & \text{if} \quad \tilde{A}(T) \geqq F_X \\ \tilde{A}(T) - \tilde{C}_X(T) & \text{otherwise} \end{cases} \tag{7a}$$

$$\tilde{S}_X(T) = \begin{cases} \tilde{A}(T) - \widetilde{TAX}_X(T) - F_X & \text{if} \quad \tilde{A}(T) \geqq F_X \\ 0 & \text{otherwise} \end{cases} \tag{7b}$$

企業が倒産したときには社債保有者がすべて倒産費用を負担し，倒産しない場合には株主がすべての法人税を負担すると仮定している．次節では最適資本構成について比較静学分析を行うが，その目的のため，倒産費用あるいは法人税が存在しない場合の社債と株式のペイオフをハットを付して定義しておく．

$$\tilde{\hat{B}}_X(T) = \min[F_X, \tilde{A}(T)] \tag{8a}$$

$$\tilde{\hat{S}}_X(T) = \max[\tilde{A}(T) - F_X, 0] \tag{8b}$$

このハット付きのペイオフは，通常のオプション価格理論で想定される社債と株式のペイオフと同じものである．これらを用いて (7) 式の社債と株式のペイオフを分解するとつぎのようになる．

$$\tilde{B}_X(T) = \tilde{\hat{B}}_X(T) - \tilde{C}_X(T)$$

$$\tilde{S}_X(T) = \tilde{\hat{S}}_X(T) - \widetilde{TAX}_X(T)$$

期末の企業価値はこれらの構成要素の総和として定義されるから，

$$\begin{aligned} \tilde{V}_X(T) &= \tilde{B}_X(T) + \tilde{S}_X(T) \\ &= \tilde{\hat{S}}_X(T) + \tilde{\hat{B}}_X(T) - \widetilde{TAX}_X(T) - \tilde{C}_X(T) \\ &= \tilde{A}(T) - \widetilde{TAX}_X(T) - \tilde{C}_X(T) \end{aligned} \tag{9}$$

である．企業価値は総資産価値から企業外に流出する法人税と倒産費用を差し引いたものであることがわかる．

これらのペイオフの現在価値を求めるには，第3章で明らかにしたとおり，倒産リスクがない割引国債価格で割り引いた資産価格がマルチンゲールになるような確率測度を探し，その測度のもとで期待値を計算すればよい．詳細は数学付録 A に譲るが，結果は以下のとおりである.

$$\hat{B}_X = A\Phi(-h_X) + PF_X\Phi(h_X - \sigma_X) \tag{10a}$$

$$\hat{S}_X = A\Phi(h_X) - PF_X\Phi(h_X - \sigma_X) \tag{10b}$$

$$C_X = cA\Phi(-h_X) \tag{10c}$$

$$TAX_X = \tau\{A\Phi(h_X) - PF_X\Phi(h_X - \sigma_X)\} \tag{10d}$$

$$V_X = A\{1 - c + (c - \tau)\Phi(h_X)\} + \tau PF_X\Phi(h_X - \sigma_X) \tag{10e}$$

ただし

$$h_X = \frac{\ln\{A/(PF_X)\}}{\sigma_X} + \frac{\sigma_X}{2},$$

$$\begin{aligned}\sigma_X{}^2 &= \int_0^T \{\beta^2 + \sigma_P(t)^2 + 2\rho\beta\sigma_P(t)\}dt \\ &= \beta^2 T + \left\{T - 2b(T) + \frac{1 - e^{-2\kappa T}}{2\kappa}\right\}\frac{\sigma^2}{\kappa^2} + \frac{2\rho\beta\sigma\{T - b(T)\}}{\kappa}\end{aligned}$$

である．$\Phi(\cdot)$ は標準正規分布関数をあらわし，$\sigma_P(t)$ は (3) 式で与えた割引国債で満期が t のものについて，その収益率の瞬間的な標準偏差を示している．$b(T)$ の具体的な関数形も (3) 式で与えてある．$\sigma_X{}^2$ は企業の総資産を割引国債をニューメレールとして表示したときの，総資産収益率の瞬間的な分散である．利子率が変動するもとで企業が固定利付社債を発行したときに，証券の価格付けに適用されるリスク調整済みボラティリティーが $\sigma_X{}^2$ である．

なお $\hat{S}_X$ の評価式は利子率が OU 過程に従うときのコール・オプション評価式に等しく，上記の評価式も Merton (1973) および Rabinovitch (1989) の結果と整合的になっている．法人税負担も考慮した株式の市場価格 S_X と区別するため，本章では $\hat{S}_X$ を株式要素部分と呼び同様に $\hat{B}_X$ は社債要素部分と呼ぶことにする．$c=\tau=0$ のときは (10e) 式は $V_X=A$ となるが，このことは倒産費用，法人税などの摩擦が存在しないならば，負債を利用した企業の価値は負債を利用しない場合の企業の総資産価値に等しいことを主張しており，企業価値は資本構成から独立であるという MM 定理が利子率が変動する経済でも成立することを示している．

2.3 変動利付社債を発行した場合

企業が必要資金を調達するために変動利付社債を発行したとき，企業が発行する証券のペイオフがどうあらわされるか調べてみよう．社債と株式の期末におけるペイオフは，固定利付社債を発行した場合と類似しており，

$$\tilde{B}_L(T) = \begin{cases} \tilde{F}_L(T) & \text{if} \quad \tilde{A}(T) \geqq \tilde{F}_L(T) \\ \tilde{A}(T) - \tilde{C}_L(T) & \text{otherwise} \end{cases} \tag{11a}$$

$$\tilde{S}_L(T) = \begin{cases} \tilde{A}(T) - \tilde{T}_L(T) - \tilde{F}_L(T) & \text{if} \quad \tilde{A}(T) \geqq \tilde{F}_L(T) \\ 0 & \text{otherwise} \end{cases} \tag{11b}$$

である．固定利付社債発行のときの添え字が X であったのにかわり，添え字は L になっている．前と同様に，倒産費用，法人税を捨象した場合の社債（社債要素部分）と株式（株式要素部分）のペイオフをハット付きで表示すれば，

$$\tilde{B}_L(T) = \tilde{\hat{B}}(T) - \tilde{C}_L(T),$$
$$\tilde{S}_L(T) = \tilde{\hat{S}}(T) - \widetilde{TAX}_L(T),$$

であり，期末における企業価値は

$$\tilde{V}_L(T) = \tilde{B}_L(T) + \tilde{S}_L(T) = \tilde{A}(T) - \tilde{C}_L(T) - \widetilde{TAX}_L(T) \tag{12}$$

とあらわされる．Jarrow (1987) は，上記のようなペイオフの現在価値を求めるためには，資産価格を安全利子率で運用されたマネー・マーケット口座 $\tilde{Y}$ で割り引いた値がマルチンゲールになるような確率測度を選んで，その測度のもとで期待値計算を行えばよいことを示している．その証明と各ペイオフの具体的な評価方法は数学付録 B に譲るが，結果はつぎのとおりである．

$$\hat{B}_L = A\Phi(-h_L) + D_L\Phi(h_L - \beta\sqrt{T}) \tag{13a}$$

$$\hat{S}_L = A\Phi(h_L) - D_L\Phi(h_L - \beta\sqrt{T}) \tag{13b}$$

$$C_L = cA\Phi(-h_L) \tag{13c}$$

$$TAX_L = \tau\{A\Phi(h_L) - D_L\Phi(h_L - \beta\sqrt{T})\} \tag{13d}$$

$$V_L = A\{1 - c + (c - \tau)\Phi(h_L)\} + \tau D_L\Phi(h_L - \beta\sqrt{T}) \tag{13e}$$

ただし，

$$h_L = \frac{\ln(A/D_L)}{\beta\sqrt{T}} + \frac{\beta\sqrt{T}}{2}$$

である．

分散の構造は異なるものの，各評価式は固定利付社債発行の場合と同一の関数形で表わされている．本章で想定したような変動利付社債を発行する場合には，第7章でも述べたように $\tilde{F}_L(t)$ は局所的には確定的になるので企業は利子率変動リスクを負担しない．したがって企業が発行する証券の価格付けに適用されるボラティリティーは総資産のボラティリティーのみであり，評価式には利子率の確率過程を記述するパラメターは現れないのである4)．(13e) 式で $c=\tau=0$ のときには $V_L=A$ が成り立つから，市場に摩擦的要因が存在しないならば，変動利付社債を発行した企業の企業価値もまた資本構成から独立であることを確認できる．したがって，MM 定理が変動利付社債発行のケースでも成立することがわかる．

以下では，(10a)-(10e) 式と (13a)-(13e) 式の関数形が同一である特徴を利用して分析が進められる．すなわち，これらの評価式はいずれも次式で表現することができる．

$$\hat{B} = A\Phi(-h)+F\Phi(h-u) \tag{14a}$$

$$\hat{S} = A\Phi(h)-F\Phi(h-u) \tag{14b}$$

$$C = cA\Phi(-h) \tag{14c}$$

$$TAX = \tau\{A\Phi(h)-F\Phi(h-u)\} \tag{14d}$$

$$\begin{aligned} V &= A-C-TAX \\ &= A\{1-c+(c-\tau)\Phi(h)\}+\tau F\Phi(h-u) \end{aligned} \tag{14e}$$

ただし，

$$h=\frac{\ln(A/F)}{u}+\frac{u}{2}$$

4) Santomero (1983) は固定金利ローンと変動金利ローンをとりあげ，前者については “the variance of return to the fixed rate loans is fundamentally due to the uncertainty of the project returns themselves.” (p. 1367)，後者については “the variance of overall returns is driven by the two underlying uncertainties, i.e., the project return and the level of interest rates.” (p. 1371) という解釈をしており，本章の解釈と矛盾しているようにみえる．この解釈の相違は，本章では2つのタイプの資金について現在価値で比較しているのにたいして，Santomero はこれらの満期のペイオフすなわち将来価値を期待値と分散で比較していることから生じている．もし，将来価値を適当な確率測度のもとで期待値をとり現在価値に割り引くならば，彼の結論は本章の解釈と整合的になるであろう．

である．固定利付社債発行の場合は上式で $F=PF_X$ および $u=\sigma_X$ のときであり，それに対応する h が h_X である．変動利付社債発行の場合は $F=D_L$ および $u=\beta\sqrt{T}$ のときであり，対応する h が h_L のときにほかならない．いずれのタイプの社債を発行する場合であれ，F は期末の社債のペイオフについて，それが倒産リスクがないと仮定した場合の現在価値を表現している．もちろん倒産リスクを無視した価格は真の社債価値を過大評価しており，市場価格は F よりも低い水準であるので，本章では F を準社債価値（qausi-debt value）と呼ぶことにする．u は第7章でも登場したリスク調整済みボラティリティーをあらわし，同値マルチンゲール測度のもとで求められるリスク中立化されたボラティリティーである．

3. 利子率変動下における最適資本構成問題

以上の分析枠組のもとでは，準社債価値 F の水準は企業が決定することができる変数である．変動利付社債発行の場合には $F=PF_X$ であるが，P はすでに割引国債市場において決定済みであるから，企業はF_X の水準を決定することにより F の水準を定めることができる．企業は自由に F の水準を設定できるが，社債市場ではその水準にたいして倒産リスクが評価され社債の市場価格が決定されるのである．本章では企業はその企業価値が最大となるような F の水準を選択すると考え，そのときの資本構成を最適資本構成と呼ぶ．したがって最適資本構成を実現する準社債価値を $F=F^*$ とすれば，F^* はつぎの1階条件を満たさねばならない．

$$\left.\frac{\partial V}{\partial F}\right|_{F=F^*}=\tau\Phi(h^*-u)-\frac{cA}{uF^*}\phi(h^*)=0 \tag{15}$$

ここで h^* は $F=F^*$ のときの h をあらわし，$\phi(\cdot)$ は標準正規分布の密度関数である．

前述したように，企業価値 V は外生的に与えられた総資産価値 A から法人税の現在価値 TAX と倒産費用の現在価値 C を減じたものであるから，最適性条件 $\partial V/\partial F=0$ は $\partial(TAX+C)/\partial F=0$ という条件と同値である．すなわち企業価値が最大化されるのは，企業から流出する価値の合計（TAX

$+C$）が最小化されるときである．この条件を書き直せば$\partial C/\partial F=\partial(-TAX)/\partial F$となるが，この式は限界的な倒産費用が負債利用に伴う限界的な節税金額に等しくなるようFが設定されたとき，企業価値が最大化されることを示しており，TBモデルの特徴を端的に表現している．実際，最適性条件（15）式の第1項は限界的な節税額を表現しており第2項は限界的な倒産費用をあらわしている．

なお，本章のモデルには他の研究論文におけるTBモデルと共通する欠点があり，Fのすべての領域において最大化の2階条件が満たされているわけではない[5]．そこで，2階条件が満たされるようにつぎの条件が成立することを仮定する．

$$\frac{\partial^2 V}{\partial F^2}=-\frac{A\phi(h)}{u^2F^2}\{u\tau+c(h-u)\}<0\Leftrightarrow\frac{F}{A}<\exp\left\{\left(\frac{\tau}{c}-\frac{1}{2}\right)u^2\right\}\tag{16}$$

不等式の左辺F/AはMerton（1974）が準負債比率（quasi-debt ratio）と呼んだ資本構成の指標である．この比率の分子は前述した準社債価値であり，社債の倒産リスクを捨象しているため，準負債比率は市場価格で評価した真の負債比率よりも大きな値になる．企業が倒産する確率が非常に高いときであっても真の負債比率は1未満の値しかとらないが，準負債比率は1を越えることがある．不等号の右辺は$\tau=0$の最小のときでも$\exp\{-u^2/2\}$であり，ボラティリティーu^2に現実的な値を代入したときには1に近い値になる．企業が倒産する可能性がそれほど大きくない，いわば通常のケースでは準負債比率は1より小さいから（16）式の不等式は成立していると考えられる．したがって，多くの企業においては2階条件は満たされていると考えてよい．

現実には十分な資産の裏付けがないにもかかわらず社債を発行する企業もあり，倒産リスクが非常に大きい社債はジャンク債と呼ばれている．そのような企業では準負債比率は1より大きいだけでなく，2階条件を満たさない可能性がある．本章ではジャンク債を分析する場合であっても，あくまでも

5）たとえば，Bradley, Jarrell and Kim（1984），Scott（1976），Castanias（1983）をみよ．Castaniasによれば，倒産費用が大きい場合には企業のリスクと負債利用水準の関係は明確でないとしているが，彼が用いた例では最適化の2階条件が満足されていないために明確な結論が得られないのである．

2 階条件が満たされる範囲で分析を進めることとし，(16) 式の範囲で企業が F を決定すると仮定することにしたい[6].

各証券の評価式を解析的に導出することができたので，外生的に与えられたパラメターが変化したとき最適資本構成がどう影響を受けるか，比較静学分析を行うことが可能である．分析の対象としては(1)法人税率，(2)倒産費用率，(3)社債の満期，(4)総資産収益率のボラティリティー，(5)総資産収益率と利子率の相関係数，(6)利子率の確率過程（OU 過程）のパラメターをとりあげることとする．企業はこれらの経営環境を表わすパラメターが変化したときには，企業価値最大化が維持されるように固定利付社債の額面 F_X あるいは変動利付社債の元本 D_L を変更することができる．本章のモデルでは企業の資産価値は資本構成から独立であり，期末まで配当は支払われないと仮定されている．ゆえに F_X あるいは D_L を増加させるためには，企業は追加的に社債を発行して得られた現金で株式を買い戻すことになる．反対に F_X あるいは D_L を減少させるためには，株式を発行して入手した現金によって社債を市場から購入・消却することを想定するのである．

3.1 法人税率の影響

法人税率 τ が税務当局によって引き上げられた場合，企業が企業価値最大化を維持するためには F^* の水準を変更しなければならない．ここで固定利付社債発行の場合では $F^*=PF_X^*$ であり，変動利付社債発行の場合には $F^*=D_L^*$ であった．法人税率が変化したとき，企業が発行する証券の価値とそれらの合計としての企業価値の変化は，税率 τ の変化によって直接に変化する部分と，F^* の変更にともなって間接的に変化する部分に区別することができる．最適化の 1 階条件に陰関数定理を適用して，τ の上昇が F^* に与える影響を調べると，

---

6) Kim（1978）は，企業の負債利用限度額（debt capacity）が最適な負債利用額の決定において制約条件になる可能性を論じている．本章のモデルは最適資本構成がつねに負債利用限度額の範囲内で達成されるように構成されているので，負債利用限度額は制約条件とはならず，企業は必ず最適な負債利用水準を選択できる．負債利用限度額が制約条件とはならないことを明示的に考慮したモデルには本章のほかに Turnbull（1979）がある．

$$\frac{dF^*}{d\tau} = -\frac{\partial^2 V/\partial\tau\partial F}{\partial^2 V/\partial F^2}\bigg|_{F=F^*} = \frac{cuF^*}{\tau\{u\tau + c(h^* - u)\}} > 0 \tag{17}$$

である．上式は陰関数定理を適用した結果に1階条件を用いて，$\Phi(h^*-u)$ という変数を消去した形で表現してあるが，2階条件が成り立つときには分母は必ず正値をとるので比較静学の符号は正になる．企業は法人税の上昇によるタックス・シールドの恩恵を受けるべく負債利用を増加させようとして社債額面あるいは元本 F を上昇させるのである．

社債額面の上昇という企業のヘッジ行動の影響も考慮した比較静学は，各証券の評価式が解析的に導出されているので容易に検討できる．たとえば法人税が上昇したときの社債要素部分 $\hat{B}$ について考えると，その評価式に τ というパラメターを含まないのであるからたんに τ で微分してもゼロになる．実際，社債要素部分の期末のキャッシュフローは法人税率とは独立であり，法人税率の上昇は社債要素部分の価値には直接的な影響は与えない．しかし，(17) 式によって法人税の上昇にともない企業は社債額面を引き上げるため，社債要素部分は間接的影響を受ける．法人税率の限界的な上昇にともなう社債額面の増分 $dF^*/d\tau$ に，社債額面の限界的な増加がもたらす社債要素部分の価値増加額 $\partial\hat{B}/\partial F$ を乗ずれば，この間接的影響を調べることができる．数学的には，陰関数

$$\hat{B}^*(\tau) = \hat{B}(\tau, F^*(\tau))$$

が存在することを仮定し，$F=F^*$ の最適性条件を保ちながら τ について微分すると，

$$\frac{d\hat{B}^*}{d\tau} = \frac{\partial\hat{B}}{\partial F}\bigg|_{F=F^*} + \frac{\partial\hat{B}}{\partial F}\bigg|_{F=F^*} \cdot \frac{dF^*}{d\tau} = \frac{c^2 A\phi(h^*)}{\tau^2\{u\tau + c(h^* - u)\}} > 0$$

を示すことができる．$\hat{B}^*$ は F が最適に F^* の水準に設定されたときの $\hat{B}$ の値である．

他の比較静学も同じ手続きによって評価できる．具体的な結果は略すが，符号はつぎのとおりである．アステリスクは各変数が企業価値最大化の最適条件を満たす水準になっていることを強調して付されている．

$$\frac{d\hat{S}^*}{d\tau} < 0, \quad \frac{dT^*}{d\tau} \gtreqless 0, \quad \frac{dC^*}{d\tau} > 0, \quad \frac{dS^*}{d\tau} < 0, \quad \frac{dB^*}{d\tau} > 0,$$

$$\frac{dV^*}{d\tau} < 0$$

$\hat{B}$, $\hat{S}$, および C の解析解は τ を含まないから，これらの価値は社債額面の変化をつうじた間接的影響のみ受ける．また $d\hat{B}^*/d\tau$ と $d\hat{S}^*/d\tau$ の和はゼロになることも解析的に確認できるのであるが，これは $A=\hat{B}^*+\hat{S}^*$ であり，本章のモデルでは実物的な投資政策が外生的に与えられているため，A は τ の影響を受けないことを考えれば当然の結果である．

法人税支払い額の現在価値 TAX^* の比較静学が τ の増加にたいして符号が正に確定していないことは直感に反するようにも思われる．確かに社債額面 F^* が固定されているときには，法人税率の上昇は法人税支払い額の現在価値を上昇させるのであるが，企業が F^* を増加させるときには倒産確率が上昇し，もし倒産すれば法人税はまったく支払われないことを仮定しているため，τ の上昇が法人税支払い額の現在価値を低める可能性もあるのである．したがって，$dTAX^*/d\tau$ の符号は法人税率変更の直接的効果と間接的効果の大小によって決定される．また $dC^*/d\tau$ が正である理由は，社債額面の増加が倒産確率を高めるからである．つぎに S^* は $\hat{S}^*$ から法人税支払い額の現在価値を，B^* は $\hat{B}^*$ から倒産費用の現在価値をそれぞれ差し引いた株式と社債の市場価格であった．S^* の比較静号の符号が負で，B^* の比較静学の符号が正であるから，法人税率の上昇は，企業価値を最大化するという経営政策のもとでは，株式価値を低め負債価値を高めることがわかる．また企業価値 V^* が減少する理由は，法人税率の引き上げが企業外へのキャシュフロー流出額を増大させるからである．資本構成への影響を調べるため，つぎのように時価で評価した負債資本比率 R を定義する．

$$R = B/S = (\hat{B}-C)/(\hat{S}-TAX) \tag{18}$$

容易に予測されることであるが，計算によっても $dR^*/d\tau>0$ を示すことができるので，法人税率の上昇はより高い負債資本比率をもたらすことを確認できる．以上の分析は固定利付社債と変動利付社債を発行した場合とで区別せずに行っているが，法人税率の上昇はいずれの場合でも同じ効果をもたらすことに注意する．表 8.1 はこのようにして企業のヘッジ行動を考慮した場合のすべての比較静学の符号をまとめたものである．

表 8.1　比較静学の要約：企業の特徴を記述するパラメターに関する分析

増加する変数		社債額面	株式と法人税 $S^*=\hat{S}^*-TAX^*$			社債と倒産費用 $B^*=\hat{B}^*-C^*$			企業価値 $V^*=S^*+B^*$	負債資本比率 $R^*=B^*/S^*$
		F_X^*, D_L^*	$\hat{S}^*$	TAX^*	S^*	$\hat{B}^*$	C^*	B^*	V^*	R^*
税　率	固定債	＋	－	±	－	＋	＋	＋	－	＋
(τ)	変動債	＋	－	±	－	＋	＋	＋	－	＋
倒産費用率	固定債	－	＋	＋	＋	－	±	－	－	－
(c)	変動債	－	＋	＋	＋	－	±	－	－	－
社債の満期	固定，適格債	±	＋	＋	＋	－	±	－	－	－
(T)	固定，ジャンク債	＋	±	±	±	±	±	±	－	±
	変動，適格債	－	＋	＋	＋	－	±	－	－	－
	変動，ジャンク債	＋	±	±	±	±	±	±	－	±
資産収益率の	固定，適格債									
ボラティリティー	$\rho \geqq \rho^*$	－	＋	＋	＋	－	±	－	－	－
	$\rho < \rho^*$	＋	－	－	－	＋	±	＋	＋	＋
(β)	固定，ジャンク債									
	$\rho \geqq \rho^*$	＋	±	±	±	±	±	±	－	±
	$\rho < \rho^*$	－	±	±	±	±	±	±	＋	±
	変動，適格債	－	＋	＋	＋	－	±	－	－	－
	変動，ジャンク債	＋	±	±	±	±	±	±	－	±
利子率と資産	固定，適格債	－	＋	＋	＋	－	±	－	－	－
収益率の相関	固定，ジャンク債	＋	±	±	±	±	±	±	－	±
係数	変動債	0	0	0	0	0	0	0	0	0
(ρ)										

$$\rho^* = -\frac{\beta}{\sigma} \cdot \frac{\kappa^2 T}{e^{-\kappa T} + \kappa T - 1} \ (<0)$$

3.2　倒産費用の影響

倒産費用率，すなわち倒産費用が倒産時の企業価値に占める割合にかんする比較静学の結果も表 8.1 にまとめてある．倒産費用率の上昇が負債利用の減少をもたらすことなど，既存の TB モデル分析で報告されている結果と同一の結果しか得られなかったので詳細は省略する．

3.3　社債の満期の影響

固定利付社債を発行するケースでは，準社債価値 $F=PF_X$ は割引国債価格 P をつうじて満期 T に依存しているが，変動利付社債を発行した場合の準社債価値 $F=D_L$ は，P を含まないから満期 T には依存していない．このように固定利付社債と変動利付社債では社債の満期にかんする関数形が異なるため，T にかんする比較静学を調べるためには，個別に検討する必要がある．まず企業が固定利付社債を発行した場合には，

$$\frac{dF_X^*}{dT} = -F_X^*\left(\frac{1}{P}\frac{\partial P}{\partial T} + I_X^*\frac{\partial \sigma_X}{\partial T}\right) \tag{19}$$

ただし，

$$I_X^* = \frac{ch_X^{*2} + (\tau - c)\sigma_X h_X^* - c}{ch_X^* + (\tau - c)\sigma_X}$$

$$\frac{\partial \sigma_X}{\partial T} = \frac{1}{2\sigma_X}\{\beta^2 + \sigma_P(T)^2 + 2\rho\beta\sigma_P(T)\} > 0$$

であり，以下の分析では $\partial P/\partial T < 0$ を仮定する[7]．

I_X^* は固定利付社債を発行した企業が債務超過に陥っているか否かを表わすインディケーターの役割を果たしている．前述したように，I_X^* の分母は2階条件が満たされるという仮定のもとでは正値であるから，I_X^* の符号と準負債比率（PF_X^*/A）についてつぎの関係を示すことができる．

$$I_X^* \geqq 0 \Leftrightarrow \frac{PF_X^*}{A} \leqq \exp\left\{\left[\tau - |c-\tau|\left(1 + \frac{4c^2}{(c-\tau)^2\sigma_X{}^2}\right)^{1/2}\right]\frac{\sigma_X{}^2}{2c}\right\}, \tag{20a}$$

$$I_X^* < 0 \Leftrightarrow \exp\left\{\left[\tau - |c-\tau|\left(1 + \frac{4c^2}{(c-\tau)^2\sigma_X{}^2}\right)^{1/2}\right]\frac{\sigma_X{}^2}{2c}\right\}$$
$$< \frac{PF_X^*}{A} < \exp\left\{\left(\frac{\tau}{c} - \frac{1}{2}\right)\sigma_X{}^2\right\} \tag{20b}$$

(20a) 式の右辺はボラティリティー尺度 $\sigma_X{}^2$ に現実的な値を想定すれば1に近い値になるから，I_X^* が非負であることは準負債比率が1より小さく当該企業が財務的に健全である状況を記述していることになる．本章ではそのような状況で発行される社債を適格債と呼ぶことにする．I_X^* が負値をとる場合には，(20b) 式の準負債比率の下限をみると準負債比率は1に近い値であり，パラメターの値によっては1を越える値になることがわかる．なお，(20b) 式の準負債比率の上限は (16) 式によって与えられる企業価値最大化の2階条件を満たす領域の上限である．I_X^* が負で与えられる企業は，企業価値最大化を行なう結果として，保有する資産金額にくらべて過大な支払い

7) 短期利子率が OU 過程にしたがうときの割引国債価格 P は，$\partial P/\partial T$ が数学的には負とはかぎらずこのプロセスを利用することの欠点とされている．$\partial P/\partial T$ を負に限定する1つの方法はリスクの市場価格に制約を課すことであり，$\lambda \geqq (\kappa\theta/\sigma) - (\sigma/2\kappa)$ を仮定すればよい．

を約束する社債を発行することがわかる．このような倒産リスクが高い社債を本章ではジャンク債と呼ぶことにする．

(19) 式をみると企業が適格債を発行するときには比較静学 dF^*/dT の符号は定まらないが，ジャンク債を発行する場合には符号は正になる．一般に通常の財務状態にある企業では，社債の満期が長いほどビジネス・リスクをあらわすリスク調整済みボラティリティーが増加するので，企業価値を最大にするため負債利用を減少させる．ところが社債の満期に対応するターム・ストラクチャーをあらわす割引国債価格は，満期の増加にともない価値が減少するためより多くの負債利用を要求する．適格債発行企業では両者の効果が同一方向ではないため，比較静学の符号は定まらないのである．

表8.1に要約された社債の満期にかんする比較静学の符号をみると，適格債の満期が長くなるほど株式要素部分と法人税の現在価値が上昇することがわかる．この現象は株式要素部分および法人税が企業の資産価値にたいするコール・オプションとしてモデル化された帰結であり，満期が長いコール・オプションほどオプション・プレミアムは高くなるというよく知られた性質に対応している．そのような直接的な効果が社債額面の変更をつうじた間接的効果に勝るため，これらの現在価値は増加するのである．一方，社債要素部分の価値 $\hat{B}$ は，企業の資産価値が所与のもとでコール・オプションとしての株式要素部分の価値が上昇するため減少する．社債満期の変化が倒産費用の現在価値に与える効果は明確ではないが，倒産費用を差し引いて求められる社債の価値 B は満期の増加によって減少する．これは社債要素部分の現在価値の減少が，倒産費用の現在価値の変化よりも顕著であることが原因である．株式価値の増大と社債価値の減少によって負債資本比率は減少するが，この結果は社債満期と資本構成にかんする Brennan and Schwartz (1978) の結果とも整合的である[8]．

ジャンク債発行の場合では，ほとんどの比較静学の符号は定めることがで

8)　Brennan and Schwartz (1978) では，企業が満期が短い社債より長い社債を発行することによって企業価値が高くなるケースを示しており，本章の結果とは異なるようにみえる．これは彼らは倒産費用をまったく考えていないからで，社債の満期が増大することはタックス・シールドの価値の上昇をつうじてつねに企業価値を高めるのである．

きない．社債満期の変化は最適な社債額面の変化をもたらし，P や σ_X をつうじて直接あるいは間接的に証券の価値に複雑な影響を与えるからである．ジャンク債発行企業の財務行動は，通常の適格債を発行する企業の財務行動とまったく異なることをここでは強調しておきたい．

つぎに変動利付社債を発行した場合であるが，社債元本への影響は，

$$\frac{dD_L^*}{dT} = -D_L^* I_L^* \frac{\beta}{2\sqrt{T}} \tag{21}$$

ただし

$$I_L^* = \frac{ch_L^{*2} + (\tau - c)\beta\sqrt{T}h_L^* - c}{ch_L^* + (\tau - c)\beta\sqrt{T}}$$

であらわされる．固定利付社債のときとくらべると比較静学の結果は簡単な形をしており，P や σ_X に現れない．この結果も固定利付社債と同様に解釈することができ，I_L^* は I_X^* と同様にその値が正かゼロであれば準負債比率はほぼ1より小さく適格債を発行した状況を表現し，I_L^* が負であれば準負債比率が1より大きいジャンク債発行を示すと考えることができる．適格債については固定利付社債発行のケースと異なり，dD_L^*/dT の符号は必ず負になる．変動利付社債を発行する場合には，P や σ_X をつうじた複雑な効果を考える必要がないからである．他の比較静学の結果は基本的に固定利付社債の場合と同じである．

3.4 企業の保有資産のボラティリティーの影響

まず固定利付社債発行の場合から分析する．再び陰関数定理を用いて資産収益率のボラティリティーの増加が最適社債額面に与える影響を調べると

$$\frac{dF_X^*}{d\beta} = -F_X^* I_X^* \frac{\partial \sigma_X}{\partial \beta} \tag{22a}$$

ただし

$$\frac{\partial \sigma_X}{\partial \beta} = \frac{1}{\sigma_X}\left\{\beta T + \frac{\rho\sigma}{\kappa^2}(e^{-\kappa T} + \kappa T - 1)\right\} \gtreqless 0$$

$$\Leftrightarrow \rho \gtreqless \rho^* \equiv -\frac{\kappa^2 T}{e^{-\kappa T} + \kappa T - 1} \cdot \frac{\beta}{\sigma} \, (< 0) \tag{22b}$$

を得る．

(22b) 式をみると，$\partial\sigma_X/\partial\beta$ の符号は企業の資産収益率と利子率との相関係数 ρ の値によって変化することがわかる．上式で定義した ρ^* は，この水準よりも相関係数が大きいか小さいかによって，資産収益率のボラティリティー増加がリスク調整済みボラティリティーの水準を増加，もしくは減少させるかを定める臨界値である．この相関係数の臨界値 ρ^* は，κ，T，β，σ が正値のパラメターであることから，代数的に負値しかとりえない．適格債発行の場合では，$dF_X^*/d\beta$ は $\rho>\rho^*$ であれば負であり，$\rho<\rho^*$ であれば正である．一方，ジャンク債ではその符号は反対になるので，これらの結果をまとめるとつぎの命題を導くことができる．

命題 8.1 財務的に健全な通常の企業が固定利付社債を発行しており，その総資産収益率が短期利子率と正あるいは無相関，あるいは負の相関であっても相関係数が (22b) 式で与えられる ρ^* より大きい場合を考える．もしなんらかの理由で総資産収益率のボラティリティーが上昇したときには，企業価値を最大に保つため，その企業は発行社債の額面を減じなければならない．当該企業の総資産収益率と短期利子率が負の相関をもち，かつ相関係数が ρ^* よりも小さい場合には，総資産収益率のボラティリティーの上昇にたいして発行社債の額面を増加しなければならない．企業が財務的に困窮してジャンク債を発行している状況では，上述の社債額面の調整の方向は反対になる．

命題 8.1 は，資産収益率のボラティリティーの増大で表現されるビジネス・リスクの増大にたいして，なぜ負債利用を増加させる企業が存在するのか，1つの理論的な説明を与えている．この結果は利子率が企業価値と相関をもって変動することを許したことによって得られたものである．命題 8.1 は企業の負債利用水準を社債の額面の水準によって表現しているが，表 8.1 はこれを時価表示の負債資本比率 R^* によって表現しても，同様の結論が得られることを示している．すなわち企業が財務的に健全であり，発行している固定利付社債がいわゆる適格債と呼ばれる安全な社債で，資産収益率と利子率との相関係数が ρ^* より大きい場合には，総資産収益率のボラティリティーの増大は最適な負債資本比率を減少させるが，相関係数が ρ^* より小さい企業の場合では増加させる．ただしジャンク債を発行しているケースでは比較静学の符号は解析的には定まらず，最適負債資本比率は総資産収益率ボラティリティーの単純な増加関数にはなっていない．

総資産収益率のボラティリティーが増加したとき，固定利付社債を発行した場合のリスク調整済みボラティリティーは必ずしも増加しないことが，命題8.1が成立する本質的な理由である．いまある企業を選び，その企業の総資産収益率と利子率の相関係数を調べたところ負であったとする．リスク調整済みボラティリティー σ_X は，(10) 式で明らかなように当該企業の総資産収益率のボラティリティー β，利子率のボラティリティー σ などから構成される国債収益率のボラティリティー σ_P，およびこれらに資産収益率と利子率の相関係数 ρ を乗じたものとして与えられ，3つの要素の積としてあらわされている．したがって，総資産収益率のボラティリティーが増加しても他のパラメターの水準によってはリスク調整済みボラティリティーは減少することが起きるのである．このとき，この企業にとってビジネス・リスクは実質的に減少しているのであり，負債利用を増大すべきであるという結果が得られることになる．

Bradley, Jarrell and Kim (1984) のシミュレーション結果には，企業価値の変動性の増大がより高い最適負債比率を求める例が含まれている．彼らはそのような結果が得られた理由を，本来負になり得ない企業価値の確率分布として正規分布を仮定したことに求めており，Kim (1988) も同様の見解を述べている．実際，正規分布を仮定したために彼らのシミュレーションでは最適化の2階条件が満たされていない領域が存在し，そこにおいて上述の結果が得られている．これにたいして，本章の分析ではあくまでも2階条件が満たされているもとで，企業の資産価値の変動性の増加と最適負債水準とが正の相関をもち得ることを明らかにした．また既存の研究では，企業の資産価値の変動性と最適負債水準が正の相関を持つ可能性があるのは企業倒産の確率が非常に高い場合にかぎられていたが，われわれのモデルでは，ジャンク債発行の場合だけでなく健全な財務状態にある企業が社債発行を行なうときにもそのような現象が予測できる．

資産収益率のボラティリティーの影響にかんする他の比較静学については表8.1にまとめてあるが，比較静学の符号を定めるうえで資産収益率と利子率の相関係数 ρ が重要である．とくに相関係数の値が臨界値 ρ^* より小さい企業では，債務超過に陥っているかどうかにかかわらず資産収益率の変動性の増加は企業価値を増加させることが示されている．この場合，σ_X によって記述される実質的なリスクが減少するために，企業は追加的な固定利付社債の発行により社債額面を増加させ，その結果負債資本比率は上昇することになる．

臨界値 ρ^* は，(22b) 式をみると利子率の確率過程を記述する外生的に与えられたパラメターの値に依存していることがわかる．したがって，これらのパラメターに具体的な値が与えられなければ，多くの比較静学はその符号を決定することは難しい．しかしながら，もし企業の実物資産が利子率と非負の相関（$\rho \geqq 0$）で特徴づけられるときには，利子率の確率過程のパラメターにかんする情報が与えられなくてもつねに不等式 $\rho \geqq \rho^*$ は成立するから，資産収益率のボラティリティー上昇は必ず当該企業の実質的リスクを増大させる．通常の企業であれば，企業価値を最大に維持するために負債利用を控え負債資本比率を減少させるのである．

企業が変動利付社債を発行する場合には，

$$\frac{dD_L^*}{d\beta} = -D_L^* I_L^* \sqrt{T} \tag{23}$$

が成立する．I_L^* が非負で与えられる財務的に健全な企業ではこの符号は負あるいはゼロになり，I_L^* が負で債務超過の状態にある企業では符号は正である．同様に負債資本比率にかんする比較静学も通常の企業については負値になるが，財務的逼迫に陥っているジャンク債発行企業についての符号は解析的には確定できない．表8.1をみると変動利付社債発行企業では，資産収益率のボラティリティーの上昇はつねに企業価値を低めることが示されている．この理由は第7章で説明したとおり，変動利付社債を発行する企業が対峙する実質的なビジネス・リスクは資産収益率のボラティリティーによって完全に記述されるからである．したがって伝統的なTBモデルが教えるとおり，通常の企業では資産収益率のボラティリティーの増加にたいしてより少ない負債利用を考えることになる．

3.5 企業の保有資産と利子率の相関係数の影響

本章の分析では資産収益率と利子率の間の相関係数が，その企業が保有する資産の性格を特徴づける役割を果たしている．たとえば総資産の構成において，利子率の変化にたいして非常に敏感なキャッシュフローを生むような資産の比重が高い企業では，資産収益率と利子率の相関係数は $+1$ あるいは -1 に近い値となる．一方，利子率の変化にほとんど影響を受けないキャシュフローを生むような資産が保有資産の大きな部分を占める企業では，相関係数はゼロに近い値になるはずである．このように相関係数にかんする比較静学分析は，企業の資産構成の変化が資本構成に及ぼす影響を検討するだけではなく，クロス・セクションで企業の資本構成を理解するうえで有益な手段を提供する．

まず変動利付社債発行の場合には各証券の評価式に相関係数 ρ は現れないので，相関係数の変化は資本構成になんら影響を与えないことは明白である．固定利付社債発行のケースについて相関係数の増加が最適な社債額面に及ぼす影響を調べると，

$$\frac{dF_X^*}{d\rho} = -F_X^* I_X^* \frac{\partial \sigma_X}{\partial \rho} \tag{24}$$

ただし

$$\frac{\partial \sigma_X}{\partial \rho} = \frac{\beta\sigma}{\sigma_X \kappa^2}\,(e^{-\kappa T} + \kappa T - 1) > 0$$

である．$dF_X^*/d\rho$ の符号は適格債発行企業では負，ジャンク債発行企業では正になる．表 8.1 によれば，通常の企業では相関係数が上昇すると最適な負債資本比率は減少することが示されている．ジャンク債発行企業についてはほとんどのケースで比較静学の符号を解析的に確定することは難しい．これらの結果は基本的にセクション 3.4 と同じ解釈を与えることができるが，β との大きな違いは ρ の増加は必ずリスク調整済みボラティリティー σ_X を増加させる点である．したがって ρ にかんする比較静学は β にくらべて符号が定まるケースが多く，場合分けも簡単になっている．より大きな ρ はより

大きなリスク調整済みボラティリティーを意味するから，固定利付社債を発行する企業にとって総資産収益率と利子率の相関係数はビジネス・リスクを捉えるうえで重要な指標として認識されねばならないことになる．

3.6　利子率の確率過程のパラメターの影響

本章のモデルにおいて企業が変動利付社債を発行したときには，利子率にかんするパラメターはリスク調整済みボラティリティーには現れないので，株式価値や社債価値が利子率変動の影響を受けないことは驚くにあたらない．最適資本構成も利子率の確率過程を記述するパラメターの変化から独立になる．

固定利付社債を発行した場合には，利子率のパラメターは割引国債価格 P とリスク調整済みボラティリティー σ_X に登場する．したがって，利子率のパラメターが最適資本構成に及ぼす影響をみるためには P と σ_X について分析する必要がある．(3) 式が P の具体的な関数形を与えているが，満期 T に任意の値を代入することによって，この経済の金利の期間別構造が完全に記述されることに注意する．利子率プロセスについて外生的に与えられるパラメターの値によって，さまざまな形状の利回り曲線を描くことが可能であるので，P の変化が資本構成に与える影響を分析することは金利の期間別構造の変動の影響を分析することにほかならない．

割引国債価格 P の上昇は短期利子率 r の低下のみならず，利子率が従うOU 過程の平均回帰水準 θ あるいは国債価格変動リスクの市場価格 λ の低下によってももたらされる．これらのパラメターの変化は割引国債価格だけを変化させるが，利子率のボラティリティー σ と平均回帰水準への調整速度 κ という2つのパラメターについては，これらが変化したときには割引国債価格を変化させるにとどまらず証券価格を決定する σ_X の値も変化させることになる．

いま r，θ，あるいは λ が低下して P のみが上昇する状況，すなわち安全な割引率が低下した場合を考えてみよう．固定利付社債発行企業は企業価値最大化の1階条件を維持するため社債額面を調整する必要が生じる．陰関数定理を用いて割引国債価格の上昇が最適な社債額面に与える影響を調べると，

$$\frac{dF_X^*}{dP} = -\frac{F_X^*}{P} < 0 \tag{25}$$

を得る．社債の満期に対応する安全な割引率が低下した場合には，企業は最適資本構成を維持するために社債額面を減少させねばならないことがわかる．本章の設定では企業は新たに株式を発行し，新株によって得られた資金で市場から社債を買い戻し消却することになる．

このような額面の調整を行うことによって，企業は割引国債価格が変化する前とまったく同じ水準に企業価値を維持することが可能である．すなわち，再び陰関数定理を用いて企業価値の変化を調べると，

$$\begin{aligned}\frac{dV_X^*}{dP} &= \left\{-\frac{cA\phi(h_X^*)}{P\sigma_X} + \tau F_X^* \Phi(h_X^* - \sigma_X)\right\} \\ &\quad + \left\{\tau P\Phi(h_X^* - \sigma_X) - \frac{cA\phi(h_X^*)}{F_X^*\sigma_X}\right\}\cdot\left(-\frac{F_X^*}{P}\right) \\ &= 0\end{aligned}$$

を導出できる．上式の右辺第1項は $F_X = F_X^*$ が満たされたもとで $\partial V_X/\partial P$ を評価したものであり，割引国債価格の変化が企業価値に与える直接的影響を表現している．第2項も同様に $F_X = F_X^*$ という条件のもとで $\partial V_X/\partial F_X$ と dF_X^*/dP の積を評価したものであり，割引国債価格の上昇にたいして企業が社債額面を $dF_X{}^*/dP$ 円だけ減少させたとき，額面1円あたりの変更がどれだけ企業価値を変化させるかをあらわす $\partial V_X/\partial F_X^*$ を乗じたものである．社債額面の調整によって企業価値最大化の1階条件は回復されるが，そのとき $\partial V_X/\partial P$ と $\partial V_X/\partial F_X$ は同時にゼロになるため，$dV_X^*/dP = 0$ という上式の結果が実現する．この理由は数学的にはつぎのとおり説明できる．企業価値を評価した（10e）式をみると P と F_X とは独立に評価式に現れることはなく，PF_X という積の形でしか登場しない．そこでこれを $F \equiv PF_X$ とおくならば，偏微分 $\partial V_X/\partial P$ は $(\partial V_X/\partial F)\cdot(\partial F/\partial P) = F_X\cdot(\partial V_X/\partial F)$ とあらわすことができる．また，1階条件は $(\partial V_X/\partial F)\cdot(\partial F/\partial F_X) = P\cdot(\partial V_X/\partial F) = 0$ とあらわすことができるので，1階条件 $\partial V_X/\partial F = 0$ が満たされているときは必ず $\partial V_X/\partial P = 0$ も成立するのである．

各証券の現在価値を与える（13a）-（13e）式のすべてにおいて F_X と P は積の形で現れるので，上述の議論が各評価式においても成立する．したがっ

て，P の水準だけが変化したときに企業が最適に社債額面を調整するならば，企業価値のみならずすべての証券の価値は変化しないことになる．社債要素部分を例にとって説明すれば，まず P が上昇すると $\partial \hat{B}_X / \partial P = F_X \Phi(h_X - \sigma_X) > 0$ であるから社債要素部分の現在価値は上昇する．このとき企業価値を最大に維持するためには，社債額面を $dF_X^* / dP = -F_X^* / P$ だけ減少させねばならない．社債額面の1円分の増加（減少）は社債要素部分の価値を $\partial \hat{B}_X / \partial F_X = P\Phi(h_X - \sigma_X)$ だけ増加（減少）させるので，社債額面の調整がもたらす効果を $F_X = F_X^*$ のもとで評価すると

$$\frac{d\hat{B}_X^*}{dP} = F_X^* \Phi(h_X^* - \sigma_X) - \left(\frac{F_X^*}{P}\right) \cdot P\Phi(h_X^* - \sigma_X) = 0$$

となるのである．$\hat{S}_X$，TAX_X，C_X についても同じ議論が成立し，P のみが変化しても最適資本構成は影響を受けないことがわかる．

したがって割引国債価格 P の評価式においてのみ登場する利子率プロセスのパラメターが変化しても，企業が最適に社債額面の調整によるヘッジ取引を実行できるならば最適資本構成は変化しない．実際，r，θ，および λ にかんして最適条件を考慮した比較静学分析を行ってみると，すべてゼロになることを数学的に確認することができる．しかしながら利子率にかんするパラメターのうちで σ と κ は P の評価式以外にも現れるため，これらの変化は最適資本構成に影響を与えることになる．以上の分析を要約するとつぎの命題を得る．

命題 8.2 短期利子率が OU 過程に従い，企業価値最大化を目的とする企業が固定利付社債を発行していると仮定する．外生的に与えられるパラメターの変化にたいして企業が機動的に社債額面を最適に調整することができるならば，最適資本構成は短期利子率の水準，その平均回帰水準，および国債価格変動リスクの市場価格の変化から独立であるが，平均回帰水準への調整スピードと利子率のボラティリティーの変化は新しい最適資本構成をもたらす．

Brennan and Schwartz (1980) は数値解析によって利子率の変化は最適な負債利用水準にほとんど影響を与えないと論じている．彼らの分析結果は

命題8.2と整合的にみえるが，最適化の条件や利子率変動リスクに直面した企業のヘッジ行動を考慮していないという問題がある．本章の考察はこれらの要因を検討した上で同じ結論を導いており，彼らの分析を理論的に補強するものである．

利子率のボラティリティー変化にかんしてどのように社債額面を調整すべきか陰関数定理によって調べると，

$$\frac{dF_X^*}{d\sigma} = -F_X^*\left(\frac{1}{P}\cdot\frac{\partial P}{\partial \sigma} + I_X^*\frac{\partial \sigma_X}{\partial \sigma}\right) \tag{26a}$$

ただし

$$\frac{\partial P}{\partial \sigma} = \frac{P}{\kappa^3}\left\{(\sigma - \lambda\kappa)(e^{-\kappa T} + \kappa T - 1) + \frac{\sigma_X}{2}(e^{-\kappa T} - 1)^2\right\} \gtreqless 0$$

$$\Leftrightarrow \lambda \lesseqgtr \lambda^* \equiv \frac{\sigma}{2\kappa}\cdot\frac{e^{-2\kappa T} + 4e^{-\kappa T} + 2\kappa T - 3}{e^{-\kappa T} + \kappa T - 1}\,(>0) \tag{26b}$$

$$\frac{\partial \sigma_X}{\partial \sigma} = \frac{1}{2\kappa^3\sigma_X}\{\sigma(-e^{-2\kappa T} + 4e^{-\kappa T} + 2\kappa T - 3)$$
$$+2\kappa\rho\beta(e^{-\kappa T} + \kappa T - 1)\} \gtreqless 0$$

$$\Leftrightarrow \rho \gtreqless \rho^{**} \equiv \frac{\sigma}{2\kappa\beta}\cdot\frac{e^{-2\kappa T} - 4e^{-\kappa T} - 2\kappa T + 3}{e^{-\kappa T} + \kappa T - 1}\,(<0) \tag{26c}$$

を得る．$\partial P/\partial\sigma$ および $\partial\sigma_X/\partial\sigma$ の符号はリスクの市場価格 λ と企業価値と利子率の相関係数 ρ に依存しており，上式で定めた臨界値 λ^*，ρ^{**} との大小関係によって決定される．$dF_X^*/d\sigma$ の符号が確定するケースは，適格債発行企業（$I_X^* \geqq 0$）においては $\lambda < \lambda^*$ かつ $\rho \geqq \rho^{**}$ のときに負であり，また $\lambda \geqq \lambda^*$ かつ $\rho < \rho^{**}$ のとき正である．ジャンク債発行企業（$I_X^* < 0$）では，$\lambda < \lambda^*$ かつ $\rho < \rho^{**}$ のときに $dF_X^*/d\sigma$ は負，$\lambda \geqq \lambda^*$ かつ $\rho \geqq \rho^{**}$ のときは正になる．その他のケースでは解析的に符号を特定することは難しい．

上式は利子率のボラティリティーの増加が割引国債価格とリスク調整済みボラティリティーの上昇をもたらす場合には，適格債発行企業は社債額面を引き下げるべきであることを示唆している．反対に利子率のボラティリティーの増加が割引国債価格とリスク調整済みボラティリティーを低める状況では，通常の企業は社債額面を増加すべきであることがわかる．I_X^* が負値をとるジャンク債発行企業では，利子率のボラティリティーの変化にたいしてとるべきヘッジ行動は適格債発行企業とは正反対になる．利子率のボラティリティーが企業のリスク・マネジメント上問題であるのは，その予期せぬ変化にたいして固定利付社債発行企業が完全に有効なヘッジの方法をもたず，また (26) 式が示すようにヘッジの方向も各パラメターの値に依存して明確ではないことである．

表 8.2 は，利子率にかんするパラメターの変化が各証券や最適資本構成に及ぼす影響をまとめたものである．適格債を発行している通常の企業では，σ の上昇によってリスク調整済みボラティリティー σ_X が増大する場合（$\rho \geqq \rho^{**}$）には企業価値を最大化するような社債価値は減少し，株式価値が増加するため最適な負債資本比率が減少することがわかる．株式は企業の総資産にたいするコール・オプションとみなせるからボラティリティーの増大はオプション価値を高めるうえに，通常の企業は σ_X の増大にたいして負債利用を減少させるので株式価値が増加するのである．これにたいしてリスク調整済みボラティリティーが減少するときには，σ の上昇が引き起こす効果の方向は反対になり，最適な負債資本比率は増加することになる．

平均回帰水準への調整速度 κ の変化が引き起こす影響はつぎのとおりである．

$$\frac{dF_X^*}{d\kappa} = -F_X^*\left(\frac{1}{P}\frac{\partial P}{\partial \kappa} + I_X^*\frac{\partial \sigma_X}{\partial \kappa}\right) \tag{27a}$$

ただし

$$\begin{aligned}\frac{\partial P}{\partial \kappa} = \frac{P}{4\kappa^4}&[4\lambda\sigma\kappa\{(\kappa T+2)e^{-\kappa T}+\kappa T-2\}\\ &+\sigma^2\{(2\kappa T+3)e^{-2\kappa T}-4(\kappa T+3)e^{-\kappa T}-4\kappa T+9\}\\ &+4\kappa^2(\theta-r)\{(\kappa T+1)e^{-\kappa T}-1\}] \gtreqless 0\\ \Leftrightarrow \lambda \gtreqless \lambda^{**} \equiv\ &[4\sigma\kappa\{(\kappa T+2)e^{-\kappa T}+\kappa T-2\}]^{-1}\\ &\cdot[-(2\kappa T+3)\sigma^2 e^{-2\kappa T}\\ &\quad -4\{\kappa^2(\kappa T+1)(\theta-r)-(\kappa T+3)\sigma^2\}e^{-\kappa T}\\ &\quad +(4\kappa T-9)\sigma^2+4\kappa^2(\theta-r)]\end{aligned} \tag{27b}$$

$$\begin{aligned}\frac{\partial \sigma_X}{\partial \kappa} = \frac{\sigma}{4\kappa^4\sigma_X}&[\sigma(2\kappa T+3)e^{-2\kappa T}-4(\kappa T+3)e^{-\kappa T}-4\kappa T+9\\ &-4\kappa\sigma\rho\beta\{(\kappa T+2)e^{-\kappa T}+\kappa T-2\}] \gtreqless 0\end{aligned}$$

$$\Leftrightarrow \rho \gtreqless \rho^{***} \equiv \frac{\sigma}{4\kappa\beta} \cdot \frac{(2\kappa T+3)e^{-2\kappa T}-4(\kappa T+3)e^{-\kappa T}-4\kappa T+9}{(\kappa T+2)e^{-\kappa T}+\kappa T-2} \tag{27c}$$

である．通常の企業では $dF_X^*/d\kappa$ の符号は $\rho \geqq \rho^{***}$ かつ $\lambda < \lambda^{**}$ が成り立てば正，$\rho < \rho^{***}$ かつ $\lambda \geqq \lambda^{**}$ であれば負である．ジャンク債発行企業では $\rho \geqq \rho^{***}$ かつ $\lambda \geqq \lambda^{**}$ のとき符号は負，$\rho < \rho^{***}$ かつ $\lambda < \lambda^{**}$ であれば正である．その他のケースでは解析的には符号は特定できない．なお臨界値 ρ^{***} は代数的にその符号が正であるが λ^{**} はいずれの符号もとりうることを指摘しておく．

これらの比較静学の解釈はこれまでの分析と同じであり，調整速度の変化がリスク調整済みボラティリティーを増大（減少）させるときには，通常の企業は企業価値を最大にするために社債額面を減少（増加）させねばならない．表 8.2 をみると，リスク調整済みボラティリティーの増大は最適な負債資本比率を減少させることがわかる．ジャンク債発行企業では，社債額面の調整方向が適格債発行企業と反対であることもこれまでの分析と同じである．ただし κ の変化は割引国債の価格に複雑な影響を及ぼすため，比較静学の符号は多くのケースで解析的には確定することはできない．

以上の分析では外生的に与えられるパラメターが変化したとき，企業はいつでも社債の発行額面を自由に変更できることが仮定されている．しかし現実にはそのようなヘッジ取引はつねに取引費用がかかるので，額面の変更による企業価値の増加分がその取引費用よりも大きい場合にしか実行されないであろう．さらに，本章のモデルで外生的に与えられたパラメターの多くは簡単には観測することが難しいので，企業がそれらの微少な変化を認識できるかどうか非常に疑わしい．ヘッジ取引が適切に行われない場合には，r，θ，および λ の変化もまた企業の資本構成を変化させることになる．現実の企業の資本構成を分析する場合には，市場の摩擦的費用とパラメターの推定可能性の問題は重要な要因となることが予想される．

利子率のパラメターが変化したときに必要とされる社債額面の調整水準は，各パラメターにかんする最適社債額面水準 F_X^* の弾力性を求めることによって調べることができる．短期利子率の水準にかんしては，

表 8.2　比較静学の要約：利子率の確率過程を記述するパラメターに関する分析

		社債額面	株式と法人税 $S^*=\hat{S}^*-TAX^*$			社債と倒産費用 $B^*=\hat{B}^*-C^*$			企業価値 $V^*=S^*+B^*$	負債資本比率 $R^*=B^*/S^*$
増加する変数		F_X^*, D_L^*	$\hat{S}^*$	TAX^*	S^*	$\hat{B}^*$	C^*	B^*	V^*	R^*
割引国債価格	固定債	−	0	0	0	0	0	0	0	0
(P)	変動債	0	0	0	0	0	0	0	0	0
利子率の	固定，適格債									
ボラティリティー	$\rho \geqq \rho^{**}, \lambda \geqq \lambda^*$	±	+	+	+	−	±	−	−	−
(σ)	$\lambda < \lambda^*$	−	+	+	+	−	±	−	−	−
	$\rho < \rho^{**}, \lambda \geqq \lambda^*$	+	−	−	−	+	±	+	+	+
	$\lambda < \lambda^*$	±	−	+	+	+	±	+	+	+
	固定，ジャンク債									
	$\rho \geqq \rho^{**}, \lambda \geqq \lambda^*$	+	±	±	±	±	±	±	−	±
	$\lambda < \lambda^*$	±	±	±	±	±	±	±	−	±
	$\rho < \rho^{**}, \lambda \geqq \lambda^*$	±	±	±	±	±	±	±	+	±
	$\lambda < \lambda^*$	−	±	±	±	±	±	±	+	±
	変動債	0	0	0	0	0	0	0	0	0
平均水準への回帰	固定，適格債									
速度	$\rho \geqq \rho^{***}, \lambda \geqq \lambda^{**}$	±	−	−	−	+	±	+	+	+
(κ)	$\lambda < \lambda^{**}$	+	−	−	−	+	±	+	+	+
	$\rho < \rho^{**}, \lambda \geqq \lambda^{**}$	−	+	+	+	−	±	−	−	−
	$\lambda < \lambda^{**}$	±	+	+	+	−	±	−	−	−
	固定，ジャンク債									
	$\rho \geqq \rho^{***}, \lambda \geqq \lambda^{**}$	−	±	±	±	±	±	±	+	±
	$\lambda < \lambda^{**}$	±	±	±	±	±	±	±	+	±
	$\rho < \rho^{***}, \lambda \geqq \lambda^{**}$	±	±	±	±	±	±	±	−	±
	$\lambda < \lambda^{**}$	+	±	±	±	±	±	±	−	±
	変動債	0	0	0	0	0	0	0	0	0
短期利子率（r）	固定債	+	0	0	0	0	0	0	0	0
平均回帰水準（θ）	変動債	0	0	0	0	0	0	0	0	0
リスクの市場価格 (λ)										

$\rho^{**}=\frac{\sigma}{2\kappa\beta}\cdot\frac{e^{-2\kappa T}-4e^{-\kappa T}-2\kappa T+3}{e^{-\kappa T}+\kappa T-1}\ (<0)$，$\lambda^{*}=\frac{\sigma}{2\kappa}\cdot\frac{e^{-2\kappa T}+4e^{-\kappa T}+2\kappa T-3}{e^{-\kappa T}+\kappa T-1}\ (>0)$，

$\rho^{***}=\frac{\sigma}{4\kappa\beta}\cdot\frac{(2\kappa T+3)e^{-2\kappa T}-4(\kappa T+3)e^{-\kappa T}-4\kappa T+9}{(\kappa T+2)e^{-\kappa T}+\kappa T-2}\ (>0)$，

$\lambda^{**}=\frac{-(2\kappa T+3)\sigma^2 e^{-2\kappa T}-4\{\kappa^2(\kappa T+1)(\theta-r)-(\kappa T+3)\sigma^2\}e^{-\kappa T}+(4\kappa T-9)\sigma^2+4\kappa^2(\theta-r)}{4\sigma\kappa\{(\kappa T+2)e^{-\kappa T}+\kappa T-2\}}$

$$\eta_r=\frac{dF_X^*}{dr}\cdot\frac{r}{F_X^*}=\frac{1-e^{-\kappa T}}{\kappa}r \tag{28}$$

を得る．Brennan-Schwarts 論文の数値解析で用いているパラメターの値，$\kappa=0.13$，$T=10$ 年，$F_X=600$ 万ドル，$r=0.1$ をわれわれも採用すると上式の弾力性の値は $\eta_r=0.56$ となる．この結果が意味することは，利子率がその

水準の1%だけ増加したときには，固定利付社債の額面金額をその0.56%相当分増加させなければならないということである．Brennan and Schwartsの例では現在時点での社債額面が600万ドルだから，もし短期利子率が10%から13%に上昇したならば，この増加率が30%の利子率上昇に対処するためには社債額面を16.79%増加させねばならないので，額面で110万ドルの社債を追加発行しなければならない．また短期利子率が10%から15%へ上昇したときには，この増加率で50%の上昇にたいして社債額面を168万ドル増加させなければ企業価値の維持はできないことになる．このように利子率の水準が変化するときには必要とされる社債額面の調整額はかなり大きく，利子率の変化にたいして非常に敏感であることがわかる．

F_X^*の長期的回帰水準θにかんする弾力性を計算すると，

$$\eta_\theta = \frac{1-\kappa T - e^{-\kappa T}}{\kappa}\theta \tag{29}$$

である．短期利子率の回帰水準が$\theta=8\%$とすれば，先ほどの各パラメターの値を代入して$\eta_\theta=0.35$を得る．θが8%から10.4%へ上昇したならば，この増加率で30%の上昇にたいして企業は現在の社債発行額面をその10.57%相当額増加させる必要があり，額面で63万ドルの社債を追加発行しなければならない．あるいはもしθが12%となれば，この増加率で50%相当の上昇は額面で106万ドル相当の社債を追加的に発行することを要請する．利子率の長期的回帰水準の変化にともなう社債額面の調整額もまた相当に大きな水準である．

ここでは省略するが，リスクの市場価格λにかんする弾力性も容易に計算することができて，σ, κ, およびTの関数になる．その符号はλと同一であり，もし局所期待仮説が成立するならば弾力性はゼロとなるが，それ以外の場合にはF_X^*はλの変化にともない大きく変化する可能性がある．もし投資家の選好に変化がおきてλが変化する状況が発生すれば，企業は社債の発行額面を改定しなければ企業価値を最大に保てなくなるが，現実にはλというパラメターを正確に推定することもその変化を認識することも容易ではないであろう．

弾力性分析によって明らかになったことは，利子率の挙動を定める外生的なパラメターのわずかな変化にたいしても企業が変更しなければならない社債額面の金額はかなり大きいということである．したがって，社債額面の調整は大きな取引費用をともなうことが予想され，現実の企業はパラメターの水準が変化したことを認識したとしても，そう頻繁には負債利用額を適正水準に調整するとは考えにくい．企業が最適な資本構成をつねには実現できないとすれば，その場合の資本構成の分析は最適性条件を考慮した陰関数定理に依るのではなく，むしろ単純な偏微分で分析するほうが妥当かもしれない．たとえば負債資本比率にかんして最適性条件を考えずに偏微分による比較静学を求めると

$$\frac{\partial R_X}{\partial r} < 0, \qquad \frac{\partial R_X}{\partial \theta} < 0, \qquad \frac{\partial R_X}{\partial \lambda} < 0$$

であるから，固定利付社債発行企業の負債資本比率の時系列データが利用可能であれば，負債資本比率は短期利子率，長期的回帰水準，およびリスクの市場価格とは負の相関を持つことが予測される9)．

4. 固定利付社債と変動利付社債発行の意思決定問題

固定利付社債および変動利付社債の価格付けにかんする研究は多くの蓄積があるものの，企業がどのような理由でこれらの性格が異なる社債を選択し発行するのか，理論的に明らかにした研究論文はいまだ発表されていないようである．たとえば金利スワップについて検討したほぼすべての文献では，まず一方の企業が固定利付社債を発行し，もう片方の企業が変動利付社債を発行したうえでスワップが行われると仮定される．なぜ固定利付社債による資金調達を選好する企業と変動利付社債を選好する企業が存在するのか，競争的で効率性な市場を前提とした本格的な議論はいまだ見うけられないが，この問題にかんして企業の将来収益と利子率との相関係数の重要性を指摘する論文が複数存在する10)．

前述したように，企業が固定利付あるいは変動利付社債を発行したときの

9) 本章の $\partial R_X/\partial r < 0$ という結果は Brennan and Schwartz (1980) も報告している．
10) 固定・変動金利選択に関連する初期の研究に Morris (1976) がある．将来の不確

企業価値は，いずれもつぎの関数形で記述できる．

$$V = A\{1-c+(c-\tau)\Phi(h)\}+\tau F\Phi(h-u) \tag{14c}$$

固定利付社債発行のケースでは $u=\sigma_X$ および $F=PF_X$ であり，変動利付社債発行のケースでは $u=\beta\sqrt{T}$ および $F=D_L$ である．上式でリスク調整済みボラティリティー u がどちらかに特定されれば，企業価値 V を最大化する F の水準は内生的に決定される．したがってこの企業が発行する社債として固定利付と変動利付のどちらを選択するかという意思決定問題は，上式の u として σ_X と $\beta\sqrt{T}$ のどちらを選択するかという問題と同値である．いま最大化された企業価値にかんして陰関数 $V^*=V^*(u, F^*(u))$ の存在を仮定すれば，陰関数定理により

$$\frac{dV^*}{du} = -\frac{A\phi(h^*)}{u}\{ch+(\tau-c)u\} < 0 \tag{30}$$

を導出できる．ここで $\{ch+(\tau-c)u\}$ は最大化の2階条件が成立する領域では正であることに注意する．上式は価格付けに適用するリスク調整済みボラティリティーが大きいほど企業価値は低くなるという直感的にも理解できる結果を示している．利子率が変動する経済において，異なるボラティリティーに対応する固定・変動という2種類の社債を発行する選択肢が与えられたならば，企業価値を最大化するためにはより小さいボラティリティーをもつ社債を企業は選択するはずである．したがって，ある企業の σ_X が $\beta\sqrt{T}$ より大きい場合には，この企業は必要な資金を調達するために変動利付社債

実な利子率の影響を記述するモデルとして多期間CAPMを採用し，営業利益と利子率が正の相関を持つ場合には，満期が短い社債を発行することにより株主が負担するリスクが削減され，株式価値が上昇することを示している．Agmon, Ofer and Tamir (1981) は平均分散モデルによって最適な負債ポートフォリオの決定問題を分析している．彼らのTable 1 (p. 24) によれば，営業利益と変動利付社債の支払い金額が正の相関をもつときには企業は主として変動利付社債による資金調達をすべきであり，相関が負の時には固定利付社債による資金調達をすべきであることが読みとれ，本章の結果と整合的である．しかしながら，彼らの分析では最適資本構成が所与とされているだけでなく，負債の期待収益率と倒産確率がパラメターとして与えられ，株主が倒産費用を負担すると仮定されているので，本章の分析とは根本的に異なるものである．Santomero (1983) も平均分散モデルによって銀行の最適な資産構成を分析しているが，負債サイドではなく資産サイドにおいて固定金利ローンと変動金利ローン契約の選択問題を扱っている．企業の投資案件からの収益が利子率と正の相関をもつ場合には，変動金利ローンのほうが固定金利ローンよりも効率的に利子率変動リスクを転嫁できるという結論が示されている．

を発行し，反対に σ_X が $\beta\sqrt{T}$ より小さい場合には固定利付社債を発行すると考えられる．つぎの命題は，企業を特徴づける ρ の水準によって以上の結果を述べるものである．

命題 8.3 ある企業の総資産収益率と短期利子率の相関係数が ρ であらわされるとする．この企業の ρ の値が次式で定義される臨界値 ρ^{***} とくらべて，$\rho<\rho^{***}$ ならば固定利付社債を発行，$\rho>\rho^{***}$ ならば変動利付社債を発行することにより企業価値は最大化される．

$$\rho^{***} = -\frac{\sigma}{4\kappa B}\cdot\frac{-3+2\kappa T+4e^{-\kappa T}-e^{-2\kappa T}}{-1+\kappa T+e^{-\kappa T}}\ (<0) \tag{31}$$

$\rho=\rho^{***}$ ならばいずれの社債であっても無差別である[11]．

証 明 固定利付社債と変動利付社債発行の選択問題は，より小さいボラティリティーをもつ社債の選択問題と同値だからつぎの条件に帰着する．

$$\sigma_X{}^2 \gtreqless \beta^2 T \Leftrightarrow \int_0^T \{\sigma_P{}^2(t)+2\rho\beta\sigma_P(t)\}dt \gtreqless 0$$

$$\Leftrightarrow \rho \gtreqless -\frac{\sigma}{4\kappa\beta}\cdot\frac{-3+2\kappa T+4e^{-\kappa T}-e^{-2\kappa T}}{-1+\kappa T+e^{-\kappa T}}$$

上式の右辺が命題 8.3 の ρ^{***} にほかならない． ■

臨界値 ρ^{***} を構成するパラメター σ，β，κ，T はすべて正値しかとらないから，ρ^{***} は代数的に負となる．したがって，ある企業の総資産収益率が短期利子率と無相関あるいは正の相関をもつ場合には，具体的なパラメターの値にかかわらず必ず $\rho>\rho^{***}$ が成立するから，そのような企業は社債として固定利付社債よりも変動利付社債を選好する．ρ が正値で特徴づけられる企業では，固定利付社債を発行したときには総資産収益率のボラティリティ

11） 企業が変動あるいは固定利付社債の発行を決定する境界の臨界値 ρ^{***} の性質については Ikeda（1995），あるいは本書の第7章をみよ．7章の表 7.2 をみると，他のパラメターに現実的な値を想定した場合には ρ^{***} は -1 より小さい値になることが多い．これは企業を特徴づける ρ の値にかかわらず $\sigma_X{}^2$ のほうが $\beta^2 T$ より大きくなるケースが多く，利子率が変動する経済においては変動利付社債発行のほうが好ましい企業が多いことを示唆している．

ーは ρ をつうじて利子率変動のリスクと結合され拡大する．変動利付社債を発行した場合には，価格付けに適用されるボラティリティーは利子率変動リスクから完全に遮断され総資産利子率のボラティリティーのみになる．したがって，変動利付社債発行のほうが利子率が変動する状況では実質的なリスクが小さくなるのである．ρ が臨界値 ρ^{***} より小さく負値で特徴づけられる企業ではこのロジックが反対になる．固定利付社債を発行することによって，相関係数をつうじてリスク調整済みボラティリティーは低下するので，変動利付社債を発行するよりも企業価値が高くなる[12]．なお，命題 8.3 は通常の適格債発行企業だけでなくジャンク債発行企業についても成立する．

本章の分析は，あくまでも企業価値最大化を目的関数として企業がその最適資本構成を決定するという前提にたっている．ここで注意すべき論点は，企業価値最大化と社債価値最大化は両立しないので，最適資本構成の実現と最大限度の資金調達とは同時に達成されないということである．u と企業価値を最大にするような社債価値 B^* の関係について調べると，

$$\frac{dB^*}{du} = -\frac{A\phi(h^*)}{\tau u}\{c\tau h^* + (1-c)\tau u + c(1-\tau)I^*\}$$

ただし

$$I^* = \frac{ch^{*2} + (\tau-c)uh^* - c}{ch^* + (\tau-c)u}$$

であるから，通常の企業（$I^* \geqq 0$）では dB^*/du の値は必ず負であるが，ジャンク債発行企業（$I^* < 0$）では正にもなりうることがわかる．dB^*/du の符号が正の企業では，リスク調整済みボラティリティーが大きいほうの社債を発行することで，企業価値は小さくなるが社債価値は大きくなり資金調達できる金額は大きくなる．いいかえれば，企業価値最大化を目的として資本構成を決定する企業では，リスク調整済みボラティリティーがより小さくなるタイプの社債を発行しなければならないが，その場合の社債価値はボラティリティーを大きくするタイプの社債発行にくらべて必ずしも大きくはないので

12） 直感的には企業価値は利子率と負の相関をもつことが多いと考えられるが，Morris (1976) の実証分析の結果では米国企業全体では正の相関が優勢であることを強く示唆している．第 7 章の脚注 9 を参照のこと．

ある.

命題8.3は，投資政策が決定済みの企業について，資金調達の全額を固定金利か変動金利の社債で調達する場合の意思決定の基準を明らかにしたものであり，現実の企業の負債構成が固定と変動のミックスであることまでは説明することはできない．負債の最適な固定・変動構成の問題は今後の研究課題であるが，本章の分析に則して1つの展望を与えることも可能である．本章では企業が保有する総資産の内容までは区別せずに，全体として利子率と単一の相関係数をもつものとして扱っている．現実には企業の総資産は複数の金融資産や実物的投資案件から構成されており，各資産は利子率とそれぞれ異なる相関をもつ「mini firm」として捉えることも可能である．そのとき各「mini firm」はそれぞれ異なる実効法人税率や倒産費用にかんするパラメターで記述され，最適な負債利用の水準も異なることが考えられる．現実の企業の資本構成は，これらの多くの「mini firm」にたいして既存の資本構成も考慮しつつ最適に固定あるいは変動金利の負債を調達していった累積結果であると解することもできるであろう．この方向で命題8.3を拡張して現実の負債構成を説明できるモデルを構築するためには，複数の資産と負債の特徴を分析可能な方法でモデルに組み込むと同時に，債務弁済の優先順位についても明示的に検討することが必要であり，今後の研究課題である．

5. むすび

本章では，短期利子率が確率的に変動し各企業の総資産収益率と相関をもつ場合について，タックス・シェルター・倒産費用モデルを用いて最適資本構成問題を分析した．負債としては固定利付社債と変動利付社債の2つの種類を考えたが，企業が固定利付社債を発行するときには最適資本構成の決定要因として総資産収益率と利子率との相関係数の値が決定的に重要であることが示された．現実の企業のなかには，ビジネス・リスクが増大して総資産収益率のボラティリティーが上昇したときに負債利用を増加させるものも存在するが，そのような財務行動が企業価値最大化行動と整合的に理解できることが理論的に示された．

利子率が変動する経済において，固定利付社債を発行した企業の株主，債権者が実質的に直面するリスクをあらわすリスク調整済みボラティリティーは，総資産収益率のボラティリティーを適当な測度変換により得られる同値マルチンゲール測度のもとで評価したものである．このリスク中立化されたボラティリティーを構成する主要な要素は，総資産収益率のボラティリティー，利子率の確率過程のボラティリティーと平均水準への回帰速度，および総資産収益率と利子率の相関係数である．利子率の挙動をあらわすパラメターのうち，短期利子率，長期的回帰水準，リスクの市場価格はこのリスク調整済みボラティリティーには関与しない．したがって，企業がこれらのパラメターの変化にたいして敏速かつ最適に固定利付社債の発行額面を調整できるならば，最適資本構成はパラメターの値の変動から独立である．しかし市場に無視できぬ程度の取引費用が存在し，外生的パラメターの変化を迅速に推定することが難しい現実を考えるならば，利子率のパラメターの変化が起きても企業がつねに最適な資本構成を維持しているとは考えにくい．その場合には既存の研究論文でも予測されたように，負債資本比率と利子率とは負の相関をもつが理論的には期待される．

利子率が変動する状況においても，リスク調整済みボラティリティーが増大（減少）すれば，財務的に健全な通常の企業の最適負債水準は低下（上昇）するという企業金融理論ではよく知られた結果は本章においても一貫している．しかしながら，企業が保有する資産のボラティリティーの増大は，必ずしもリスク調整済みボラティリティーを増大させるとはかぎらず，このことが最適な負債利用の水準に複雑な効果をもたらすことになるのである．

企業が変動利付社債を発行する場合には，最適資本構成は利子率変動のリスクから完全に独立となる．変動利付社債は，元来，利子率変動がもたらす追加的なリスク負担を企業が削減する目的で発行する負債であるから，本章の設定において企業が発行する証券のリスクが保有資産のボラティリティーのみによって表現されることは驚くにあたらない．したがって変動利付社債発行のケースでは証券の価格付けは非常にシンプルになり，最適資本構成問題は利子率が確定している場合と基本的に同じ結論をもたらす．

変動利付社債と比較すれば，固定利付社債は利子率変動リスクを不完全にしか除去できないうえ，取引費用などの摩擦が存在する現実においては部分的なヘッジすら実質的な有効性を疑わねばならない．したがって，固定利付社債は利子率が変動する世界においてその存在意義が問われることになるのであるが，本章の分析では総資産収益率と利子率の相関係数の水準によっては，利子率変動リスクにたいする不完全なヘッジのほうが完全なヘッジよりも高い企業価値をもたらすことが明らかにされた．

また本章では企業価値最大化を目的として資金調達の意思決定を行うときに，固定利付社債あるいは変動利付社債を発行するのはどのような企業であるのか，総資産収益率と利子率の相関係数にかんする明示的な条件を提示した．金利スワップにかんする既存の研究では，固定金利あるいは変動金利の資金を需要する企業が存在することがあらかじめ仮定されるのがつねであり，なぜ企業によって異なるタイプの資金を需要するのか完全競争市場を前提に十分検討されてはいない．本章の分析は，この問題にひとつの理論的な解答を与えるものである．

本章は利子率変動下の資本構成にかんして新たな複数の検証可能な命題を提示した．これらの理論的予測を実証的に検証することは今後の残された課題である．

第 8 章数学付録

数学付録 A

ここでは，まず利子率が確率的に変動する場合の派生証券の評価について一般的な評価方法を述べ，本文で導出された解析解はその例としてとりあげることにする．以下で想定する経済は 2 つの状態変数によって特徴づけられる．すなわち，ある企業の総資産価値をあらわす売買可能な資産の価格 $A(t)$ と短期利子率 $r(t)$ であり，それぞれつぎの確率微分方程式でそのプロセスが記述されるとする．

$$dA/A = \alpha dt + \beta dW_A$$
$$dr = \kappa(\theta - r)dt + \sigma dW_r$$
$$dW_A dW_r = \rho dt$$

資産の確率過程に登場するブラウン運動と利子率の確率過程に現れるブラウン運動とは ρ という相関係数で相関する．

Vasicek (1977) は短期利子率が上述の OU 過程に従い，それが割引国債の価格付けにかんする唯一の状態変数である場合を分析しており，本書の第 3 章では満期 T，額面 1 の割引国債の時刻 t における均衡価格 $P(t)$ が次式で与えられることを示した．

$$P(t) = a(T-t)e^{-b(T-t)r(t)},$$

ただし

$$b(T-t) = \{1 - e^{-\kappa(T-t)}\}/\kappa$$
$$a(T-t) = \exp\left\{\left(\theta + \frac{\sigma\lambda}{\kappa} - \frac{\sigma^2}{2\kappa^2}\right)\{b(T-t) - (T-t)\} - \frac{\sigma^2\{b(T-t)\}^2}{4\kappa}\right\}$$

上式に伊藤の補題を適用すると，$\{P(t)\}$ の確率過程は

$$dP/P = \mu_P dt - \sigma_P dW_r, \qquad \sigma_P \equiv b(T-t)\sigma.$$

とあらわすことができる．

満期でのペイオフが $\tilde{C}(T) = C(\tilde{A}(T))$ の形で表現され，資産価格の経路には依存せず満期の資産価格によって決定される派生証券が以下の評価の対象である．その現在時点 $t(\leqq T)$ の均衡価格を $C(t)$ とすれば，伊藤の補題の適用によって

$$dC/C = \mu_C dt + \sigma_C dW_A,$$

ただし

$$\mu_C = \frac{1}{C}\left\{\frac{\partial C}{\partial A}\alpha A + \frac{\partial C}{\partial t} + \frac{1}{2}\frac{\partial^2 C}{\partial A^2}\alpha^2 A^2\right\}, \qquad \sigma_C = \frac{1}{C}\frac{\partial C}{\partial A}\alpha A$$

を得る．

ここで派生証券価格を割引国債を単位として表示した相対価格 $G(t)=C(t)/P(t)$ を定義すれば，その瞬間的な収益率は

$$dG/G = (\mu_C - \mu_P + \sigma_P{}^2 + \rho\sigma_C\sigma_P)\,dt + \sigma_C dW_A + \sigma_P dW_r$$

である．

資産 $A(t)$ にかんするリスクの市場価格を λ_A，国債価格変動リスクの市場価格を λ_P とすれば，この経済における均衡条件は次式で表現される．

$$\mu_C = r(t) + \sigma_C\lambda_A,\ \ \mu_P = r(t) + \sigma_P\lambda_P$$

これらを相対価格のダイナミックスの式へ代入すると

$$dG/G = (\sigma_C\lambda_A - \sigma_P\lambda_P + \sigma_P{}^2 + \rho\sigma_C\sigma_P)\,dt + \sigma_C dW_A + \sigma_P dW_r$$

を得る．

つぎにリスクの市場価格 λ_A，λ_P を用いてブラウン運動 W_A と W_r にドリフトを調整した確率過程を定義する．

$$d\hat{W}_A = dW_A + (\lambda_A + \rho\sigma_P)\,dt, \qquad d\hat{W}_r = dW_r + (\sigma_P - \lambda_P)\,dt$$

2つの確率過程がいずれもブラウン運動となるような確率測度のもとでは，確率過程 $G(t)=C(t)/P(t)$ はマルチンゲールとなる．相対資産価格 $A(t)/P(t)$ もまたマルチンゲールになることは容易に示すことができる．

新しい確率測度のもとでの期待値演算子を $\hat{E}[\cdot]$ とあらわせば，マルチンゲール性により

$$G(t) = \hat{E}[\tilde{G}(s)] \Leftrightarrow \frac{C(t)}{P(t)} = \hat{E}\left[\frac{\tilde{C}(s)}{P(s)}\right] \quad \text{for} \quad t \leqq \forall s \leqq T$$

が成り立つ．$s=T$ で評価すれば，

$$C(t) = P(t)\hat{E}[C(\tilde{A}(T))]$$

であるから，資産 $A(t)$ を対象資産とする派生証券の現在価値は，その満期のペイオフについて，割引国債価格で資産価格を割り引いた値がマルチンゲールになるような確率測度のもとで期待値を計算すればよいことがわかる．

この確率測度のもとでは，相対資産価格は対数正規分布に従い，

$$\ln\tilde{A}(T)/P(T) = \ln\tilde{A}(T) \sim N(m, \sigma_X{}^2)$$

ただし

$$m = \ln\{A(t)/P(t)\} - (\sigma_X{}^2/2)$$

$$\sigma_X{}^2 = \int_t^T \{\beta^2 + \sigma_P(s)^2 + 2\rho\beta\sigma_P(s)\} ds$$

$$= \beta^2(T-t) + \left\{T - t - 2b(T-t) + \frac{1-e^{-2\kappa(T-t)}}{2\kappa}\right\}\frac{\sigma^2}{\kappa^2}$$

$$+ \frac{2\rho\beta\sigma\{T-t-b(T-t)\}}{\kappa}$$

である．本文で企業が固定利付社債を発行したときの各証券の現在価値の計算はこの確率分布で評価したものである．たとえば株式要素部分 $\hat{S}_X$ の評価はつぎのとおりである．

$$\hat{S}_X = P\{\hat{E}[\tilde{A}(T) - F_X | \tilde{A}(T) \geqq F_X]\mathrm{Prob}(\tilde{A}(T) \geqq F_X)\}$$

$$= A\Phi(h_X) - PF_X\Phi(h_X - \sigma_X)$$

ただし

$$h_X = \frac{\ln(A/F_X)}{\sigma_X} + \frac{\sigma_X}{2}$$

であり，Prob(・) はリスク調整された確率である．この評価式は偏微分方程式を解いた Rabinovitch (1989) の結果にも一致している．

数学付録 B

この数学付録では，記法の都合上，時刻を $t \in [t_0, T]$ であらわし，企業の保有する資産と利子率の確率過程は数学付録 A と同一とする．$A(t)$ を対象資産の確率過程，$Y(t)$ を短期利子率でロール・オーバー運用したマネー・マーケット口座の価値とするときに，満期 T におけるペイオフが

$$\tilde{C}(T) = C(\tilde{A}(T), \tilde{Y}(T))$$

の形で表現される派生証券の評価について述べる．$Y(t)$ は時刻 t_0 から t まで運用したときの口座価値であり，

$$\tilde{Y}(t) = \exp\left\{\int_{t_0}^t r(s)\,dt\right\},\quad t \in [t_0, T]$$

である．確率微分方程式で $Y(t)$ のプロセスを表現すればブラウン運動の部分が消失し，

$$dY = r(t)\,Y(t)\,dt$$

であるが，これは $Y(t)$ が局所的には確定的な確率過程であることを示しており，$Y(t)$ の変動にたいして市場はリスク・プレミアムを要求しないことを含意する．

伊藤の補題を用いれば派生証券価格のダイナミックスは，

$$dC/C = \mu_C dt + \sigma_C dW_A$$

ただし

$$\mu_C = \frac{1}{C}\left(\frac{\partial C}{\partial Y}Yr + \frac{\partial C}{\partial A}A\alpha + \frac{\partial C}{\partial t} + \frac{1}{2}\frac{\partial^2 C}{\partial A^2}\beta^2 A^2\right), \qquad \sigma_C = \frac{1}{C}\left(\frac{\partial C}{\partial A}\beta A\right)$$

である．$Q(t)$ を資産価格をマネー・マーケット口座の価値で除した相対価格とすれば，$Q(t) = C(t)/Y(t)$ に伊藤の補題を適用すると

$$dQ/Q = (\mu_C - r)\,dt + \sigma_C dW_A$$

である．資産価格変動リスクの市場価格を λ_A とし，均衡条件

$$\mu_C = r(t) + \sigma_C \lambda_A$$

を用いて $Q(t)$ のプロセスを表現すると，

$$dQ/Q = \sigma_C \lambda_A dt + \sigma_C dW_A$$

を得る．リスク調整した確率過程 $dW_A^* = dW_A + \lambda_A dt$ を考え，$W_A^*(t)$ が標準ブラウン運動になるような確率測度のもとで $Q(t)$ をみればマルチンゲールになる．相対資産価格 $A(t)/Y(t)$ もまたマルチンゲールである．

この確率測度のもとでの期待値演算子を $E^*[\cdot]$ と表現すれば，マルチンゲール性によって，

$$Q(t_0) = E^*[\tilde{Q}(s)] \Leftrightarrow \frac{C(t_0)}{Y(t_0)} = E^*\left[\frac{\tilde{C}(s)}{\tilde{Y}(s)}\right], \quad t_0 \leqq \forall s \leqq T$$

が成立する．$Y(t_0)$ は定義により1であることに注意して $s = T$ で評価すると

$$C(t_0) = E^*\left[\tilde{C}(T)\cdot\exp\left\{-\int_{t_0}^{T} r(s)\,ds\right\}\right]$$

である．したがって派生証券の現在価値を導出するためには，資産価格をマネー・マーケット口座の価値で除した相対価格がマルチンゲールになるような同値な確率測度を探して，その確率測度のもとで派生証券の満期のペイオフの期待値を計算すればよいことがわかる．

本文で評価した企業が変動利付社債を発行したときの各証券の現在価値も，上述の期待値計算によって容易に導出できる．ここではその例として，数学付録Aと同じように株式要素部分を評価してみる．以下でProb(·)は同値マルチンゲール測度のもとでの確率を表わす．

$$\begin{aligned}\hat{S}_L &= E^*[\{\tilde{A}(T) - D_L\tilde{Y}(T) \mid A(\tilde{T}) \geqq D_L\tilde{Y}(T)\}/\tilde{Y}(T)]\mathrm{Prob}(\tilde{A}(T) \\ &\qquad \geqq D_L\tilde{Y}(T)) \\ &= E^*[\tilde{X}(T) \mid \tilde{X}(T) \geqq D_L]\mathrm{Prob}(\tilde{X}(T) \geqq D_L) - D_L\mathrm{Prob}(\tilde{X}(T) \geqq D_L)\end{aligned}$$

ただし

$$\tilde{X}(T) \equiv \tilde{A}(T)/\tilde{Y}(T)$$

である．$\tilde{A}(T)$ と $\tilde{Y}(T)$ は対数正規分布に従うから，$\tilde{X}(T)$ の条件付き分布もまた対数正規分布となり，

$$\ln\tilde{X}(T)|_{X(t_0)=A} \sim \boldsymbol{N}(\ln A-(\beta^2 T/2), \beta^2 T)$$

である．したがって，

$$\hat{S}_L = A\Phi(h_L)-D_L\Phi(h_L-\beta\sqrt{T})$$

ただし

$$h_L = \frac{\ln(A/D_L)}{\beta\sqrt{T}}+\frac{\beta\sqrt{T}}{2}$$

が導出できる．

第9章
総括と今後の課題

本書は第1章でオプション評価理論研究の展開を辿りながら，未解決の問題を整理し，そのなかからつぎの3つの主要なテーマをとりあげた．

(1) エキゾチック・オプション，とくに経路依存型証券の評価問題
(2) オプション評価における対象資産のボラティリティーの推定問題
(3) 利子率変動下の社債の倒産リスク・プレミアムおよび最適資本構成問題

以下ではこの3つのテーマにかんする本書のオリジナルな論点を各章ごとに整理するとともに，未解決の問題と今後の課題をまとめることにする．

第2章と第3章では，上記のテーマをモデル分析する前提として，オプション評価の一般理論を述べたが，この2つの章は本書の方法論的基礎を与えるものである．第2章では利子率が一定の場合，第3章では利子率が確率的に変動する場合について派生証券評価の一般理論を展開し，複数の評価方法と均衡表現を概観するとともに，これらを統一的な視点から検討して理論的同一性を確認した．そのなかから本書では，リスク中立化法と呼ばれる確率的な評価アプローチに立脚して分析が進められた．

第2章は基本的に既存の研究成果のサーベイである．本章のオリジナルな点は，利子率が一定の場合に状態変数が多次元拡散過程に従う一般的な状況で，既存の多くの評価方法の理論的同一性を明らかにし，派生証券評価の例として株価指数先物契約をとりあげ，複数の方法で同一の先物価格を導出したことである．その意味で，本章はOldfield and Messina (1977) および田畑 (1988) の厳密な一般化になっている．

第3章ではJamshidian (1990) が提案した先渡リスク調整測度を用いて，これまで偏微分方程式を解くことによって導出されてきた多くの金利オプション評価式を簡単な確率計算で導出した．本章のオリジナルな部分は，イールド・スロープにたいするオプション，金利先渡契約にたいするオプション（フラップション），フォワードカーブにたいするオプション契約の価値を明

示的に導出したこと，および Longstaff (1990) が示した分離定理を確率計算で導いたことである．また，短期利子率が OU 過程に従う場合のイールド・カーブにたいするオプション評価式や，非心 χ^2 分布にかんする条件付き期待値についての補助定理も，本章が初めて示したものである．評価の具体例としてとりあげた Cox, Ingersoll, and Ross (1985) の債券オプションについても，本章のように先渡利子率をマルチンゲールにする確率測度を用いて明示的な確率計算によって評価式を導出した文献はいまだ著されていないようである．

第4章と第5章では，第2章の利子率が一定の場合の分析枠組にもとづいてテーマ (1) を扱い，エキゾチック・オプションと呼ばれる複雑なペイオフをもつオプション契約の評価について検討した．第4章では，代表的なエキゾチック・オプションであるバリアー型オプションのなかから，2つの非線形境界壁で同時に制約されたオプション契約をとりあげ，その評価のために吸収壁で制約された幾何ブラウン運動の確率的な性質を分析した．第5章ではさまざまなエキゾチック・オプションの具体的な評価式を導出したが，すべての結果は第4章の特殊ケース，あるいは同じ確率的な方法によって導かれたものである．

第4章のオリジナルな点は，まず Anderson (1960) の逐次解析におけるいくつかの結果を用いて，時間にかんして指数的に増大あるいは減少する2つの吸収壁で制約された幾何ブラウン運動の推移密度を導出したことであり，これは確率論で有名な Paul Levy の公式の一般化になっている．この密度を用いて2つの非線形ノックアウト・バウンダリーをもつバリアー・オプションの評価式を導出したが，これは既存のすべてのバリアー型オプション評価式を特殊ケースとして含むものである．また評価式に含まれる無限級数を現実的なパラメターの値のもとで数値実験した結果，収束は非常に早く実用にも十分利用できることが示された．本章の基礎論文が発表されて以来，ここで明らかにした結果は内外の研究論文によって検討され，異なる手法のもとで確認されているだけでなく，実務上の金融商品として現実の市場で売買されている．

第5章では第4章で導いた幾何ブラウン運動の確率的な性質を駆使して，

さまざまなエキゾチック・オプションの評価式を導いた．片側に非線形バリアーをもつノックアウト・オプションの評価式は，すべて前章の評価式を単純化した特殊ケースであるが，Merton (1973) のダウン・アンド・アウト・コール・オプションの評価式以外は本章の基礎論文において初めて示された結果である．また開始条件付きオプション，ステイ・オプション，対象資産価格として過去の最大・最小値を利用するルックバック・オプションの評価式も，本章のオリジナルな結果である．さらに2つの境界壁で同時に制約された幾何ブラウン運動の初到達時刻の確率密度と，それによって導出したリベートの現在価値も本章が初めて導出したものであり，既存の研究論文におけるリベート価値の評価式をすべて特殊ケースとして含むものである．

第6章ではテーマ (2)，すなわち対象資産の確率過程の最大・最小値を用いたボラティリティー推定方法をとりあげた．この最大・最小値の差であるレンジの確率密度の導出は，第4章の確率的な方法の延長線上に位置づけられるものである．第6章のオリジナルな点は，Parkinson 法と呼ばれる推定方法を確率的な方法によって厳密に導出し，既存の研究論文で報告されている推定効率が数学的に誤りであることを指摘し，正しい推定効率を提示したことである．またわが国の株式市場の現実のデータを利用して実際にボラティリティーを推定し，この推定量の性質と実務上の問題点を初めて実証的に明らかにした．

第7章と第8章はテーマ (3) を検討し，利子率が変動する経済における企業金融理論をオプション評価の応用として分析したものである．この2つの章における方法的基礎は，第3章で明らかにした先渡利子率をマルチンゲールにする確率測度によるオプション評価理論である．企業が発行する各種の証券や法人税，倒産費用といった企業外への流出分の現在価値は，企業の保有資産あるいは企業価値を対象資産とする特殊なオプションであるとみて，それらの価値を評価している．

第7章では，企業が固定利付社債あるいは変動利付社債を発行した場合の倒産リスクが分析された．本章は，Merton (1974) の社債モデルを利子率が変動する状況で一般化することによって，なぜ通常の企業が負債を発行するときに固定金利市場において要求されるリスク・プレミアムが，変動金利市場で要求されるリスク・プレミアムより大きくなるのか，Cooper and Mello (1988) が提起した問題に答えたものである．これは企業価値と利子率との相関係数にその原因があり，企業の実質的な倒産リスクが社債価格に反映されるときには，リスク・プレミアムの決定において相関係数が決定的に重要な役割を果たすためである．また金利スワップ市場において，信用スプレッド格差（QSD）と呼ばれる指標が，通常は正値になることを併せて証明したことも，本章のオリジナルな結果である．多くの教科書や研究論文において，QSD は社債市場の非効率性にもとづくアノマリーであるとして，そこにスワップ契約の存在意義を求めている．しかしながら，企業の倒産リスクが正当に社債価格に反映される状況において正の QSD が存在することが示されたことは，なぜ企業がスワップ契約を結ぶのか従来の議論はその理論的根拠を失い，新たな理論構築が求められていることを含意している．

第8章は最適資本構成問題を扱い，第7章と同一のオプション理論による分析枠組みを用いたが，資本構成を内生的に決定するため，完全市場の仮定を緩和して法人税と倒産費用がモデルに導入された．企業が固定利付社債もしくは変動利付社債を発行した場合に，それぞれの社債の現在価値，株式，法人税および倒産費用の現在価値について解析解で表現される評価式を導いた．既存の理論では，企業の総資産収益率のボラティリティーが上昇した場合になぜ負債利用を増加させる企業が存在するのか説明できなかったが，本章は利子率と総資産収益率の相関係数をパラメターとして導入することにより，1つの理論的な解答を与えるものである．さらに企業価値最大化を目的とする企業が，固定金利と変動金利の資金調達の選択を内生的に決定するモデルが示されるとともに，利子率が変動する経済における企業のヘッジ行動について，複数の理論的予測が提示されている．本章で端的に企業行動を特徴づけているのは，企業が保有する資産収益率と利子率との相関係数である．しかしここに新たに提示された多くの理論的予測は，実証分析によって検証されねばならぬ性格のものであり，今後の課題として位置づけられる．

以上が本書のオリジナルな論点である．オプション評価にかんする未解決の問題と今後の研究動向についてはすでに第1章で示したとおりであり，それらは本書に残された課題でもある．以下では，とくに本書が明示的にとりあげた3つのテーマごとに今後の研究課題と展望を述べることにする．

まず第1のテーマであるが，エキゾチック・オプションの評価問題で本書が明らかにしたさまざまなオプション契約の評価式は，これらがヨーロッパ型オプションであることが前提となっている．対象資産が配当がある場合のアメリカ型オプションの評価は未解決のままである．権利行使が生ずる時刻あるいは権利行使が起こる対象資産価格の水準を，オプション保有者の合理的行動の結果としてモデルの内生的な解として導出するためには，本書が採用した確率的な評価方法はあまりにも複雑な表現となり，適当ではないかもしれない．偏微分方程式を数値的に効率よく解析する方法も必要と考えられ今後の研究課題である．

また本書が利用したリスク中立化法は，対象資産，国債，および派生証券市場が連続的取引による完備化が可能という前提で適用されたのであるが，現実にはそのような市場が存在しないからこそ，いろいろなオプションが登場してくるのである．取引費用の存在やその他の制度的な制約をとりいれたより現実的な裁定概念を構成し，新たな評価方法を考える必要がある．またつぎつぎと登場するエキゾチックなオプション契約を評価するだけなく，どのような企業，投資家がどういったエキゾチック・オプションを需要，供給するのか，より具体的な均衡分析が必要である．これらの課題はオプション研究に新たな研究領域を開くものであり，本書に残された研究課題でもある．

本書が第2のテーマのボラティリティーの推定問題について分析した対象は，ドリフトがないブラウン運動のレンジであった．ドリフトが存在するブラウン運動のレンジの分布はいまだ導出されていないようであるが，ドリフトがない場合とまったく同一の方法を用いることができる．確率表現が相当煩雑になることは想像に難くないが，確率論の問題としては興味深い．レンジの実現値を用いて，ドリフトを推定することも可能であろう．また幾何ブラウン運動経路の最大，最小値だけでなく，それらが実現した時刻も情報として利用できるのであるから，その時刻も変数とした多変量の確率分布を導出し，ボラティリティー推定に利用することも考えられる．

本書では予測力の比較を行わなかったが，極値やレンジを利用したボラティリティー推定量が重要である理由は，推定効率が高いうえに通常の推定方法よりも予測力に優れているといわれるからである．今後わが国のデータによる予測力の検証が研究課題となるであろう．将来のオプション価格の予想という観点からいえば，インプライド・ボラティリティーとの予測力の比較も実証的には重要な問題である．とくに利子率が変動する経済における価格付けでは，リスク中立化測度上での確率分布が問題となるのであり，リスク中立化されたボラティリティーの予測が本質的に重要となる．Black-Scholesのオプション評価式では，どのパラメターを未知数と位置づけるかによって5通りのインプライド・パラメターをオプション価格から逆算できるが，その各々について将来水準の予測が反映されているはずである．したがって，ボラティリティーにかぎらず，将来予測にかんする情報を派生証券の市場価格からどう抽出するかというより広く大きな問題が本書の分析の背後に存在する．

最後に第3のテーマである利子率変動下の企業金融理論へのオプション評価の応用について述べる．本書では企業価値あるいは企業が保有する総資産にたいする派生証券として社債や株式などの企業発行証券を位置づけ，利子率が変動する経済を想定して評価を行った．そのさい，企業価値および利子率の不確実性をそれぞれ単一のブラウン運動で記述し，その間の相関係数によって企業を特徴づけた．また，信用リスクと最適資本構成の分析では，非常に簡単な構造をもつゼロ・クーポン債を利用して，固定利付社債と変動利付社債の倒産リスク・プレミアムの比較が行われた．このような本書の社債モデルや最適資本構成の議論は，実践的な証券投資やヘッジ取引に役立つことを目的として構築したものではなく，現実を大胆に抽象して企業行動の本質的なエッセンスを抽出することによって意味ある命題を導こうとしたものである．極端に単純化された状況で得られた結論が，どれほど一般的で頑強であるかは最大の検討事項である．そのためには現実をより詳細に描写するモデルを構築するとともに，現実のデータを用いて本書で得られた命題を実証的に検証することが必要である．

本書の分析の拡張としては，たとえば企業が保有する資産をその性質ごとに分割し，異なるパラメターで記述される確率過程を与えることが考えられる．また各資産ごとに利子率と異なる相関を持つと考えるほうが現実的である．実証分析の結果も利用しつつ，企業価値と利子率にはマルチ・ファクターの確率過程を用いることも必要であろう．また社債の形式をクーポン債にした場合や，企業倒産が社債の満期以前にも発生するような設定にした場合，さらに企業価値や利子率の確率過程を変更したときに，本書の結論がどこまで妥当か，理論的な精緻化とともに実証分析が強く期待されるところである．しかしながら，モデルを少し複雑にしただけで解析的な分析が著しく困難になることも予想される．このように実践的なモデル構築とモデルの操作可能性とはつねに緊張関係にあり，意味ある結果を得るためにはこのトレード・オフをどう処理するかが重要となるであろう．

参考文献

Agmon, T., A. R. Ofer, and A. Tamir (1981), "Variable Rate Debt Instruments and Corporate Debt Policy," *Journal of Finance* **36**, pp. 113-125.

Allen, F. and D. Gale (1994), *Financial Innovation and Risk Sharing*, The MIT Press, Cambridge, Massachusetts.

Anderson, T. W. (1960), "A Modification of the Sequential Probability Ratio Test to Reduce the Sample Size," *The Annals of Mathematical Statistics* **31**, pp. 165-197.

Arfken, G. (1970), *Mathematical Methods for Physicists*, Academic Press, New York. (邦訳『特殊関数と積分方程式』(権平他訳), 講談社)

Arnold, L. (1974), *Stochastic Differential Equations, Theory and Applications*, Wiley, New York.

Bachelier, L. (1900), "Theorie de la Speculation," *Annals de L'Ecole Normale Superieure* **3**, Gauthier-Villars, Paris.

Ball, C. A. and W. N. Torous (1984), "The Maximum Likelihood Estimation of Security Price Volatility: Theory, Evidence, and Application to Option Pricing," *Journal of Business* **57**, pp. 97-112.

Beckers, S. (1983), "Variance of Security Price Returns Based on High, Low, and Closing Prices," *Journal of Business* **56**, pp. 97-112.

Bergman, Y. Z. (1985), "Pricing Path Contingent Claims," *Research in Finance* **5**, pp. 229-241.

Bicksler, J. and A. H. Chen (1986), "An Economic Analysis of Interest Rate Swaps," *Journal of Finance* **41**, pp. 645-665.

Black, F. (1976), "The Pricing of Commodity Contracts," *Journal of Financial Economics* **3**, pp. 167-179.

Black, F. and J. C. Cox (1976), "Valuing Corporate Securities: Some Effects of Bond Indenture Provisions," *Journal of Finance* **17**, pp. 351-367.

Black, F. and M. Scholes (1973), "The Pricing of Options and Corporate Liabilities," *Journal of Political Economy* **81**, pp. 637-659.

Bookstaber, R. M. (1987), *Option Pricing and Investment Strategies*, Probus Publishing Co., Chicago.

Boyle, P. P. (1977), "Options: A Monte Carlo Approach," *Journal of Financial Economics* **4**, pp. 323-338.

Bradley, M., G. A. Jarrell, and E. H. Kim (1984), "On the Existence of an Optimal Capital Structure: Theory and Evidence," *Journal of Finance* **39**, pp. 857-878.

Brennan, M. J. and E. S. Schwartz (1977), "Convertible Bonds: Valuation and Optimal Strategies for Call and Conversion," *Journal of Finance* **32**, pp. 1699-1715.

Brennan, M. J. and E. S. Schwartz (1978), "Corporate Income Taxes, Valuation, and the Problem of Optimal Capital Structure," *Journal of Business* **51**, pp. 103-114.

Brennan, M. J. and E. S. Schwartz (1980), "Analyzing Convertible Bonds," *Journal of Financial and Quantitative Analysis* **15**, pp. 907-932.

Brennan, M. J. and E. S. Schwartz (1982), "An Equilibrium Model of Bond Pricing and a Test of Market Efficiency," *Journal of Financial and Quantitative Analysis* **17**, pp. 301-329.

Brennan, M. J. and E. S. Schwartz (1976), "The Pricing of Equity-Linked Life Insurance Policies with an Asset Value Guarantee," *Journal of Financial Economics* **3**, pp. 195-213.

Brennan, M. J. and E. S. Schwartz (1979), "Alternative Investment Strategies for the Issuers of Equity-Linked Life Insurance Policies with an Asset Value Gurantee," *Journal of Business* **52**, pp. 63-93.

Carleton, W and I. Silberman (1977), "Joint Determination of Rate of Return and Capital Structure: An Economic Analysis," *Journal of Finance* **32**, pp. 811-821.

Castanias, R. (1983), "Bankruptcy Risk and Optimal Capital Structure," *Journal of Finance* **38**, pp. 1617-1635.

Cho, D. C. and E. W. Frees (1988), "Estimating the Volatility of Discrete Stock Prices," *Journal of Finance* **43**, pp. 451-466.

Conze, A. and Viswanathan (1991), "Path Dependent Options: The Case of Lookback Options," *Journal of Finance* **46**, pp. 1893-1907.

Cooper, I. A. and A. S. Mello (1988), "Default Spreads in the Fixed and in the Floating Interest Rate Markets: A Contingent Claims Approach," *Advances in Futures and Options Research* **3**, pp. 269-289.

Cooper, I. A. and A. S. Mello (1991), "The Default Risk of Swaps," *Journal of Finance* **46**, pp. 597-620.

Cornell, B. and Reinganum, M. R. (1981), "Foreward and Futures Prices: Evidence from the Foreign Exchange Markets," *Journal of Economic Theory* **20**, pp. 381-408.

Cornell, B. and K. R. French (1983), "Taxes and the Pricing of Stock Index Futures," *Journal of Finance* **38**, pp. 375-694.

Cox, J. C. (1975), "Notes on Options Pricing I: Constant Elasticity of Variance Diffusions," Working paper, Stanford University.

Cox, J. C., J. E. Ingersoll, and S. A. Ross (1980), "An Analysis of Variable Rate Loan Contracts," *Journal of Finance* **35**, pp. 389-404.

Cox, J. C., J. E. Ingersoll, and S. A. Ross (1981), "The Relation Between Forward

Prices and Futures Prices," *Journal of Financial Economics* **9**, pp. 321-346.

Cox, J. C., J. E. Ingersoll, and S. A. Ross (1985 a), "An Intertemporal General Equilibrium Model of Asset Prices," *Econometrica* **53**, pp. 363-384.

Cox, J. C., J. E. Ingersoll, and S. A. Ross (1985 b), "A Theory of the Term Structure of Interest Rates," *Econometrica* **53**, pp. 385-407.

Cox, D. R. and H. D. Miller (1965), *The Theory of Stochastic Processes*, Methuen, London.

Cox, J. C. and S. A. Ross (1976), "The Valuation of Option for Alternative Stochastic Processes," *Journal of Financial Economics* **3**, pp. 145-166.

Cox, J. C., S. A. Ross, and M. Rubinstein (1979), "Option Pricing : A Simplified Approach," *Journal of Financial Economics* **7**, pp. 229-263.

Cox, J. C. and M. Rubinstein (1985), *Options Markets*, Prentice-Hall, Englewood Cliffs, New Jersey.

Cummins, J. D. (1988), "Risk-Based Premiums for Insurance Guarantee Funds," *Journal of Finance* **43**, pp. 823-889.

Dothan, U. and J. Williams (1981), "Education as Option," *Journal of Business* **54**, pp. 117-139.

Duan, J. C. (1995), "The GARCH Option Pricing Model," *Mathematical Finance* **5**, pp. 13-32.

Duffie, D. (1996), *Dynamic Asset Pricing Theory*, 2nd ed., Princeton Univ. Press, New Jersey.

Duffie, D. and H. R. Richardson (1991), "Mean-Variance Hedging in Continuous Time," *Annals of Applied Probability* **1**, pp. 1-15.

Dunn, K. B. and J. J. McConnell (1981), "Valuation of GNMA Mortgage-Backed Securities," *Journal of Finance* **35**, pp. 599-616.

El Karoui, N. and M. C. Quenez (1995), "Dynamic Programming and Pricing of Contingent Claims in an Incomplete Market," *SIAM Journal of Control and Optimization* **33**, pp. 29-66.

Eytan, T. H. and G. Harpaz (1986), "The Pricing of Futures and Options Contracts on the Value Line Index," *Journal of Finance* **59**, pp. 843-855.

Feller, W. (1951 a), "Two Singular Diffusion Problems," *Annals of Mathematics* **54**, pp. 173-182.

Feller, W. (1951 b), "The Asymtotic Distribution of the Range of Sums of Independent Random Variables," *Annals of Mathematical Statistics* **22**, pp. 427-432.

Ferri, M. and W. Jones (1979), "Determinants of Financial Structure : A New Methodological Approach," *Journal of Finance* **34**, pp. 631-644.

Flath, D. and C. Knoeber (1980), "Taxes, Failure Costs, and Optimal Industry Capital Structure : An Empirical Test," *Journal of Finance* **35**, pp. 99-117.

Follmer, H. and D. Sondermann (1986), "Hedging of Non-Redundant Contingent Claims," in W. Hildenbrand and A. Mas-Colell ed., *Contributions to Mathe-*

matical Economics in Honor of Gerard Debreu, North Holland, Amsterdam, pp. 205-223.

Galai, D. and R. W. Masulis (1986), "The Option Pricing Model and the Risk Factor of Stock," *Journal of Financial Economics* **3**, pp. 53-81.

Garman, M. (1976), "A General Theory of Asset Valuation under Diffusion State Processes," Working Paper No. 50, University of California, Berkeley.

Garman, M. B. and M. J. Klass (1980), "On the Estimation of Security Price Volatilities from Historical Data," *Journal of Business* **53**, pp. 67-68.

Geske, R. (1979), "The Valuation of Compound Options," *Journal of Financial Economics* **7**, pp. 63-81.

Girsanov, I. V. (1960), "On Transforming a Certain Class of Stochastic Processes by Absolutely Continuous Substitution of Measures," *Theory of Probability and Its Applications* **5**, pp. 285-301.

Goldman, M. B., H. B. Sosin, and M. A. Gatto (1979), "Path Dependent Options: Buy at the Low, Sell at the High," *Journal of Finance* **34**, pp. 1111-1128.

Gottlieb, G. and A. Kalay (1985), "Implication of the Discreteness of Observed Stock Prices," *Journal of Finance* **40**, pp. 135-153.

Harrington, S., S. Mann, and G. Niehaus (1995), "Insurer Capital Structure Decisions and the Viability of Insurance Derivatives," *Journal of Risk and Insurance* **62**, pp. 483-508.

Harrison, J. M. and D. M. Kreps (1979), "Martingale and Arbitrage in Multiperiod Securities Markets," *Journal of Economic Theory* **20**, pp. 381-408.

Harrison, J. M. and S. R. Pliska (1981), "Martingale and Stochastic Integrals in the Theory of Continuous Trading," *Stochastic Processes and Their Applications* **11**, pp. 215-260.

Hawkins, G. D. (1982), "An Analysis of Revolving Credit Agreements," *Journal of Financial Economics* **10**, pp. 59-82.

Heath, D., R. Jarrow, and A. Morton (1992), "Bond Pricing and the Term Structure of Interest Rates: A New Methodology for Contingent Claims Valuation," *Econometrica* **60**, pp. 77-105.

飛田武幸 (1974),『ブラウン運動』岩波書店.

Ho, T. S. Y. and R. F. Singer (1982), "Bond Indenture Provisions and the Risk of Corporate Debt," *Journal of Financial Economics* **10**, pp. 375-406.

Hull, J. C. (1997), *Options, Futures, and Other Derivatives*, 3 rd ed., Prentice Hall, Englewood Cliffs, New Jersey.

Hull, J. and A. White (1990), "Pricing Interest-Rate-Derivative Securities," *Review of Financial Studies* **3**, pp. 573-592.

池田昌幸 (1988),「曜日効果と正規分布混合仮説」『ファイナンス研究』8, pp. 27-53.

池田昌幸 (1989 a),「対数正規拡散過程の分散推定について」『ファイナンス研究』10, pp. 1-32.

池田昌幸 (1989 b),「派生証券の均衡価格と株価指数先物の評価について」『MTEC ジャーナル』2, pp. 66-84.

池田昌幸 (1990),「経路依存型オプション契約の評価について」, 東北大学経済学部ディスカッションペーパー No. 18.

池田昌幸 (1991 a),「経路依存型オプション契約の評価について」『ファイナンス研究』13, pp. 1-19.

池田昌幸 (1991 b),「対象資産価格の確率過程が境界壁で制約される場合のオプション契約の評価」『MTEC ジャーナル』4, pp. 25-43.

池田昌幸 (1993),「両側停止条件付きオプション契約の評価とその応用」日本経営財務研究学会編『現代経営財務の構造分析』中央経済社, pp. 31-51.

池田昌幸 (1994),「先渡し利子率をマルチンゲールにする確率測度を用いた金利派生証券の価格付け」『MTEC ジャーナル』7, pp. 34-62.

Ikeda, M. (1995), "Default Premiums and Quality Spread Differentials in a Stochastic Interest Rate Economy," *Advances in Futures and Options Research* **8**, pp. 175-202.

Ikeda, M. (1996), "Optimal Capital Structure in a Term Structure Economy," in *Modern Portfoilio Theory and its Applications*, Center for Academic Societies Japan, Osaka, pp. 187-226.

池田昌幸 (1998),「短期利子率が平方根過程に従う場合の金利派生証券の評価」池田昌幸編『フィナンシャル・テクノロジーのフロンティア』, エムティービー・インベストメント・テクノロジー研究所, pp. 19-30.

Ingersoll, J. E. (1976), "A Theoretical Model and Empirical Investigation of the Dual Purpose Funds: an Application of Contingent-Claims Analysis," *Journal of Financial Economics* **3**, pp. 83-123.

Ingersoll, J. E. (1977), "A Contingent Claims Valuation of Convertible Securities," *Journal of Financial Economics* **4**, pp. 289-322.

Ingersoll, J. E. (1979), "A Contingent-Claims Valuation of Convertible Securities," *Journal of Financial Economics* **4**, pp. 287-322.

Ingersoll, J. E. (1987), *Theory of Financial Decision Making*, Rowman and Littlefield, Totowa, New Jersey.

Jamshidian, F. (1989), "An Exact Bond Option Formula," *Journal of Finance* **44**, pp. 205-209.

Jamshidian, F. (1990), "The Preference-Free Determination of Bond and Option Prices from the Spot Interest Rate," *Advances in Futures and Options Research* **4**, pp. 54-67.

Jarrow, R. A. and G. S. Oldfield (1981), "Forward Contracts and Futures Contracts," *Journal of Financial Economics* **9**, pp. 373-382.

Jarrow, R. A. (1987), "The Pricing of Commodity Options with Stochastic Interest Rates," *Advances in Futures and Options Research* **2**, pp. 19-45.

Jones, E. P. and S. P. Mason (1980), "Valuation of Loan Gurantees," *Journal of Banking and Finance* **4**, pp. 89-107.

Jones, E. P., S. P. Mason, and E. Rosenfeld (1984), "Contingent Claims Analysis of Corporate Capital Structures: an Empirical Investigation," *Journal of Finance* **39**, pp. 611-625.

Johnson, H. (1987), "Options on Maximum or the Minimum of Several Assets," *Journal of Financial and Quantitative Analysis* **22**, pp. 277-283.

Kalava, R. E., T. C. Langetieg, N. Rasakhoo, and M. I. Weinstein (1984), "Estimation of Implicit Bankruptcy Costs," *Journal of Finance* **39**, pp. 629-642.

Kale, J. R., T. H. Noe, and G. G. Ramirez (1991), "The Effect of Business Risk on Corporate Capital Structure: Theory and Evidence," *Journal of Finance* **46**, pp. 1693-1715.

Kemna, A. G. Z. and A. C. F. Vorst (1990), "Pricing Method for Options Based on Average Asset Values," *Journal of Banking and Finance* **14**, pp. 113-129.

Kester, W. C. (1984), "Today's Options for Tomorrow's Growth," *Harvard Business Review* **62**, pp. 153-160.

Kim, E. H. (1978), "A Mean-Variance Theory of Optimal Capital Structure and Corporate Debt Capacity," *Journal of Finance* **33**, pp. 45-63.

Kim, E. H. (1988), "Optimal Capital Structure in Miller's Equilibrium, Discussion," *Financial Markets and Incomplete Information*, Rowman and Littlefield, Totowa, pp. 36-48.

Kim, W. S. and E. H. Sorensen (1986), "Evidence on the Impact of the Agency Costs of Debt in Corporate Debt Policy," *Journal of Financial and Quantitative Analysis* **21**, pp. 131-144.

Kraus, A. and R. Litzenberger (1973), "A State Preference Model of Optimal Financial Leverage," *Journal of Finance* **28**, pp. 911-922.

Kraus, A. and S. A. Ross (1982), "The Determination of Fair Profits for the Property Liability Insurance Firm," *Journal of Finance* **37**, pp. 1015-1028.

Kunita, K. and S. Watanabe (1967), "On Square Integrable Martingales," *Nagoya Mathematical Journal* **30**, pp. 209-245.

Kunitomo, N. (1992), "Improving the Parkinson Method of Estimating Security Price Volatilities," *Journal of Business* **65**, pp. 295-302.

Kunitomo, N. and M. Ikeda (1992), "Pricing Options with Curved Boundaries," *Mathematical Finance* **2**, pp. 275-295.

Latane, H. and R. Rendleman (1976), "Standard Deviation of Stock Price Return Implied in Option Prices," *Journal of Finance* **31**, pp. 369-381.

Leland, H. E. (1985), "Option Pricing and Replication with Transaction Costs," *Journal of Finance* **40**, pp. 1283-1301.

Leland, H. E. (1994), "Corporate Debt Value, Bond Covenants, and Optimal Capital Structure," *Journal of Finance* **49**, pp. 1213-1252.

Leland, H. E. and K. B. Toft (1996), "Optimal Capital Structure, Endogenous Bankruptcy, and the Term Structure of Credit Spreads," *Journal of Finance*

51, pp. 987-1019.

Levy, P. (1948), *Processes Stochastique et Mouvement Brownien*, Gauthier-Villars, Paris.

Liptser, R. S. and A. N. Shiryayev (1977), *Statistics of Random Processes* I, Springer-Verlag, Berlin.

Litzenberger, R. H. (1992), "Swaps : Plain and Fanciful," *Journal of Finance* **47**, pp. 831-850.

Loeys, J. G. (1985), "Interest Rate Swaps : A New Tool for Managing Risk," *Federal Reserve Bank of Philadelphia Business Review*, pp. 17-25.

Long, M. and I. Malitz (1985), "The Investment-Financing Nexus : Some Empirical Evidence," *Midland Corporate Finance Journal* **3**, pp. 53-59.

Longstaff, F. A. (1990), "The Valuation of Options on Yields," *Journal of Financial Economics* **26**, pp. 97-121.

Longstaff, F. A. and E. S. Schwartz(1995), "A Simple Approach to Valuing Risky Fixed and Floating Rate Debt," *Journal of Finance* **50**, pp. 789-819.

Marsh, T. A. and E. R. Rosenfeld (1986), "Non-Trading, Market Making, and Estimates of Stock Price Volatility," *Journal of Financial Economics* **15**, pp. 359-381.

Maruyama, G. (1954), "On the Transition Probability Functions of the Markov Process," *National Science Report* **5**, Ochanomizu University, pp. 10-20.

Mason, S. P. and R. C. Merton (1985), "The Role of Contingent Claims Analysis in Corporate Finance," in E. Altman and M. Subrahmanyam eds., *Recent Advances in Corporate Finance*, Irwin, Homewood, Illinois, pp. 7-54.

Margrabe, W. (1978), "The Value of an Option to Exchange One Asset for Another," *Journal of Finance* **33**, pp. 177-186.

Mayhew, S. (1995), "Implied Volatility," *Financial Analyst Journal* **51**, pp. 8-20.

McConnell, J. J. and J. S. Schallheim (1983), "Valuation of Asset Leasing Contracts," *Journal of Financial Economics* **12**, pp. 237-261.

McConnell, J. J. and E. S. Schwartz (1986), "LYON Taming,"*Journal of Finance* **41**, pp. 561-577.

Merton, R. C. (1973), "Theory of Rational Option Pricing," *Bell Journal of Economics and Management Science* **4**, pp. 141-183.

Merton, R. C. (1974), "On the Pricing of Corporate Debt : The Risk Structure of Interest Rates," *Journal of Finance* **19**, pp. 449-470.

Merton, R. C. (1976), "Option Pricing When Underlying Stock Returns are Discontinuous," *Journal of Financial Economics* **3**, pp. 125-144.

Merton, R. C. (1977a), "On the Pricing of Contingent Claims and the Modigliani-Miller Theorem," *Journal of Financial Economics* **15**, pp. 241-250.

Merton, R. C. (1977b), "An analytic Derivation of the Cost of Deposit Insurance and Loan Gurantees : An Application of Modern Option Pricing Theory," *Journal of Banking and Finance* **1**, pp. 3-12.

Miller, M. (1977), "Debt and Taxes," *Journal of Finance* **32**, pp. 261-275.

三浦良造 (1991),「2ファクター・モデルのもとでの債券オプション価格式」『投資工学』(日興リサーチセンター), pp. 1-24.

Modest, D. M. and M. Sundaresan (1983), "The Relationship between Spot and Future Prices in Stock Index Futures Markets: Some Preliminary Evidence," *Journal of Futures Markets* **3**, pp. 15-41.

Modigliani, F. and M. H. Miller (1958), "The Cost of Capital, Corporation Finance, and the Theory of Investments," *American Economic Review* **48**, pp. 267-297.

Modigliani, F. and M. H. Miller (1963), "Corporate Income Taxes and the Cost of Capital: A Correction," *American Economic Review* **53**, pp. 433-443.

森口繁一・宇田川銈久・一松 信 (1987),『岩波数学公式 II』岩波書店.

Morris, J. R. (1976), "On Corporate Debt Maturity Strategies," *Journal of Finance* **31**, pp. 29-37.

Nelken, I. ed. (1996), *The Handbook of Exotic Options: Instruments, Analysis and Applications*, Irwin Professional Publishing, Chicago.

仁科一彦・田畑吉雄 (1985),「株式収益率の分布」『大阪大学経済学』35, pp. 405-421.

Oldfield, G. S. and R. J. Messina (1977), "Forward Exchange Price Determination in Continuous Time," *Journal of Financial and Quantitative Analysis*, pp. 473-479.

Parkinson, M. (1980), "The Extreme Value Method for Estimating the Variance of the Rate of Return," *Journal of Business* **53**, pp. 61-65.

Pearson, E. S. and H. O. Hartley eds. (1976), *Biometrika Tables for Statisticians*, Vol. 1, Biometrika Trust, London.

Rabinovitch, R. (1989), "Pricing Stock and Bond Options When the Default-Free Rate Is Stochastic," *Journal of Financial and Quantitative Analysis* **24**, pp. 447-457.

Ramaswamy, K. and S. M. Sundaresan (1986), "The Valuation of Floating-Rate Instruments, Theory and Evidence," *Journal of Financial Economics* **17**, pp. 251-272.

Rendleman, R. J. and C. E. Carabini (1971), "The Efficiency of the Treasury Bill Futures Market," *Journal of Finance* **34**, pp. 895-914.

Richard, S. F. and M. Sundaresan (1981), "A Continuous Time Equilibrium Model of Forward Prices and Futures Prices in a Multigood Economy," *Journal of Financial Economics* **9**, pp. 347-371.

Roll, R. (1977), "An Analytic Valuation Formula for Unprotected American Call Option on Stocks with Known Dividends," *Journal of Financial Economics* **5**, pp. 251-258.

Ross, S. A. (1976 a), "Options and Efficiency," *Quarterly Journal of Economics* **90**, pp. 75-89.

Ross, S. A. (1976 b), "The Arbitrage Theory of Capital Asset Pricing," *Journal of Economic Theory* **13**, pp. 341-360.

Rubinstein, M. (1994), "Implied Binomial Trees," *Journal of Finance* **49**, pp. 771-818.

斎藤　進（1984），「裁定取引と資産評価」諸井勝之助・若杉敬明編『現代経営財務論』東京大学出版会，pp. 91-110.

斎藤　進（1986），「最適資本構成について」『南山経営研究』1-3，pp. 401-416.

Samuelson, P. A. (1965), "Rational Theory of Warrant Pricing," *Industrial Management Review* **6**, pp. 13-31.

Santomero, A. M. (1983), "Fixed Versus Variable Rate Loans," *Journal of Finance* **38**, pp. 1363-1380.

Scholes, M. (1976), "Taxes and the Pricing of Options," *Journal of Finance* **31**, pp. 319-332.

Schwartz, E. S. (1983), "A Theoretical Model for Valuing Preferred Stock," *Journal of Finance* **38**, pp. 1133-1155.

Scott, J. H. (1976), "A Theory of Optimal Capital Structure," *Bell Journal of Economics and Management Science* **7**, pp. 33-54.

Scott, L. O. (1987), "Option Pricing When the Variance Changes Randomly: Theory, Estimation, and Application," *Journal of Financial and Quantitative Analysis* **22**, pp. 419-438.

Sharpe, W. A. (1978), *Investments*, Prentice Hall, Englewood Cliffs, New Jersey.

Shimko, D., N. Tejima, and D. van Deventer (1993), "The Pricing of Risky Debt When Interest Rates are Stochastic," *Journal of Fixed Income* **3**, pp. 58-65.

Smith, C. (1977), "Option Pricing: A Review," *Journal of Financial Economics* **3**, pp. 3-51.

Smith, C. (1977), "Alternative Methods for Raising Capital: Rights versus Underwritten Offerings," *Journal of Financial Economics* **5**, pp. 273-307.

Smith, C. W., C. W. Smithson, and L. M. Wakeman (1988), "The Market for Interest Rate Swaps," *Financial Management* **17**, pp. 34-44.

Sondermann, D. (1987), "Currency Options: Hedging and Social Value," *European Economic Review* **31**, pp. 246-256.

Stulz, R. M. (1982), "Options on the Minimum or the Maximum of Two Risky Assets: Analysis and Applications," *Journal of Financial Economics* **10**, pp. 161-185.

Stulz, R. M and H. E. Johnson (1985), "An Analysis of Secured Debt," *Journal of Financial Economics* **14**, pp. 501-552.

田畑吉雄（1988），「株先 50 の評価について」『ファイナンス研究』9，pp. 45-51.

Titman, S. and R. Wessels (1988), "The Determinants of Capital Structure Choice," *Journal of Finance* **43**, pp. 1-20.

Toy, N., A. Stonehill, L. Remmers, and T. Beekhuisen (1974), "A Comparative International Study of Growth, Profitability, and Risk as Determinants of

Corporate Debt Ratios in the Manufacturing Sector," *Journal of Financial and Quantitative Analysis* **9**, pp. 875–886.

Treynor, J. L., P. J. Regan, and W. W. Priest (1976), *The Financial Reality of Pention Funding under ERISA*, Dow Jones-Irwin, Chicago.

Trigeorgis, L. T. (1996), *Real Options*, The MIT Press, Cambridge, Mass.

Turnbull, S. M. (1979), "Debt Capacity," *Journal of Finance* **34**, pp. 931–940.

Vasicek, O. A. (1977), "An Equilibrium Characterization of the Term Structure," *Journal of Financial Economics* **19**, pp. 351–372.

Wall, L. D. (1989), "Interest Rate Swaps in An Agency Theoretic Model with Uncertain Interest Rates," *Journal of Banking and Finance* **13**, 1989, pp. 261–270.

Wall, L. D. and J. J. Pringle (1989), "Alternative Explanations of Interest Rate Swaps : A Theoretical and Empirical Analysis," *Financial Management* **18**, pp. 59–73.

索　引

タ 行

ナ 行

ハ 行

マ 行

ヤ 行

ラ 行

ワ 行

著者略歴

1955年　北海道生まれ．
1990年　東京大学大学院経済学研究科博士課程退学
同　年　東北大学経済学部助教授
1995年　青山学院大学経営学部助教授，現在にいたる
M. S.（マサチューセッツ工科大学），学術博士（東京工業大学）．

主要著書・論文

『金融経済学の基礎』（朝倉書店，2000年，近刊）
『フィナンシャル・テクノロジーのフロンティア』（編著，エムティービー・インベストメント・テクノロジー研究所，1998年）
"Price/Earnings Ratios with Reciprocal Ownership," *Financial Analysts Journal*, 1992.
"Pricing Options with Curved Boundaries," *Mathematical Finance*, 1992.（共著）
"Default Premiums and Quality Spread Differentials in a Stochastic Interest Rate Economy," *Advances in Futures and Options Research*, 1995.

オプション評価と企業金融の理論

2000年2月22日　初　版

［検印廃止］

著　者　池田昌幸

発行所　財団法人　東京大学出版会

代表者　河野通方

113-8654 東京都文京区本郷 7-3-1 東大構内
電話 03-3811-8814　Fax 03-3812-6953
振替 00160-6-59974

印刷所　株式会社精興社
製本所　矢嶋製本株式会社

ISBN 4-13-046065-X　Printed in Japan